故宫博物院藏品大系

故宫博物院藏品大系
善本特藏編

10

抄本

故宫博物院 編

故宫出版社

图书在版编目（CIP）数据

故宫博物院藏品大系．善本特藏编．抄本／故宫博物院编．
—北京：故宫出版社，2014.8
ISBN 978-7-5134-0604-8

Ⅰ．①故… Ⅱ．①故… Ⅲ．①故宫博物院－历史文物－北京市－图集②古籍－善本－汇编－中国－明清时代
Ⅳ．①K870.2 ②Z424

中国版本图书馆 CIP 数据核字（2014）第117406号

故宫博物院藏品大系

善本特藏编　抄本

撰稿統籌：張　榮
抄本部分總主編：向　斯
本册主編：向　斯
編　　委：朱賽虹　白帕晶　李　歡　朱　珠
攝影統籌：馮　輝
攝　　影：李　凡
資料提供：周耀卿
翻　　譯：李紹毅
編輯統籌：陳麗華　王亞民　趙國英　劉　輝
責任編輯：江　英　王冠良
裝幀設計：李　猛
出版發行：故宫出版社
地址：北京東城區景山前街4號　郵编：100009
電話：010-85007808　010-85007816　傳真：010-65129479
郵箱：ggcb@culturefc.cn
網址：www.culturefc.cn
印　　刷：北京雅昌藝術印刷有限公司
開　　本：787×1092毫米　1/8
印　　張：39.5
字　　數：45千字
圖　　版：462幅
版　　次：2014年8月第1版第1次印刷
印　　數：1~1,000册
書　　號：ISBN 978-7-5134-0604-8
定　　價：760.00元

故宫博物院藏品大系

編輯出版委員會

總目

《故宫博物院藏品大系・善本特藏編》

抄本部分概述

向斯

自秦漢至清代，中國歷代宫廷十分注重古籍珍本之收藏，幾乎每一個新王朝都是在接收舊王朝典籍的基礎上建立自己的宫廷藏書，並不斷地徵集、充實和完善。其中，内府精抄精刻之珍本和宫廷特色收藏，是歷代宫廷藏書之精華。故宫博物院所藏内府珍本，是歷代宫廷收藏之傳承：明承宋元宫廷舊藏，在南京皇宫建立明室藏書體系；明成祖遷都北京，北京皇宫成爲官家收藏之中心。清宫文淵閣珍本收藏之精、之富，史家爲之感歎：宋、金、元來皇家之舊藏，群集于北京之文淵閣矣！清室定都北京，全面接收了明宫舊藏，建立了清室宫廷藏書。清康熙、乾隆諸帝十分重視文化事業，大力充實宫廷藏書。康熙皇帝説：『通都大邑，應有藏編。野乘名山，豈無善本？今宜廣爲訪輯，務令搜羅罔遺，以付朕稽古右文之至意！』（《東華录》卷十三）乾隆皇帝説：『予蒐四庫之書，非徒博右文之名。蓋如張子所云，爲生民立道，爲往聖繼絶學，爲萬世開太平』（《文渊閣記》）。

中國古代有『漆書壁簡』之説，就是在簡策之上，以竹梃點漆書寫。這是中國最古老的書，也是中國較早時期的珍貴寫本。寫本，就是不經過刻版印刷，一筆一畫寫成的本子，包括古寫本、唐寫本、抄本、抄寫本、稿本、毛抄本、影抄本等。印刷術發明之前，書籍幾乎都是寫本：抄寫在絹帛紙張等材料上的書籍，統稱爲寫本、抄本、摹本等等。印刷術發明之後，書籍分成兩大類：寫本、印本。印本包括内府刻本、官刻本、私刻本、藩刻本和坊刻本等。内府本，就是歷代宫廷産生的本子，主要包括内府寫本、内府刻本兩大類。歷代最著名的内府本，就是歷代内府精寫本和宋内府本四大類書、明經廠本、清武英殿刻本等。

清室建立了規模空前的宮廷藏書體系，並形成了各具特色的內府珍本收藏中心：文淵閣——清內府珍本收藏中心，代表作就是精抄本《四庫全書》和內府本《古今圖書集成》；皇史宬——皇室家譜收藏中心，主要收藏精抄本《實録》《聖訓》《玉牒》；昭仁殿——宋元珍本收藏中心，其傑作就是天禄琳琅叢書；武英殿——清內府本，其內府珍本之中，最具特色之作品就是銅活字本和木活字聚珍本。清宮傳承後世之珍本，許多都是海內孤本。

孤本是指海內外僅存一種版本的書籍，包括抄本、稿本、唯一的刻本等。也有一些版本學家認爲，抄本本身就是唯一的，孤本是僅對刻本而言的，是指某書的某一刻本，在世上僅存一份的古書叫做孤本。比如，南宋杭州貓八橋鍾家紙馬鋪所刻的《五臣文選》。也有人認爲，也可以用『海內外孤本』來形容某書的珍貴。清宮遺存的歷朝皇宮珍本約有四十餘萬册，其中許多係孤本，除了清遜帝溥儀盜運一部分出宮以及南遷文物中的約十餘萬册現藏臺北故宮博物院之外，其餘全部現藏於北京故宮博物院。

清宮遺存的孤本，較爲珍貴的是皇帝御筆寫經、臣工寫經、內府抄本、宮廷戲本和宮廷圖樣等。皇帝御筆寫經，是指清代皇帝親筆抄寫的佛、道經書，共有數百部，二千三百餘册。最珍貴的御筆寫經，是康熙年白綾墨筆楷書寫本《般若波羅蜜多心經》，配以康熙年內府精製的硬木嵌螺鈿、壽山石書匣，書匣正面爲螺鈿嵌隸書書名和生動逼真的雙龍捧珠圖。臣工寫經，是指臣工精抄進呈皇帝的佛、道經書，收藏于宮中。比如：《大方廣圓覺修多羅了義經》，元版趙孟頫寫本，紅漆描金、銀書盒，飾以鮮活的纏枝花，四周是菊花、牡丹等花卉和佛法八寶圖；紫檀木封面，封面正中嵌以香檀木書簽，上題書名『元版大方廣圓覺修多羅了義經』。

內府抄本，是指在皇宮編纂完成、由內府裝訂成册的抄本，簡稱內府本。如《康熙字典》四十二卷，收藏于養心殿，由大學士張廷玉、陳廷敬奉旨領銜纂修。康熙四十九年三月初九日，康熙皇帝頒發上諭給南書房侍值大學士陳廷敬：『朕留意典籍，編定群書，比年以來，如《朱子全書》《佩文韻府》《淵鑒類函》《廣群芳譜》並其餘各書，悉加修纂，次第告成。至于字學，並關切要，允宜酌訂一書。《字彙》失之簡略，《正字通》涉于泛濫，兼之各方風土不同，南北音聲各異，司馬光之《類篇》分部或有未明，沈約之《聲韻》後人不無訾議，《洪武正韻》雖多駁辨，迄不能行，仍依沈韻，朕嘗參閱諸家，究心考證，凡蒙古、西域、洋外諸國多從字母而來，音由地殊，難以牽引，大抵天地之母音，發于人聲，人聲之象形寄于點畫，今欲詳略得中，歸于至當，增《字彙》之闕遺，刪《正字通》之繁冗，勒爲成書，垂示永久。』康熙皇帝親自選定朝中最博學的儒臣領銜纂修：總閲官爲文華殿大學士兼吏部尚書張廷玉，經筵講官、文淵閣大學士兼吏部尚書陳廷敬；纂修官是内閣學士兼禮部侍郎淩紹雯等二十七人。康熙四十九年全書修成以後，當年由内府選派善書之人抄寫，這便是康熙四十九年完成的内府朱、墨兩色套抄精抄本。

中國歷代宫廷戲劇繁盛，宫廷戲本是宫廷特藏之一。自宋代以來，南戲悄悄崛起。南曲是從唐、宋的大曲發展而來的，並結合了宋詞和南方民間曲調而最後成形，其輝煌的成就漸漸超過了包演過元雜劇的北曲。據史書記載，明萬曆年間，南曲就包括多派分支，其最著名的分支就是弋陽腔、海鹽腔、昆山腔等。當時，明宫玉熙宫中的演藝太監就達三百多人，這些太監藝員就是專職學習南曲各大流派的節目。清順治十六年，聖祖福臨下令改革教坊司，將女樂予以裁革，由宦官專司其職。從此以後，直至清亡，宦官便一直承擔宫廷之中的演戲之責。

清宫内務府的習藝太監，稱爲内學；與之相對應的，便是隨皇帝出行演藝的外學。清高宗乾隆皇帝仿唐明皇梨園教演弟子的故事，將宫中的習藝太監一體安置在紫禁城西華門外、長街南口花草繁茂的地方，稱爲南府。據記載，最盛的時候，南府之中約有習藝太監一千五百餘人。嘉慶年間，清仁宗下令將内學、外學移至圓明園。道光時期，景山的習藝太監全部併入南府，並正式改名，稱爲昇平署。清宫演戲活動較爲盛行，其演出的節目，通常是吉祥長壽、喜慶歡娱的曲目。清宫上演節目，按時令節慶和喜慶規模的不同而内容各異，並將宫中的各大節慶、各季時令和皇帝、太后、皇后生日以及王朝慶典時上演的不同節目都編定成册，照章上演。

清宫上演的戲目，包括四大類：月令承應戲，慶典承應戲，臨時承應戲，喪禮承應戲。各類戲目服務的物件不同，其承應戲曲的内容也各有區别。如月令承應戲，主要是各節令的賀節戲目，内容上是吉祥喜慶，太平祥和。其曲目包括：《喜朝五位》《膺受多福》《五位迎年》《椒柏屠蘇》《放生古俗》《三元百福》等。慶典承應戲，主要是喜慶福壽方面的戲目。其曲目包括：《芝眉介壽》《三壽作朋》《平安如意》《福壽雙喜》《喜洽祥和》等。

故宫圖書館所藏宫廷戲本非常豐富，基本上都是明清宫廷所使用的皇宫舊本，以清宫戲本爲主。明清宫藏戲本以抄本爲主，也有部分精刻本。宫廷精抄戲本大多爲黄紙封面，封面左上爲紅書簽，書簽上墨筆題寫書名，墨筆楷書，朱筆句讀。如《江州送酒》，清宮南府精抄本：黃紙封面，封面左上紅書簽，上題『重陽承應江州送酒東籬嘯傲』；半葉七行，行二十字，抬頭二十二字；小字雙行，行字同前；無框欄，無行格。《地湧金蓮》，清宮南府精抄本：黃紙封面，封面上紅書簽，上題『地湧金蓮總本』，昆腔，萬壽節令承應戲；半葉八行，行二十字，抬頭二十二字；墨筆楷書，朱筆句讀。

宮廷圖樣是極富皇家特色的圖樣，包括服飾圖樣、瓷器圖樣和建築圖樣等。這些圖樣都是內府彩繪、精繪本，許多圖樣上有黃色浮簽。內廷服飾圖樣是由清內府主持製作的，是內府彩繪孤本，十分珍貴。服飾有皇帝服飾、后妃服飾等，包括朝袍、龍袍、龍褂、披肩、馬褂等。如《夏朝袍前後式附披肩》《冬朝袍前後式海龍緣銀鼠筒》《十二章金龍袍前後式》《整枝海棠玉色緙絲馬褂樣》《金萬字地金喜字五彩百蝶藕合緙絲馬褂樣》。建築圖樣大多是由工部樣式雷統一負責製作，內府彩繪或者墨繪本，如《圓明園殿內尺寸平面圖》《長春仙館林虛桂靜等地盤尺寸糙圖》。

本系列從清宮所藏孤本之中，選取部分精華，詳記書名、卷數、著者、版本、冊數、尺寸，配以圖片，編纂成書，以饗讀者。

圖版目録

圖版

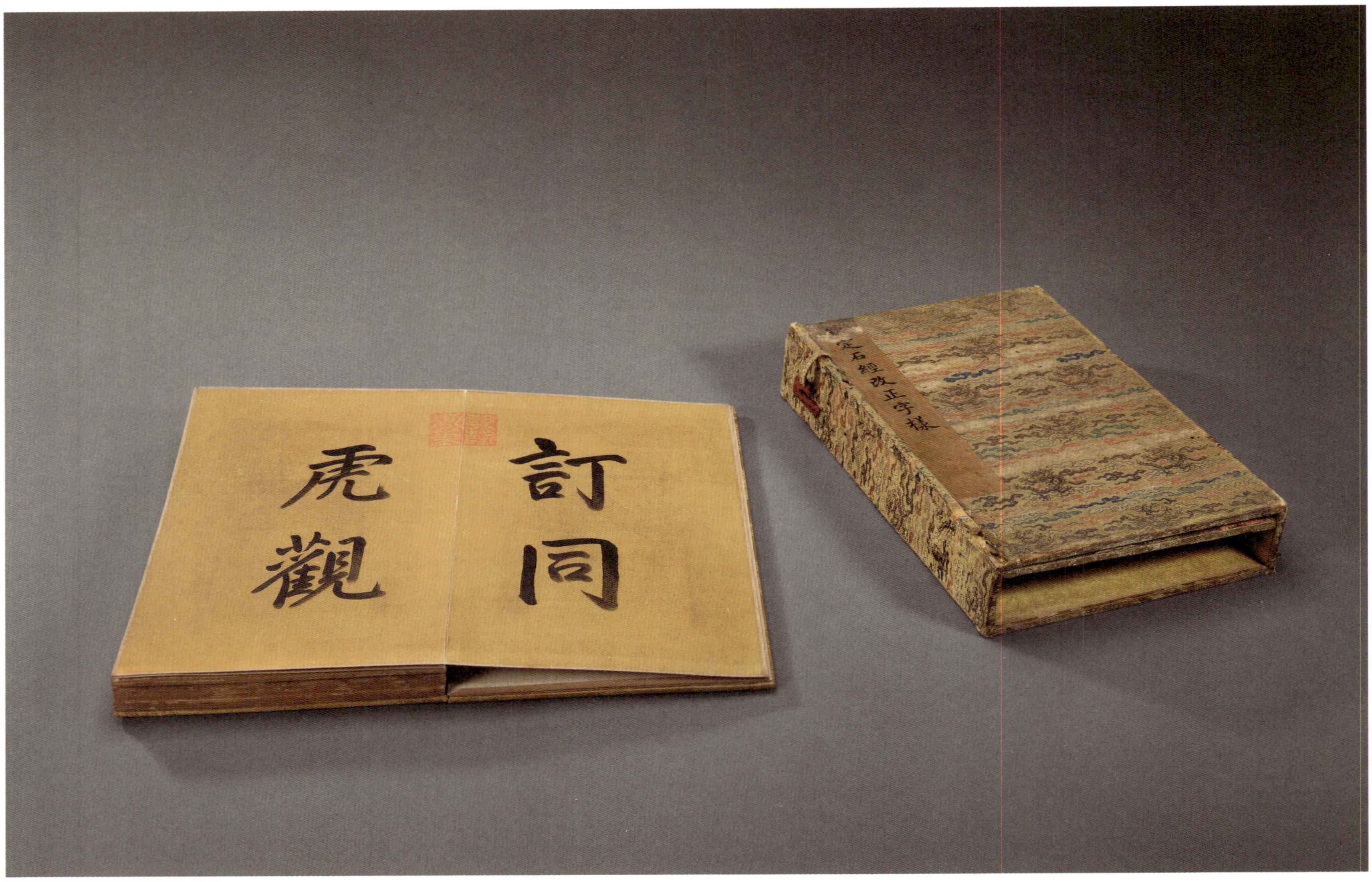

黄地五彩雲龍紋錦套
Yellow brocade envelope with five-colored dragon and cloud pattern

外觀
Exterior

書5874
《欽定石經改正字樣》
清　和珅、王傑等撰
清乾隆六十年（1795）抄本
開本　縱32.8厘米　橫19厘米
版框　縱25.1厘米　橫12.9厘米
一冊

I

Shu 5874
Revisions of Stone Classics
Written by imperial order by Heshen, Wang Jie et. al., Qing dynasty (1644-1911)
Transcribed in 1795
Format: 32.8 × 19 cm
Frame: 25.1 × 12.9 cm
One volume

欽定石經改正字樣

乾隆五十九年九月十七日臣等校刊石經撰
進考文提要六冊奉
敕覆勘折衷定議旋於十二月初七日詳議分單奏
呈
御覽奉
旨著編纂成書繕寫三部分貯懋勤殿翰林院國子
監除欽遵纂成考文提要舉正一書另行備錄全
函分貯外謹將應改之八十六條仍依原文摘
錄成冊歸於蔣衡所書十三經冊後一體存弆
以備稽考乾隆六十年二月初一日石經館總
裁臣和珅臣王杰臣劉墉臣董誥臣彭元瑞拜
手謹識

書經

大禹謨　降水儆予

坊本作洚水沿蔡沈集傳按孔安
國傳水性流下故曰下水孔穎達
正義云下流之水令从　武英殿本經典釋文唐
石經宋本九經南宋巾箱本宋本附釋音尚書注

卷端
Beginning

黄地五彩雲龍紋錦套、書册
Yellow brocade envelope with five-colored dragon and cloud pattern and books

外觀
Exterior

2

書5875
《欽定石經考文提要舉正四卷》
清　和珅等撰
清乾隆五十九年（1794）武英殿朱格抄本
開本　縱31.6厘米　横19.9厘米
版框　縱23.3厘米　横15.7厘米
二册

Shu 5875
Corrections of the Summarized Textual Criticism of Stone Classics
Four chapters
Written by imperial order by Heshen et. al., Qing dynasty (1644-1911)
Transcribed in red columns at the Hall of Martial Valor in 1794
Format: 31.6 × 19.9 cm
Frame: 23.3 × 15.7 cm
Two volumes

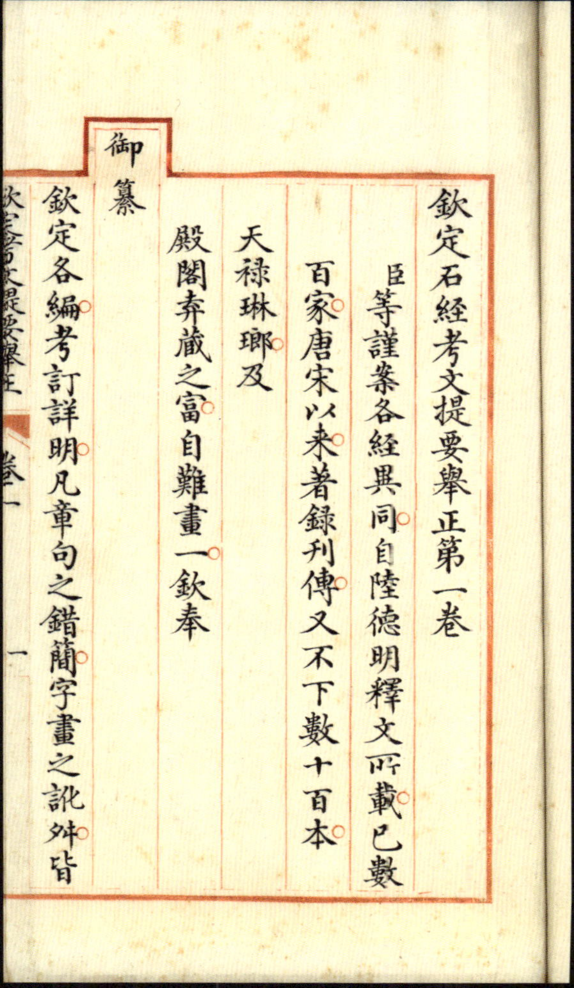

欽定石經考文提要舉正第一卷
臣等謹案各經異同自陸德明釋文所載已數
百家唐宋以來著録刊傳又不下數十百本
天祿琳瑯及
殿閣弆藏之富自難畫一欽奉
御纂
欽定各編考訂詳明凡章句之錯簡字畫之訛舛皆

欽定石經考文提要舉正　卷一　一

卷端
Beginning

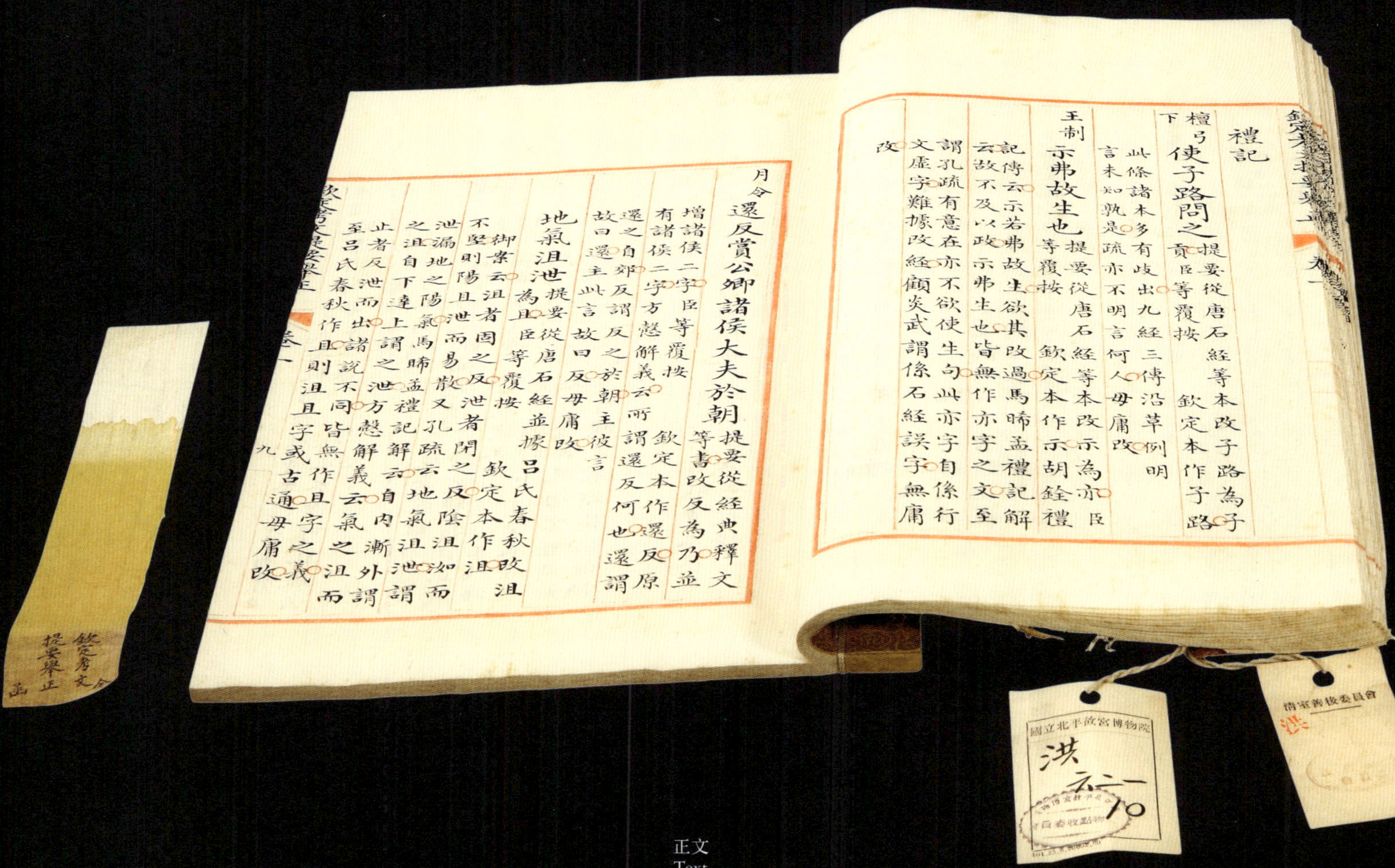

月令 還反賞公卿諸侯大夫於朝 提要從經典釋文等書改反為乃並增諸侯二字 臣等覆按 欽定本作還反原有諸侯二字方慤解義云所謂還反何也還謂還之自郊反謂反之於朝主彼言故曰還主此言故曰反毋庸改
地氣沮泄 提要從唐石經並據呂氏春秋改沮為且 臣等覆按 欽定本作沮
御案云沮者固之反泄者閉之反陰沮而不堅則陽且泄而易散又孔疏云地氣沮洳而泄漏地之陽氣馬晞孟禮記解云自內漸外謂之沮自下達上謂之泄方慤解義云氣之沮而止者反泄而出諸說不同皆無作且字之義而至呂氏春秋作且則沮且字或古通毋庸改

欽定石經考文提要舉正　卷一　九

禮記
檀弓下 使子路問之 提要從唐石經等本改子路為子貢 臣等覆按 欽定本作子路
此條諸本多有歧出九經三傳沿革例明言未知孰是疏亦不明言何人毋庸改
王制 示弗故生也 提要從唐石經等本改示為亦 臣等覆按 欽定本作示胡銓禮記傳云示若弗故生欲其改過馬晞孟禮記解云故不及以政示弗生也皆無作亦字之文至謂孔疏有意在亦不欲使生句此亦字自係行文虛字難據改經顧炎武謂係石經誤字無庸改

正文
Text

紫檀書面
Red sandalwood covers

外觀
Exterior

書5876
《御製説經文》
清　高宗弘曆撰
清乾隆六十年（1795）彭元瑞抄本
開本　縱23.9厘米　橫14.7厘米
版框　縱21.5厘米　橫13.8厘米
六册

3

Shu 5876
Imperial Essays on Confucian Classics
Written by the Qianlong emperor (r.1736-1795)
Transcribed by Peng Yuanrui in 1795
Format: 23.9 × 14.7 cm
Frame: 21.5 × 13.8 cm
Six volumes

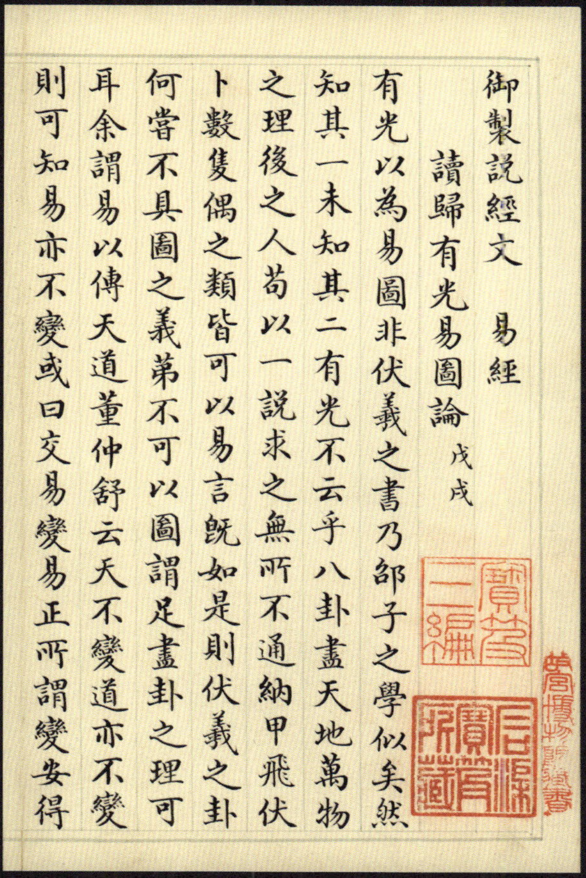

御製說經文　易經

讀歸有光易圖論 戊戌

有光以為易圖非伏羲之書乃邵子之學似矣然知其一未知其二有光不云乎八卦盡天地萬物之理後之人茍以一說求之無所不通納甲飛伏卜數隻偶之類皆可以易言既如是則伏羲之卦何嘗不具圖之義第不可以圖謂足盡卦之理可耳余謂易以傳天道董仲舒云天不變道亦不變則可知易亦不變或曰交易變易正所謂變安得

卷端
Beginning

卷首“五福五代堂古稀天子寶”印
Impression of “wu fu wu dai tang guxi tianzi bao” (seal for seventy-year-old Son of Heaven with five blessings and five generations)

卷首“五福五代堂古稀天子寶”印
Impression of “wu fu wu dai tang guxi tianzi bao” (seal for seventy-year-old Son of Heaven with five blessings and five generations)

外觀
Exterior

書5877
《陝拓十三經考异》
清　勵宗萬校
清乾隆十一年（1746）勵宗萬抄本
開本　縱31.3厘米　橫22.8厘米
版框　縱26.7厘米　橫20.6厘米
一册

4

Shu 5877
Differences of the Shaanxi Rubbing Edition of the Thirteen Classics
Proofread by Li Zongwan, Qing dynasty (1644-1911)
Transcribed by Li Zongwan in 1746
Format: 31.3 × 22.8 cm
Frame: 26.7 × 20.6 cm
One volume

陝搨十三經考異

臣按陝搨十三經刻於唐開成年間今與蔣振生所書十三經校對其中互異之處敬録於後

易經

第一册

十二頁十行磐桓　寫本作盤

第二册

九頁三行褎多益寡　寫本作裒

二十四頁一行煇光　寫本作輝

第五册

卷端
Beginning

外觀
Exterior

紫檀夾板
Red sandalwood protective boards

書5878
《四書五經白文七十五卷》
不著撰者姓氏
清抄本
開本　縱28.5厘米　橫18.7厘米
版框　縱20.4厘米　橫14.5厘米
二十册

5

Shu 5878
Four Books and Five Classics
Seventy-five chapters
Anonymous
Transcribed in the Qing dynasty (1644-1911)
Format: 28.5 × 18.7 cm
Frame: 20.4 × 14.5 cm
Twenty volumes

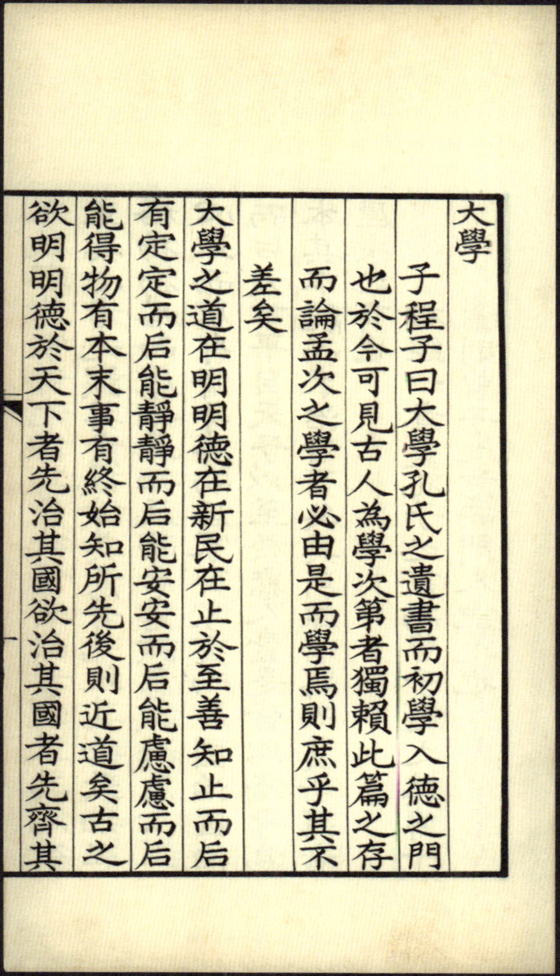

大學

子程子曰大學孔氏之遺書而初學入德之門也於今可見古人為學次第者獨賴此篇之存而論孟次之學者必由是而學焉則庶乎其不差矣

大學之道在明明德在新民在止於至善知止而后有定定而后能靜靜而后能安安而后能慮慮而后能得物有本末事有終始知所先後則近道矣古之欲明明德於天下者先治其國欲治其國者先齊其

卷端
Beginning

黄紙書面
Pale yellow paper covers

楠木書盒
Nanmu case

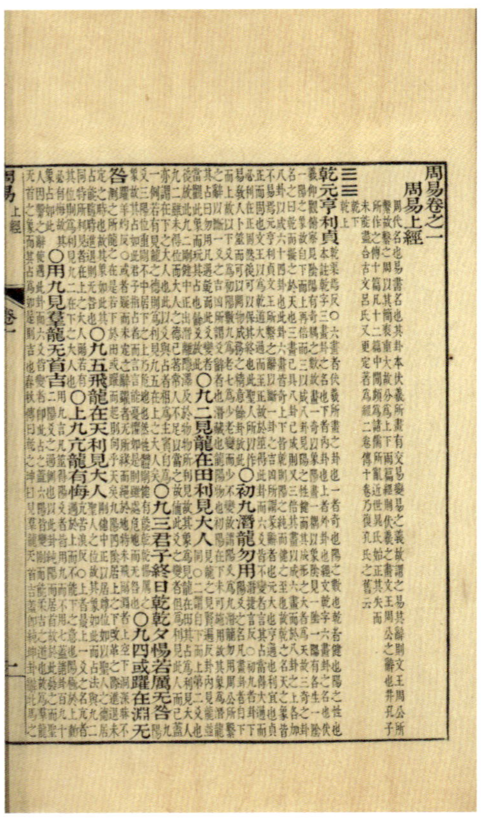
周易卷之一
周易上經
乾元亨利貞
初九潛龍勿用
九二見龍在田利見大人
九三君子終日乾乾夕惕若厲无咎
九四或躍在淵无咎
九五飛龍在天利見大人
上九亢龍有悔
用九見羣龍无首吉

卷端
Beginning

書5879
《五經五十八卷》
不著撰者姓氏
清乾隆年內府精寫袖珍本
開本　縱17厘米　橫11.3厘米
版框　縱12.3厘米　橫9.2厘米
函套　縱18.8厘米　橫12.9厘米　高12.4厘米
七册

6

Shu 5879
Five Classics
Fifty-eight chapters
Miniature edition
Transcribed by the Qing court, Qianlong period (1736-1795)
Format: 17 × 11.3 cm
Frame: 12.3 × 9.2 cm
Case: 18.8 × 12.9 × 12.4 cm
Seven volumes

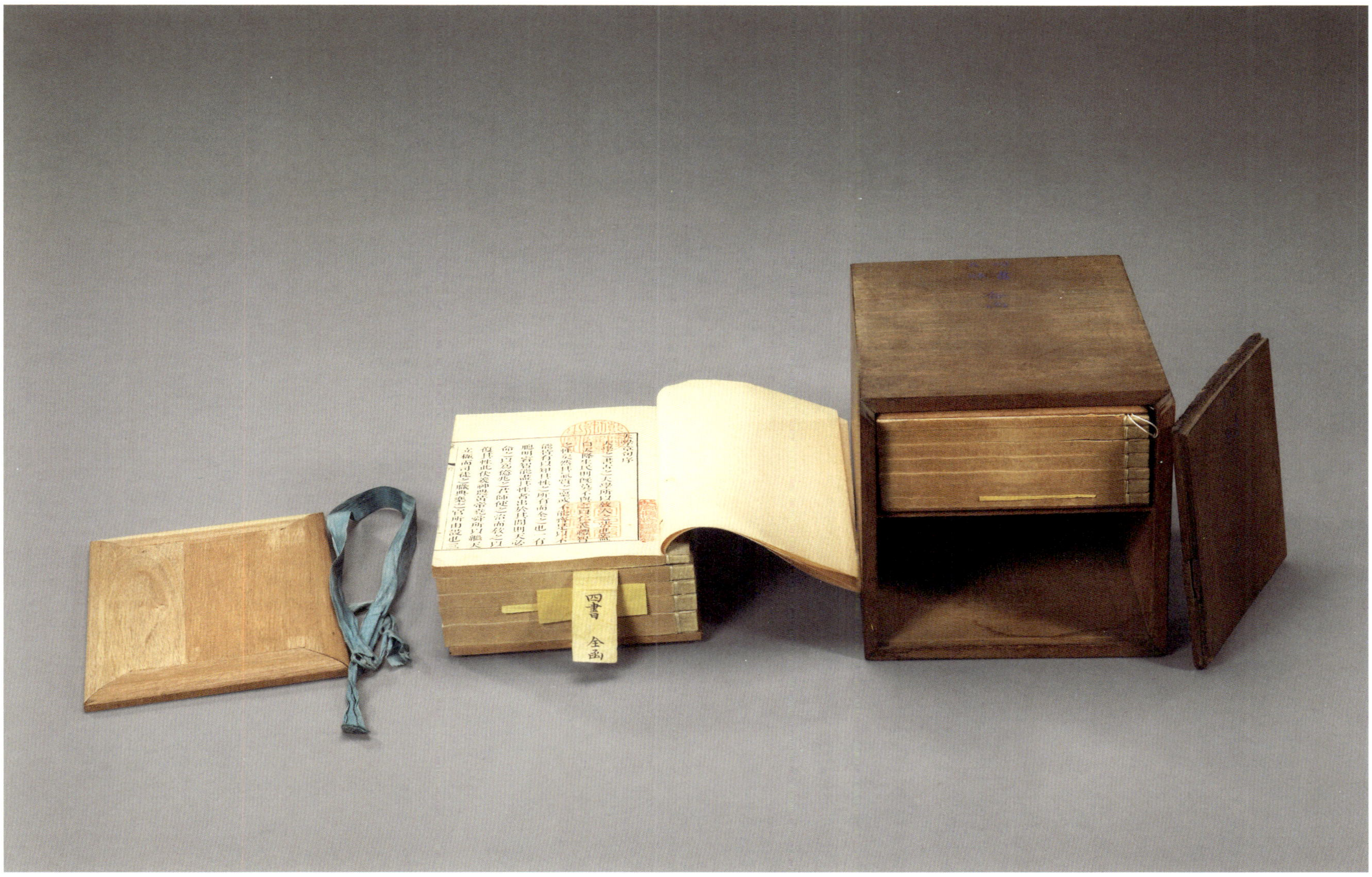

楠木書盒
Nanmu case

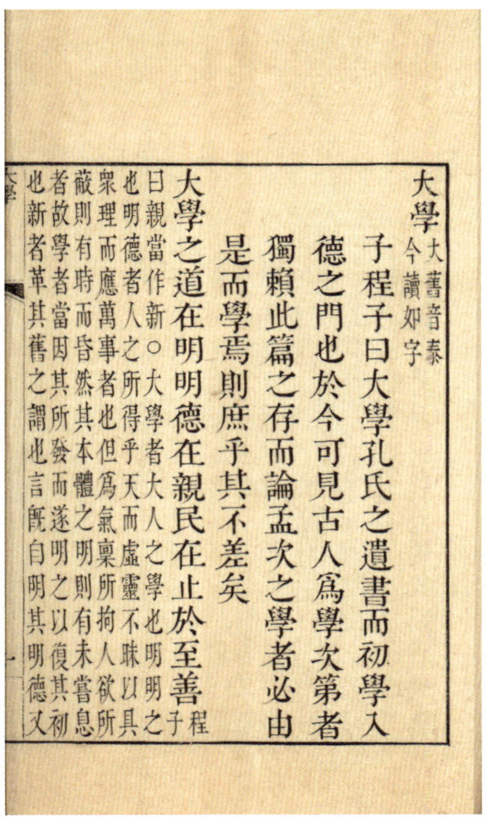

大學大舊音泰今讀如字

子程子曰大學孔氏之遺書而初學入德之門也於今可見古人爲學次第者獨賴此篇之存而論孟次之學者必由是而學焉則庶乎其不差矣

大學之道在明明德在親民在止於至善程子曰親當作新○大學者大人之學也明明之也明德者人之所得乎天而虛靈不昧以具衆理而應萬事者也但爲氣稟所拘人欲所蔽則有時而昏然其本體之明則有未嘗息者故學者當因其所發而遂明之以復其初也新者革其舊之謂也言既自明其明德又

卷端
Beginning

7

書5880
《四書集注十九卷》
宋　朱熹集注
清乾隆年內府精寫袖珍本
開本　縱17.3厘米　橫11.3厘米
版框　縱12.3厘米　橫9.2厘米
五册

Shu 5880
Annotated Four Books
Nineteen chapters
Annotated by Zhu Xi, Song dynasty (960-1279)
Miniature edition
Transcribed by the Qing court, Qianlong period (1736-1795)
Format: 17.3 × 11.3 cm
Frame: 12.3 × 9.2 cm
Five volumes

磁青絹面、書套
Dark blue book cover and envelope

外觀
Exterior

書5881

《四書五經旁訓二十五卷》

宋　朱熹撰　明　馮夢禎注

清康熙年内府朱墨精寫本

開本　縱22.4厘米　橫13.6厘米

版框　縱16.8厘米　橫11厘米

8 八册

Shu 5881

Four Books and Five Classics with Interlinear Notes

Twenty-five chapters

Written by Zhu Xi, Song dynasty (960-1279)

Annotated by Feng Mengzhen, Ming dynasty (1368-1644)

Transcribed by the Qing court in black and red, Kangxi period (1662-1722)

Format: 22.4 × 13.6 cm

Frame: 16.8 × 11 cm

Eight volumes

四書分旨白文旁訓便覽大學卷之一

明南京國子監祭酒馮夢禎　註

大學

子程子曰大學孔氏之遺書而初學入德之門也於今可見古人爲學次第者獨賴此篇之存而論孟次之學者必由是而學焉則庶乎其不差矣

一章骨子　盡己性　盡人性項明新會人己之性詣其極

○大學之道在明明德在親新民在止於至善此節是論大學之綱領以見道理之大

心知至善重看此下知止之驗相因而見　心向至善

知止而后後下同有定定而后能靜

卷端
Beginning

卷端
Beginning

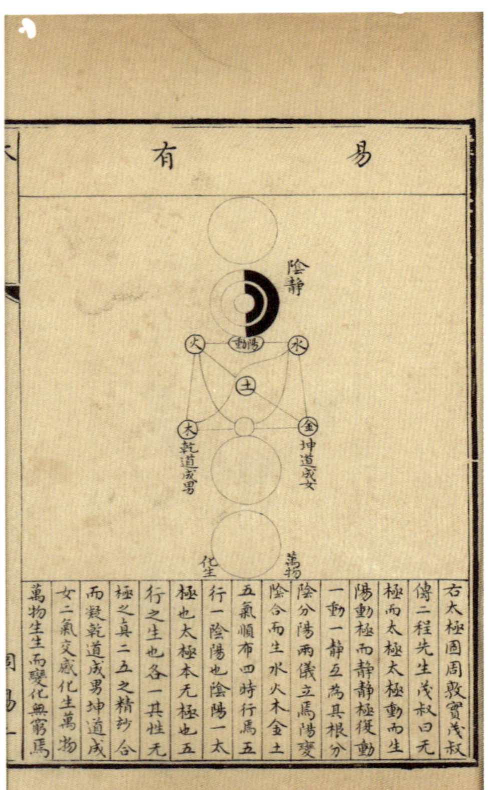

正文
Text

書5884
《大易象數鉤深圖三卷》
宋　楊甲撰　毛邦翰補
清康熙年內府抄本
開本　縱27厘米　橫17.5厘米
版框　縱22厘米　橫15.5厘米
一冊

9

Shu 5884
Illustrated Analysis of the Book of Changes
Three chapters
Written by Yang Jia, supplemented by Mao Banghan, Song dynasty (960-1279)
Transcribed by the Qing court, Kangxi period (1662-1722)
Format: 27 × 17.5 cm
Frame: 22 × 15.5 cm
One volume

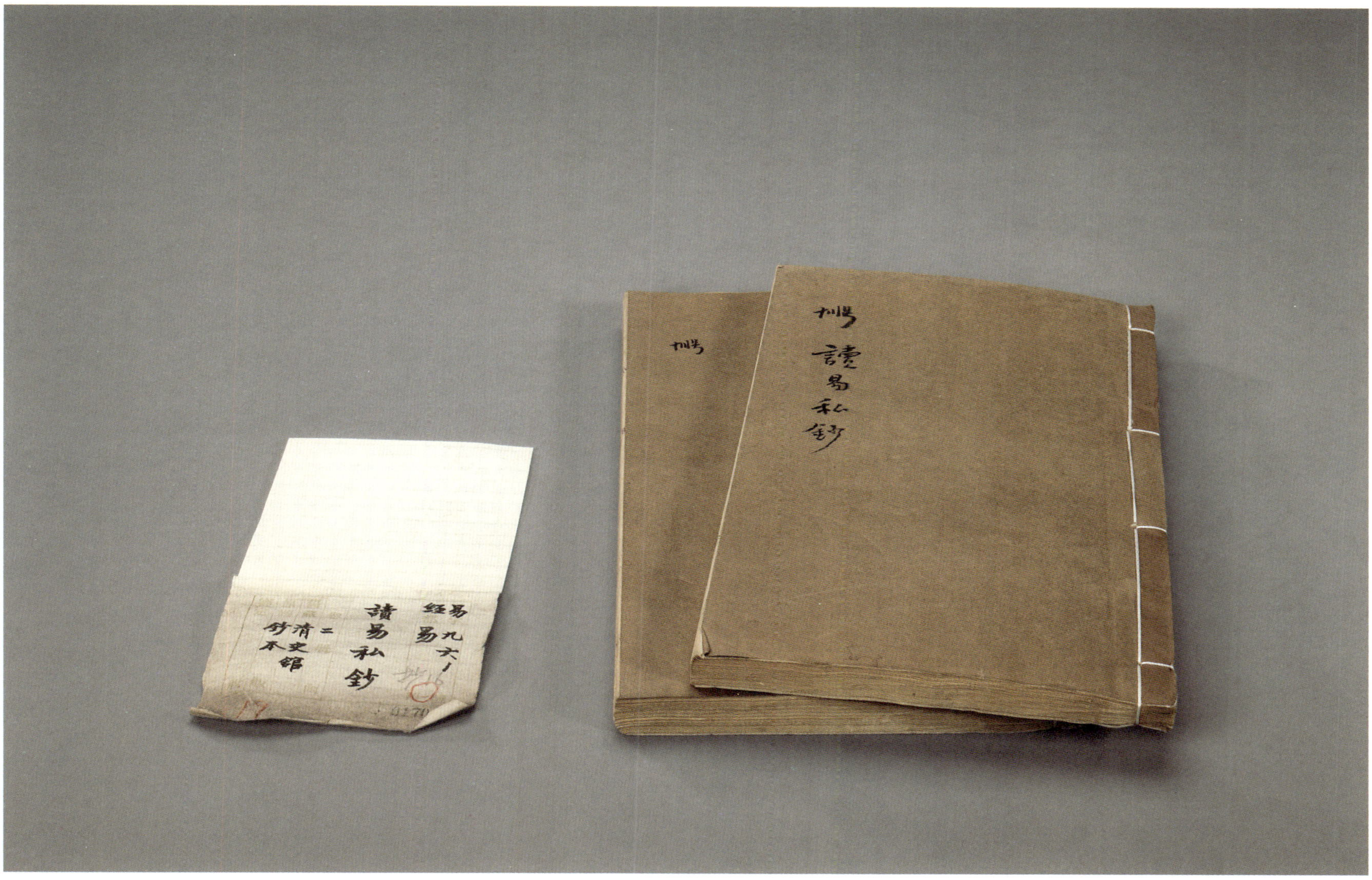

黄紙書面
Yellow paper covers

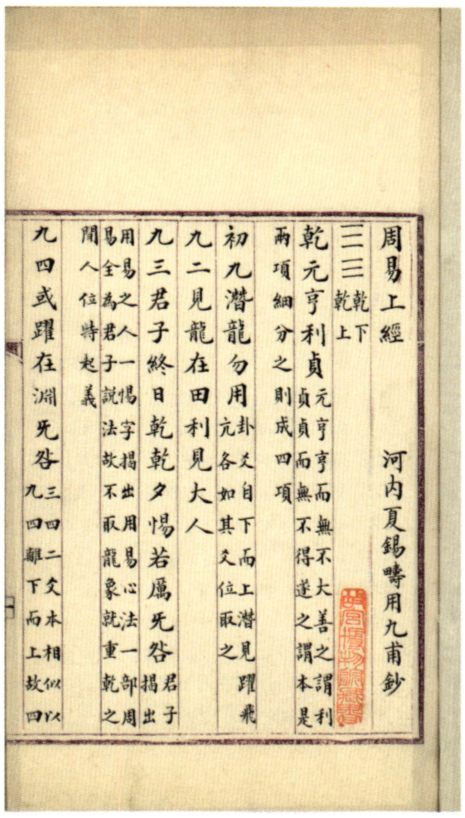
周易上經　河内夏錫疇用九甫鈔
☰☰乾下乾上
乾元亨利貞元亨亨而無不大善之謂利貞貞而不得遂之謂本是
兩項細分之則成四項
初九潛龍勿用卦爻自下而上潛見躍飛亢各如其爻位取之
九二見龍在田利見大人
九三君子終日乾乾夕惕若厲旡咎君子揭出
用易之人一惕字揭出用易心法一部周易全為君子說法故不取龍象就重乾之
間人位特起義
九四或躍在淵旡咎三四二爻本相似以九四離下而上故四

卷端
Beginning

書5885
《讀易私鈔》
清　夏錫疇撰
清嘉慶年抄本
開本　縱27.3厘米　橫15.8厘米
版框　縱17.9厘米　橫13.6厘米
二册

10

Shu 5885
Private Excerpts from the Book of Changes
Written by Xia Xichou Qing dynasty (1644-1911)
Transcribed in the Jiaqing period (1796-1820)
Format: 27.3 × 15.8 cm
Frame: 17.9 × 13.6 cm
Two volumes

黄紙書面
Yellow paper covers

外觀
Exterior

書5886
《讀易大旨五卷》
清　孫奇逢撰
清內府抄本
開本　縱24.8厘米　橫15.9厘米
版框　縱20厘米　橫13.8厘米
三冊

11

Shu 5886
General Principles Drawn from the Book of Changes
Five chapters
Written by Sun Qifeng, Qing dynasty (1644-1911)
Transcribed by the Qing court
Format: 24.8 × 15.9 cm
Frame: 20 × 13.8 cm
Three volumes

讀易大旨卷之一

容城孫奇逢纂

門人耿極較訂
後學胡范參閱
曾孫用楨

上經

䷀ 乾下乾上

易有六十四卦是易之六十四大乾坤世界也易有三百八十四爻是易之三百八十四小乾坤世界也分言之一卦自為一卦一爻自為一爻一世界自為一世界不可得而同也約言之六十四卦之彖辭爻

卷端
Beginning

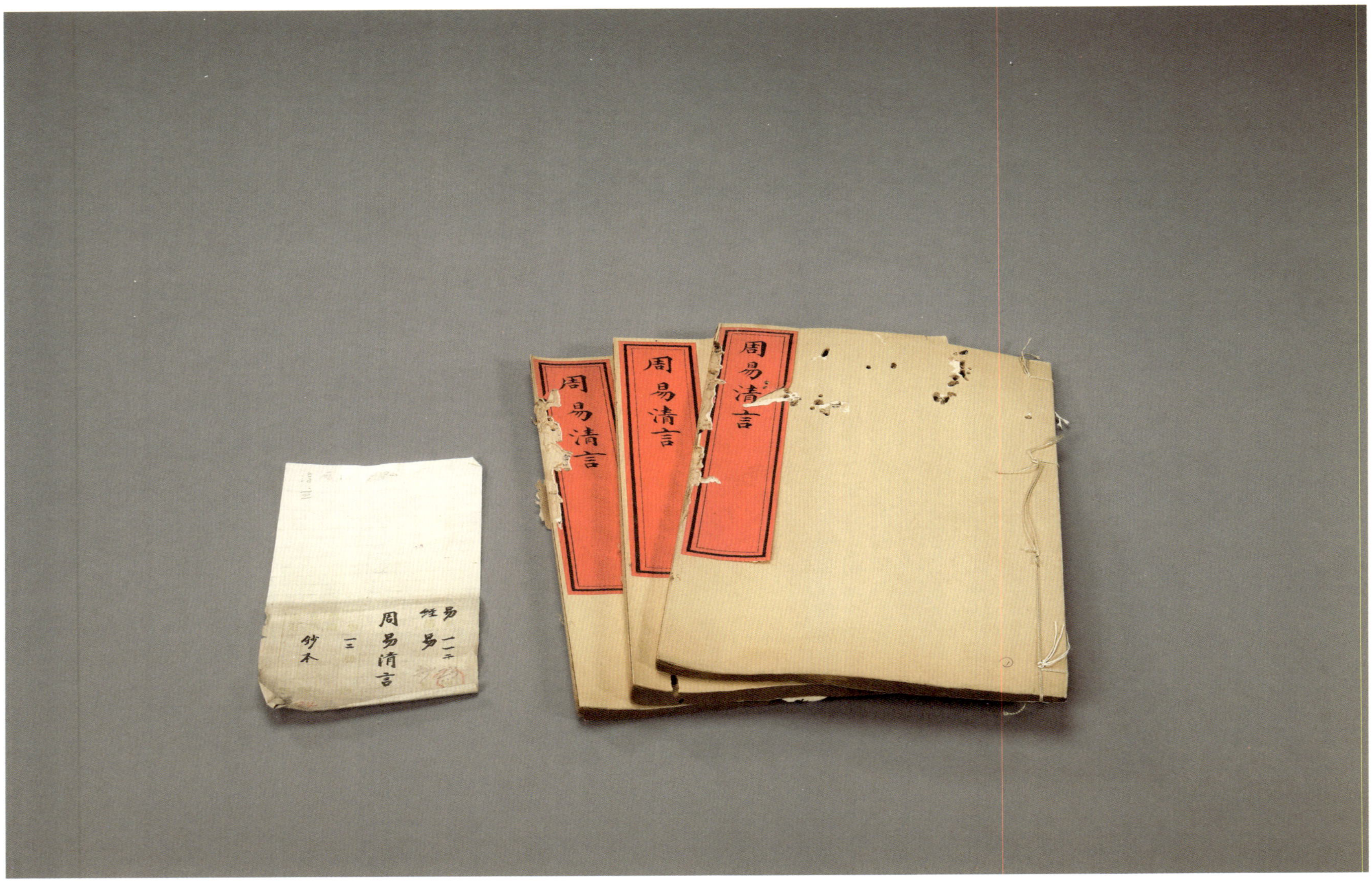

黄紙書面
Yellow paper covers

書5887
《周易清言》
清　嵩泉老人撰
清抄本
開本　縱26.7厘米　橫17.8厘米
十二册

12

Shu 5887
Pure Words on the Book of Changes
Written by Songquan Laoren, Qing dynasty (1644-1911)
Transcribed in the Qing dynasty
Format: 26.7 × 17.8 cm
Twelve volumes

六十四卦之成象成名皆由于羲皇所畫之⚊⚋⚊⚋者一陰一陽之爻象乾坤者純⚊純⚋之卦名陰陽之象莫大于天地故夫子繫乾坤而取象于天地然象雖分取用實相成觀其取象于十三卦自離至夬皆以一卦取一象惟乾坤二卦合而取之不誠有見于乾坤為純陰純陽无變可观其用未成不似餘卦之剛柔已交有義可取乎是以言易之蘊言易之門皆必合乾坤未嘗單以一卦言也再即乾卦之辭所謂天行健君子行此四德

黄紙書面
Yellow paper covers

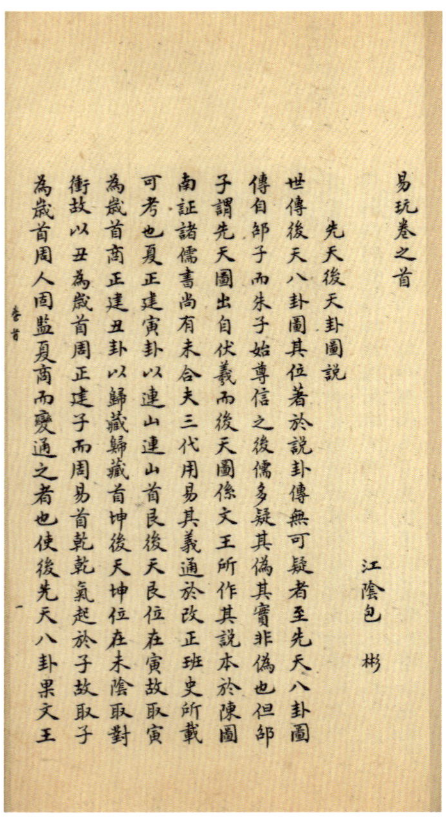

易玩卷之首

江陰包 彬

先天後天卦圖說

世傳後天八卦圖其位著於說卦傳無可疑者至先天八卦圖傳自邵子而朱子始尊信之後儒多疑其偽其實非偽也但邵子謂先天圖出自伏羲而後天圖係文王所作其說本於陳圖南証諸儒書尚有未合夫三代用易其義通於改正班史所載可考也夏正建寅卦以連山連山首艮後天艮位在寅故取寅為歲首商正建丑卦以歸藏歸藏首坤後天坤位在未陰取對衝故以丑為歲首周正建子而周易首乾乾氣起於子故取子為歲首周人固監夏商而變通之者也使後先天八卦果文王

卷首 一

卷端
Beginning

書5888
《易玩八卷首一卷易觀一卷》
清　包彬撰
清乾隆五十七年（1792）抄本
開本　縱28.6厘米　横18厘米
八册

13

Shu 5888
Appreciation of the Book of Changes
Eight chapters as text, one chapter as preliminary remarks, one chapter as *Observation of the Book of Changes*
Written by Bao Bin, Qing dynasty (1644-1911)
Transcribed in 1792
Format: 28.6 × 18 cm
Eight volumes

磁青絹面
Dark blue silk covers

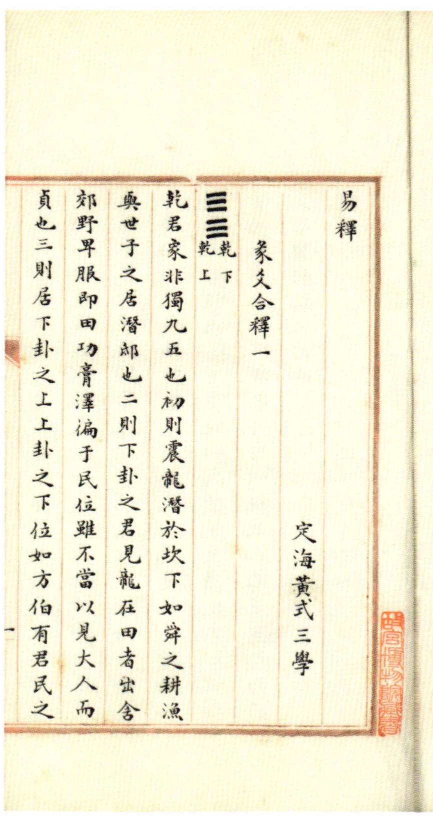

易釋

定海黃式三學

彖爻合釋一

☰☰ 乾下乾上

乾君象非獨九五也初則震龍潛於坎下如舜之耕漁
與世子之居潛邸也二則下卦之君見龍在田者宏含
郊野早服即田功膏澤徧于民位雖不當以見大人而
貞也三則居下卦之上上卦之下位如方伯有君民之

卷端
Beginning

14

書5889
《易釋四卷附明經公言行略一卷》
清　黃式三撰
清同治二年（1863）進呈抄本
開本　縱29.9厘米　橫17.4厘米
版框　縱20.7厘米　橫13.6厘米
三册

Shu 5889
Interpretation of the Book of Changes
Four chapters as text, one chapter on words and deeds of Mingjinggong
Written by Huang Shisan, Qing dynasty (1644-1911)
Transcribed and presented to the Qing court in 1863
Format: 29.9 × 17.4 cm
Frame: 20.7 × 13.6 cm
Three volumes

卷端
Beginning

外觀
Exterior

15

書5892

《大易希聖坊三卷》

清　于乘雲撰

清康熙年精抄本（有彩圖表）

開本　縱46.1厘米　橫27.5厘米

版框　縱29.9厘米　橫21.5厘米

二冊

Shu 5892

Study of the Book of Changes with Aspiration for Perfection

Three chapters

Written by Yu Chengyun, Qing dynasty (1644-1911)

Transcribed in the Kangxi period (1662-1722), with illustrations

Format: 46.1 × 27.5 cm

Frame: 29.9 × 21.5 cm

Two volumes

河圖

先天之數

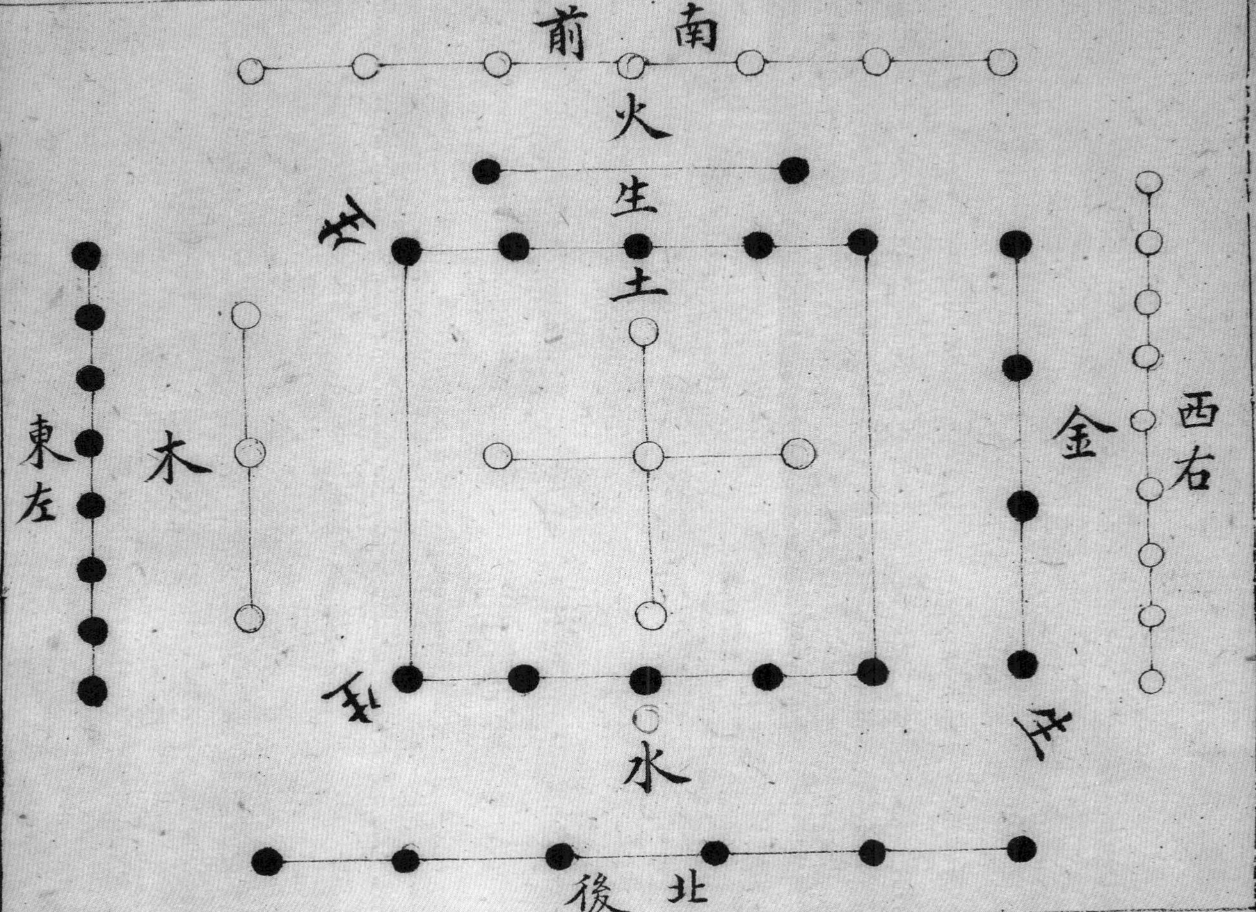

繫辭傳曰天一地二天三地四天五地六天七地八天九地十天數五地數五五位相得而各有合（得如兄弟 合如夫婦）天數二十有五地數三十凡天地之數五十有五此所以成變化而行鬼神也

磁青絹面
Dark blue silk covers

外觀
Exterior

書5893

《御纂周易折中》

清　李光地撰

清康熙年內府抄本

開本　縱24厘米　橫14.5厘米

版框　縱17.5厘米　橫11.4厘米

六冊

16

Shu 5893

Golden Mean of the Book of Changes

Written by imperial order by Li Guangdi et. al., Qing dynasty (1644-1911)

Transcribed by the Qing court, Kangxi period (1662-1722)

Format: 24 × 14.5 cm

Frame: 17.5 × 11.4 cm

Six volumes

御纂周易折中

綱領一　此篇論作易傳易源流

周禮大卜掌三易之灋。一曰連山。二曰歸藏。三曰周易。其經卦皆八。其別皆六十有四。○陸氏德明曰。宓犧氏之王天下。仰則觀於天文。俯則察於地理。觀鳥獸之文。與地之宜。近取諸身。遠取諸物。始畫八卦。因而重之。爲六十四。文王拘於羑里作卦辭。周公作爻辭。孔子作彖辭象辭文言繫辭說卦序卦雜卦十翼。班固曰。孔子晚而好易。讀之韋編三絕。而爲之傳。傳卽十翼也。自魯商瞿子木受易於孔子。以授魯橋庇子庸。子庸授江東馯臂子弓。子弓授燕周醜子家。子家授東武孫虞子乘。子

卷端
Beginning

磁青絹面
Dark blue silk cover

外觀
Exterior

書5894
《周易義例一卷附啓蒙附論一卷序卦雜卦一卷》
清　李光地等纂修
清康熙年内府抄本
開本　縱24.4厘米　橫16.4厘米
版框　縱19.4厘米　橫13.8厘米
一册

17

Shu 5894
Interpretative Examples in the Book of Changes
One chapter as text, one chapter as elementary discussion, one chapter as preliminary and miscellaneous divinations
Written by Li Guangdi et. al., Qing dynasty (1644-1911)
Transcribed by the Qing court, Kangxi period (1662-1722)
Format: 24.4 × 16.4 cm
Frame: 19.4 × 13.8 cm
One volume

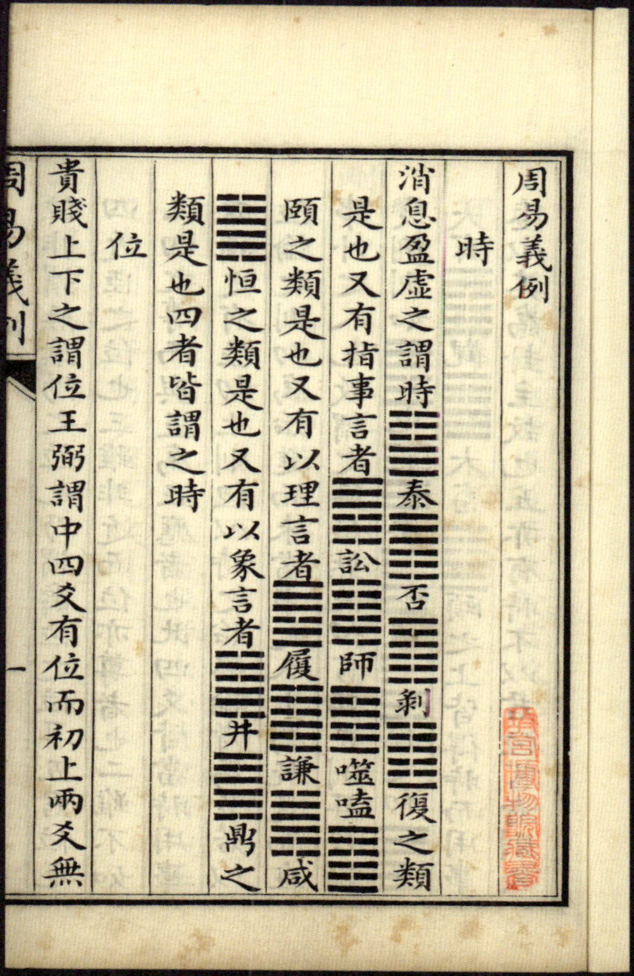
周易義例

時

消息盈虛之謂時泰否剝復之類是也又有指事言者訟師噬嗑頤之類是也又有以理言者履謙咸恒之類是也又有以象言者井鼎之類是也四者皆謂之時

位

貴賤上下之謂位王弼謂中四爻有位而初上兩爻無

周易義例 一

卷端
Beginning

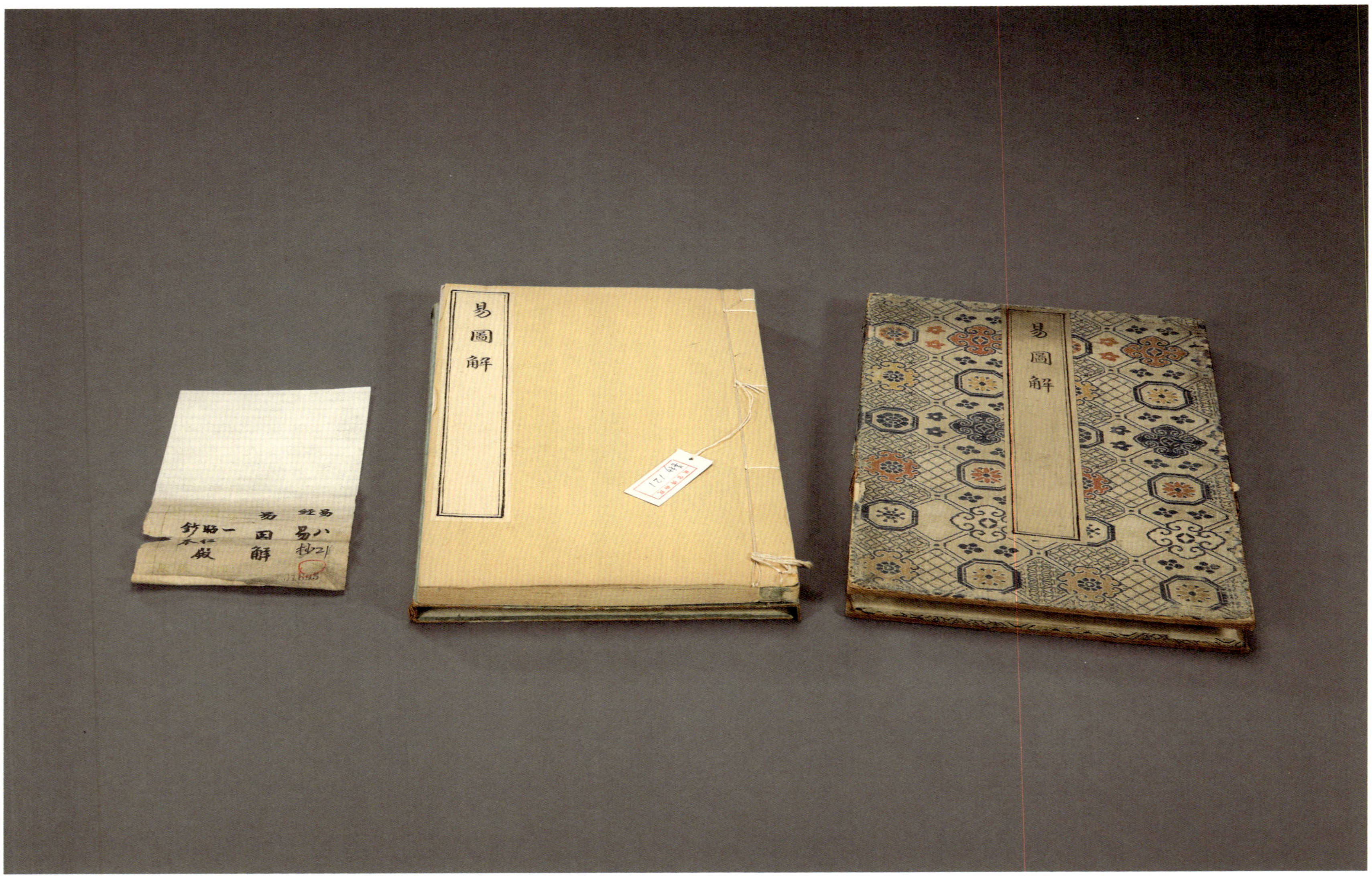

織錦插套、黃紙封面
Bookmark, pale yellow paper cover and brocade slip-case

外觀
Exterior

書5895
《易圖解一卷》
清　德沛注釋
清乾隆元年（1736）內府抄本
開本　縱27.5厘米　橫17厘米
版框　縱17.5厘米　橫13.4厘米
一册

18

Shu 5895
Illustrated Annotations of the Book of Changes
One chapter
Annotated by Depei, Qing dynasty (1644-1911)
Transcribed by the Qing court in 1736
Format: 27.5 × 17 cm
Frame: 17.5 × 13.4 cm
One volume

易圖解

德沛註釋

繫辭傳曰天尊地卑乾坤定矣卑高以陳貴賤位矣動靜有常剛柔斷矣方以類聚物以羣分吉凶生矣在天成象在地成形變化見矣此言太極上繫首章

此一節繫辭首章夫子贊太極之辭也太大也極至也言天地間至大至極之理昔

楠木夾板、磁青絹面
Bookmark, dark blue silk covers and *nanmu* protective boards

外觀
Exterior

書5896
《經訓摘句一卷史鑒摘事二卷四書五經摘句一卷經史分類摘句一卷》
清　祁寯藻編
清内府朱格抄本
開本　縱27.7厘米　橫19.6厘米
版框　縱20.3厘米　橫14.5厘米
五冊

19

Shu 5896
Excerpts from Classic Teachings, one chapter
Excerpts from Historical Mirror, two chapters
Excerpts from Four Books and Five Classics, one chapter
Categorized Excerpts from Classics and History, one chapter
Compiled by Qi Junzao, Qing dynasty (1644-1911)
Transcribed in red columns by the Qing court
Format: 27.7 × 19.6 cm
Frame: 20.3 × 14.5 cm
Five volumes

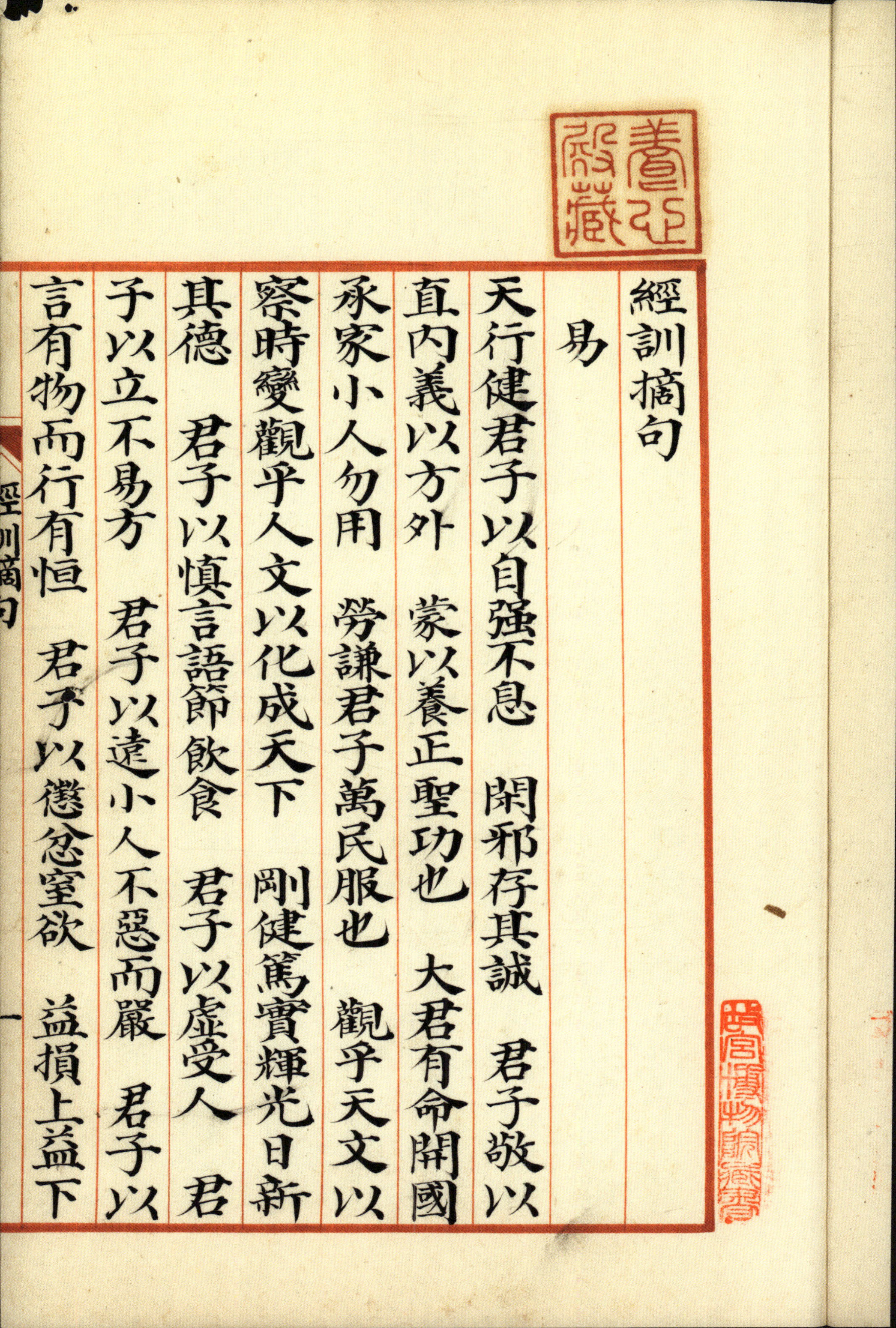

經訓摘句

易

天行健君子以自強不息　閑邪存其誠　君子敬以
直內義以方外　蒙以養正聖功也　大君有命開國
承家小人勿用　勞謙君子萬民服也　觀乎天文以
察時變觀乎人文以化成天下　剛健篤實輝光日新
其德　君子以慎言語節飲食　君子以虛受人　君
子以立不易方　君子以遠小人不惡而嚴　君子以
言有物而行有恒　君子以懲忿窒欲　益損上益下

經訓摘句　一

卷端及“養心殿藏”印
Beginning and impression of the seal “Yangxindian cang” (collection of the Hall of Mental Cultivation)

磁青絹面
Dark blue silk cover

書5897
《重輯周易音訓二卷六藝論六篇讀詩涉筆一卷》
清　吕祖謙選輯
清末抄稿本
開本　縱23.3厘米　橫16.5厘米
一册

20

Shu 5897
Recompiled Phonetic Annotations of the Book of Changes, two chapters
On Six Arts, six chapters
Poetry Review, one chapter
Compiled by Lü Zuqian, Qing dynasty (1644-1911)
Transcribed in the late Qing dynasty
Format: 23.3 × 16.5 cm
One volume

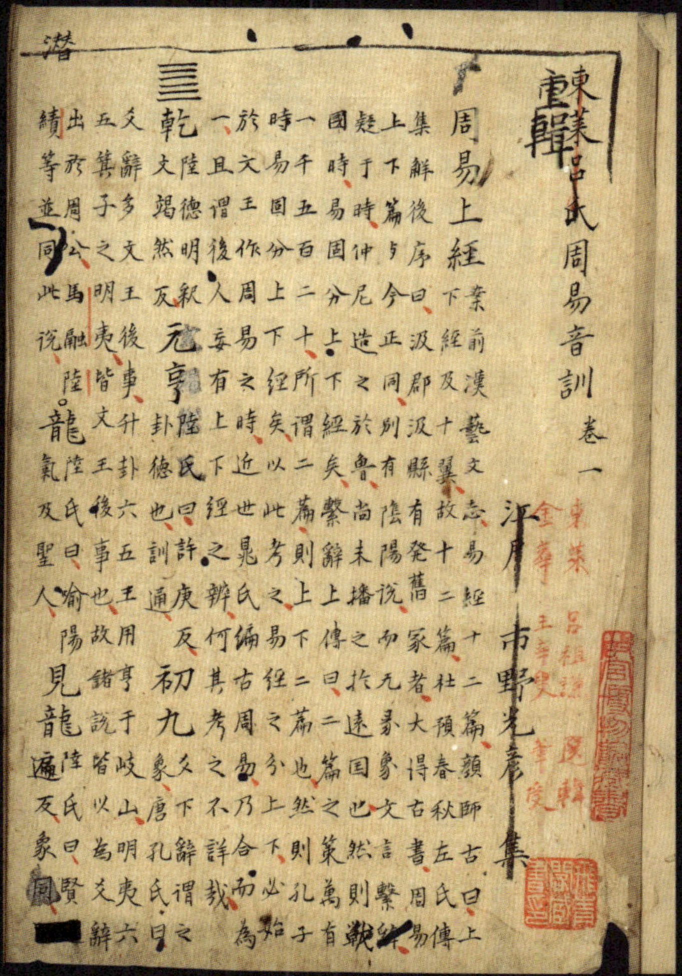

東萊呂氏周易音訓 卷一

江戸 市野光彥 集

周易上經

卷端
Beginning

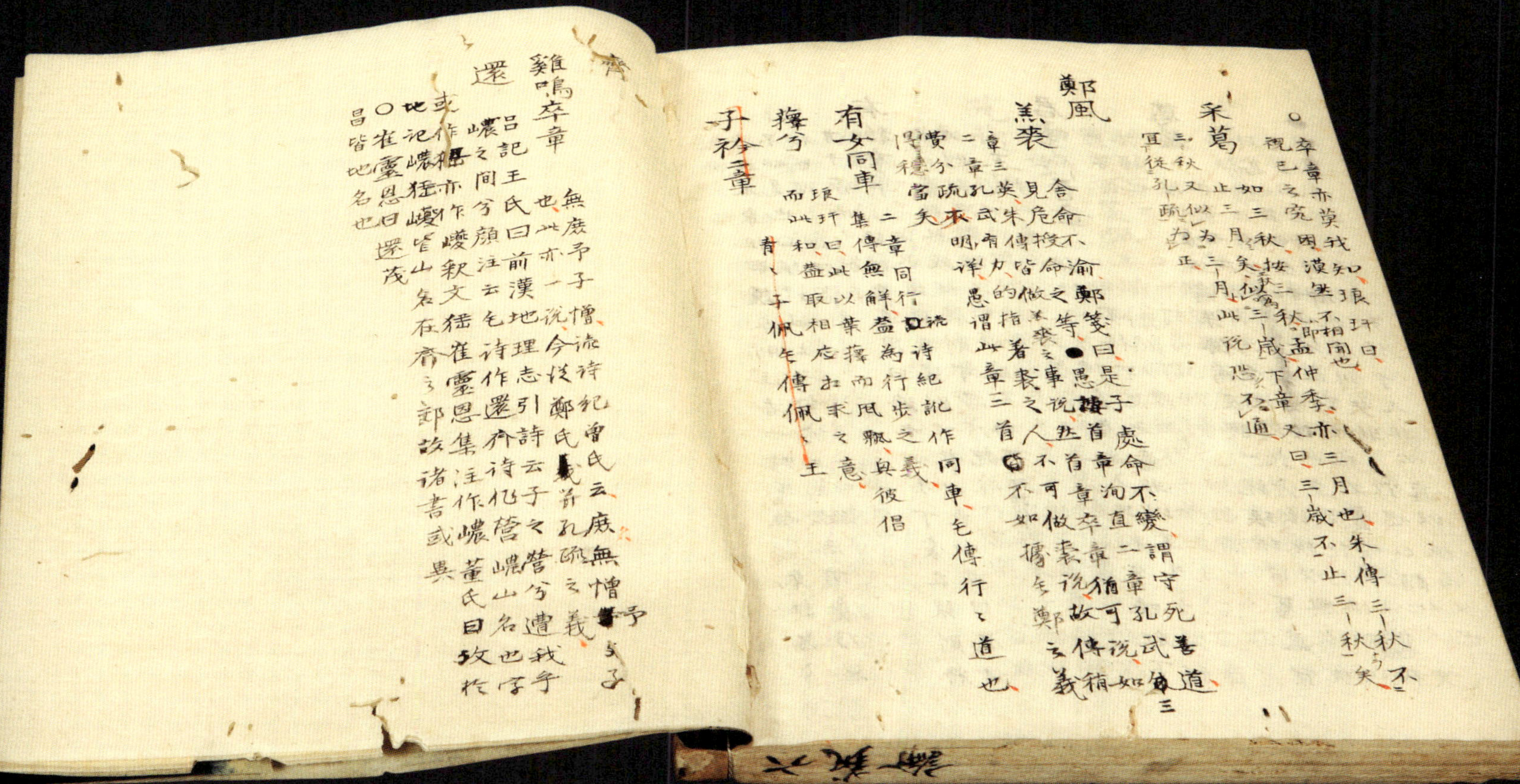

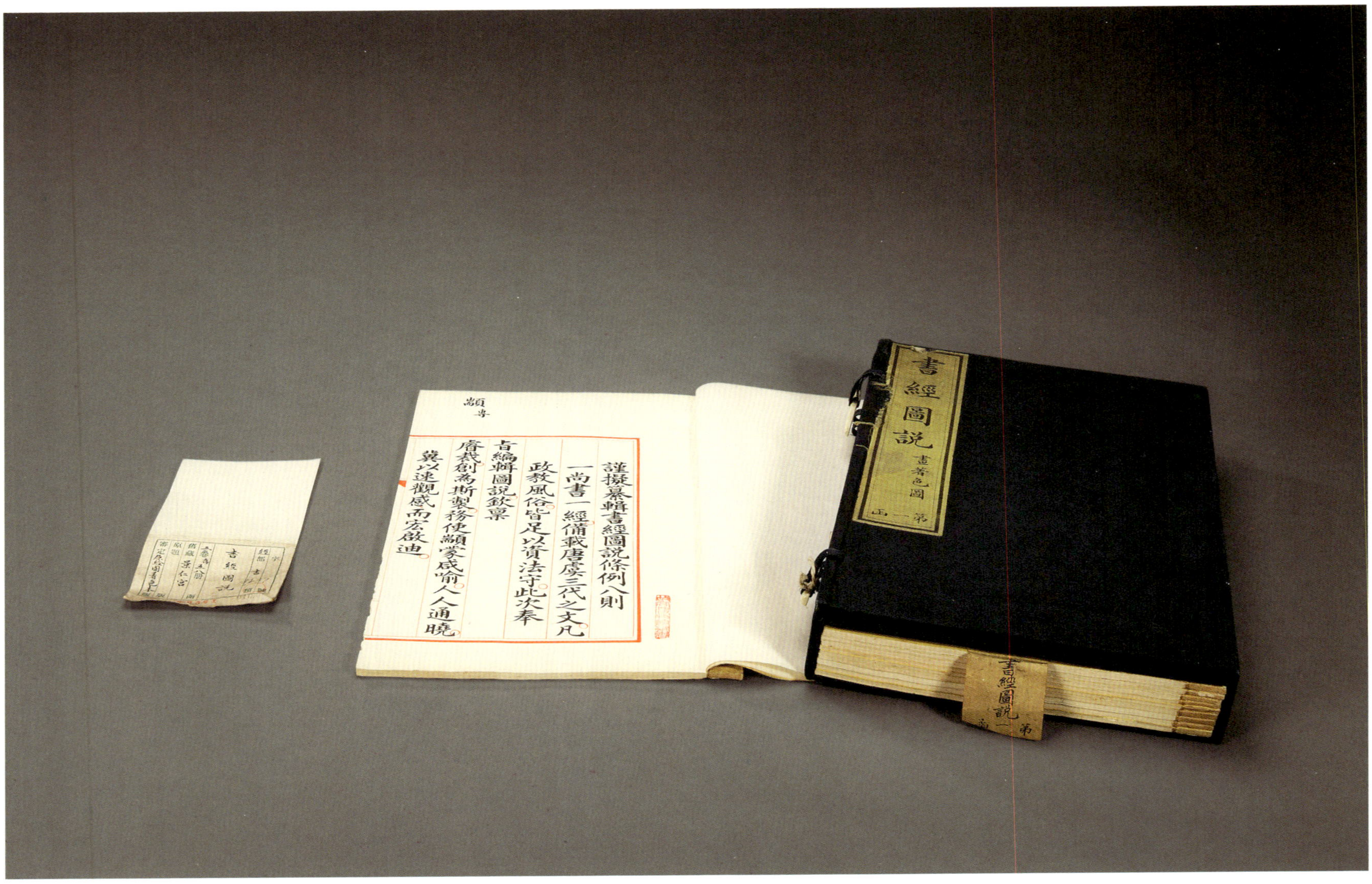

磁青函套
Dark blue envelope

外觀
Exterior

書5899
《書經圖說五十卷》
清　孫家鼐等撰
清光緒二十八年（1902）内府朱格抄本
開本　縱 33.4 厘米　橫 22.1 厘米
版框　縱 24.3 厘米　橫 16 厘米
五十册

21

Shu 5899
Illustrated Book of History
Fifty chapters
Compiled by Sun Jianai et. al., Qing dynasty (1644-1911)
Transcribed in red columns by the Qing court in 1902
Format: 33.4 × 22.1 cm
Frame: 24.3 × 16 cm
Fifty volumes

黃紙書面
Pale yellow paper covers

插圖局部
Illustration

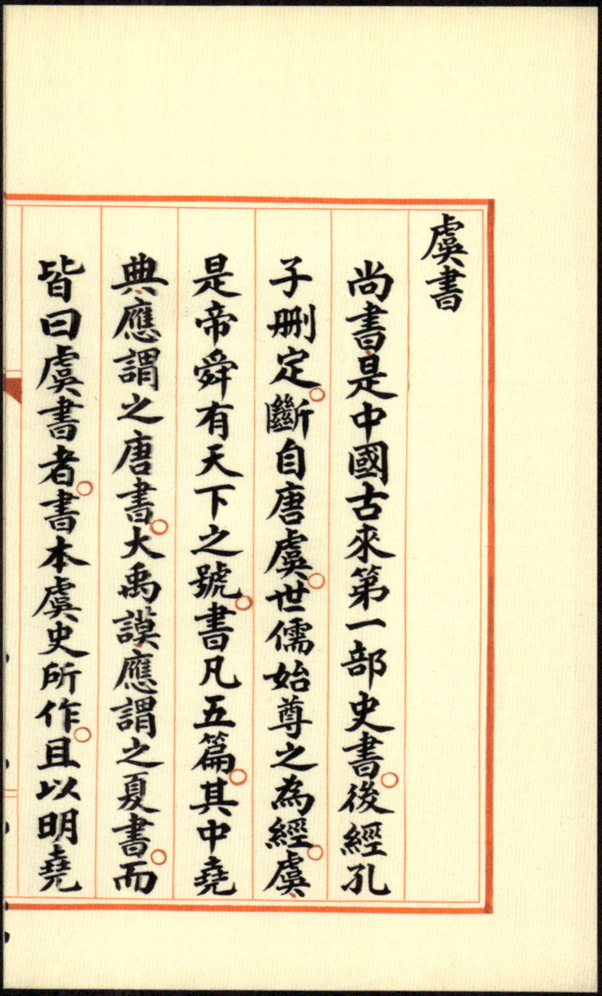
虞書
尚書是中國古來第一部史書後經孔
子刪定斷自唐虞世儒始尊之為經虞
是帝舜有天下之號書凡五篇其中堯
典應謂之唐書大禹謨應謂之夏書而
皆曰虞書者書本虞史所作且以明堯

卷端
Beginning

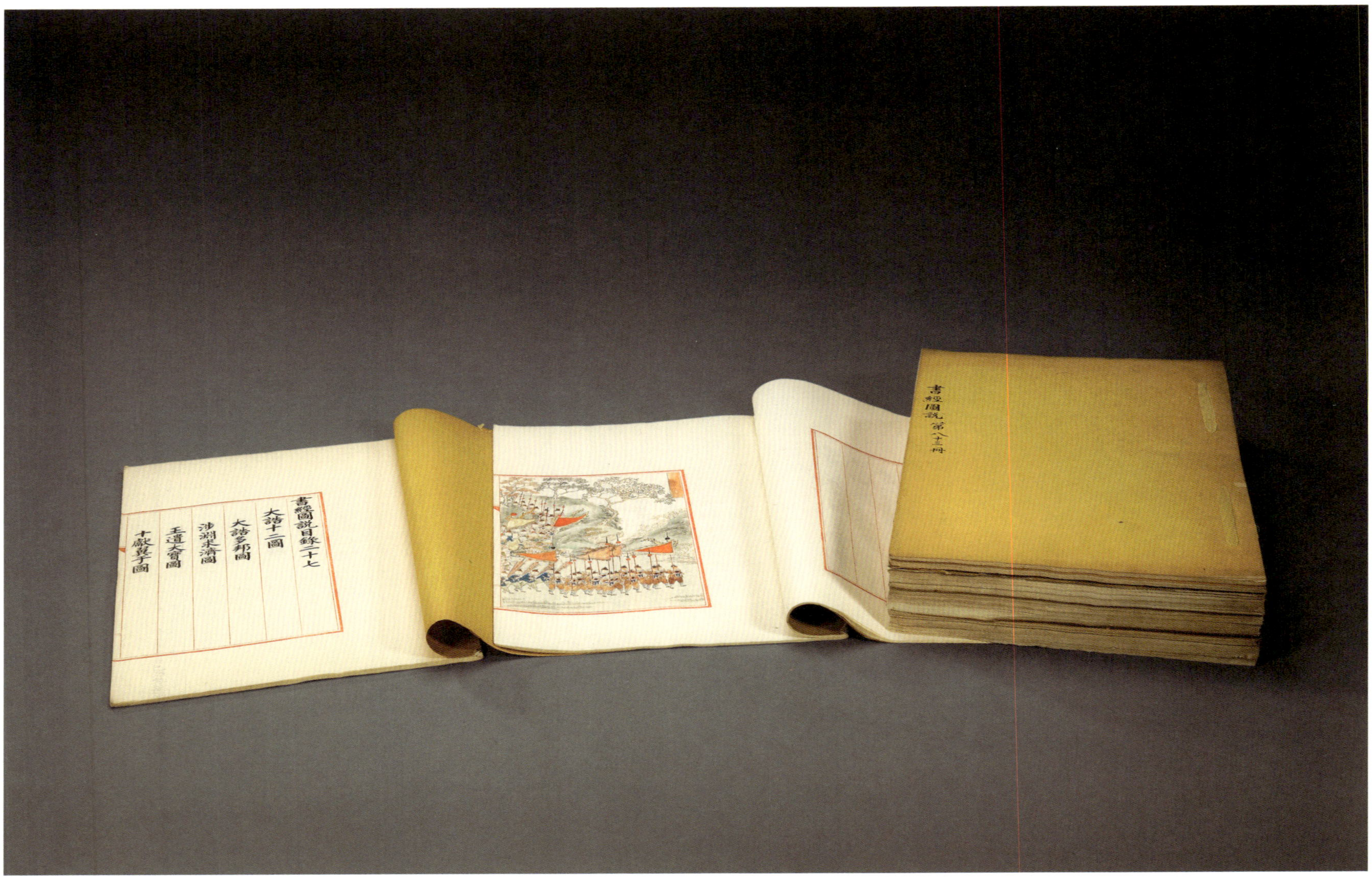

彩色插圖
Illustration

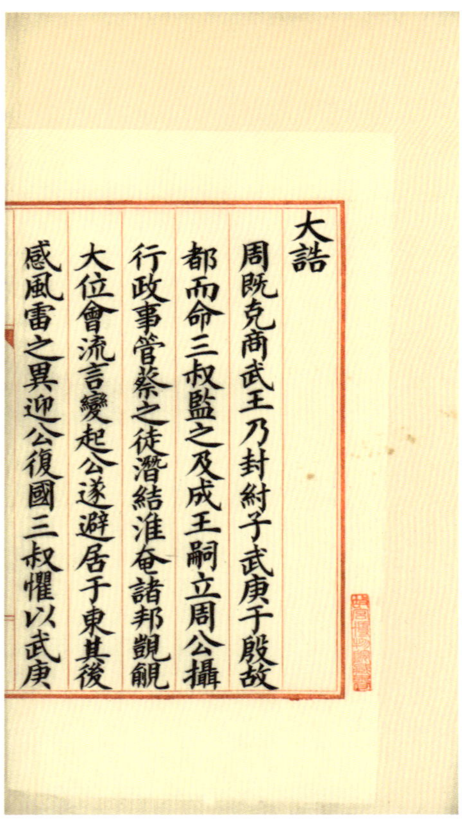

大誥
周既克商武王乃封紂子武庚于殷故
都而命三叔監之及成王嗣立周公攝
行政事管蔡之徒潛結淮奄諸邦覬覦
大位會流言變起公遂避居于東其後
感風雷之異迎公復國三叔懼以武庚

卷端
Beginning

書5900
《書經圖說》
清　孫家鼐等撰
清光緒年內府朱格稿本
開本　縱 39.1 厘米　橫 25.4 厘米
版框　縱 23.4 厘米　橫 16.1 厘米
八冊

22

Shu 5900
Illustrated Book of History
Compiled by Sun Jianai et. al., Qing dynasty (1644-1911)
Transcribed in red columns by the Qing court, Guangxu period (1875-1908)
Format: 39.1 × 25.4 cm
Frame: 23.4 × 16.1 cm
Eight volumes

磁青絹面
Dark blue silk covers

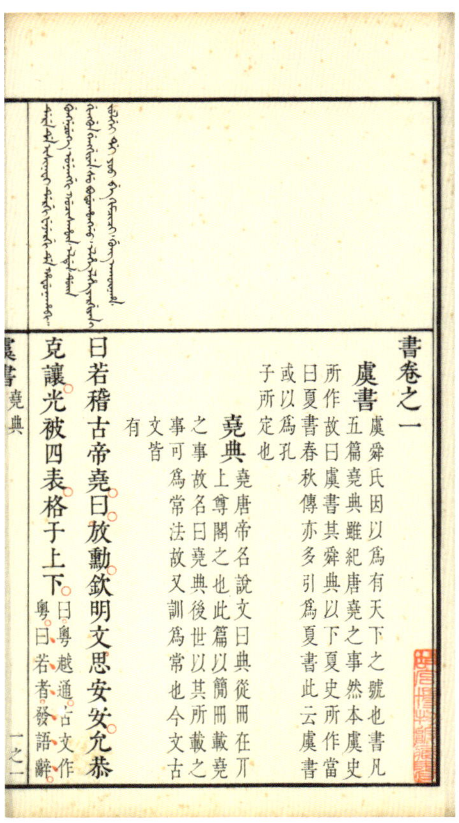

書卷之一

虞書 虞舜氏因以爲有天下之號也書凡五篇堯典雖紀唐堯之事然本虞史所作故曰虞書其舜典以下夏史所作當曰夏書春秋傳亦多引爲夏書此云虞書或以爲孔子所定也

堯典 堯唐帝名說文曰典從冊在丌上尊閣之也此篇以簡冊載堯之事故名曰堯典後世以其所載之事可爲常法故又訓爲常也今文古文皆有

曰若稽古帝堯曰放勳欽明文思安安允恭克讓光被四表格于上下 曰粵越通古文作粵曰若者發語辭

虞書 堯典 一之二

卷端
Beginning

書5901

《書集傳六卷》

清　蔡沈集撰

清康熙年内府滿漢文精抄本

開本　縱 28.1 厘米　橫 17.5 厘米

版框　縱 23.9 厘米　橫 14.2 厘米

四冊

23

Shu 5901

Commentary on the Book of History

Six chapters

Commented by Cai Chen, Song dynasty (960-1279)

Transcribed by the Qing court in Manchu and Chinese, Kangxi period (1662-1722)

Format: 28.1 × 17.5 cm

Frame: 23.9 × 14.2 cm

Four volumes

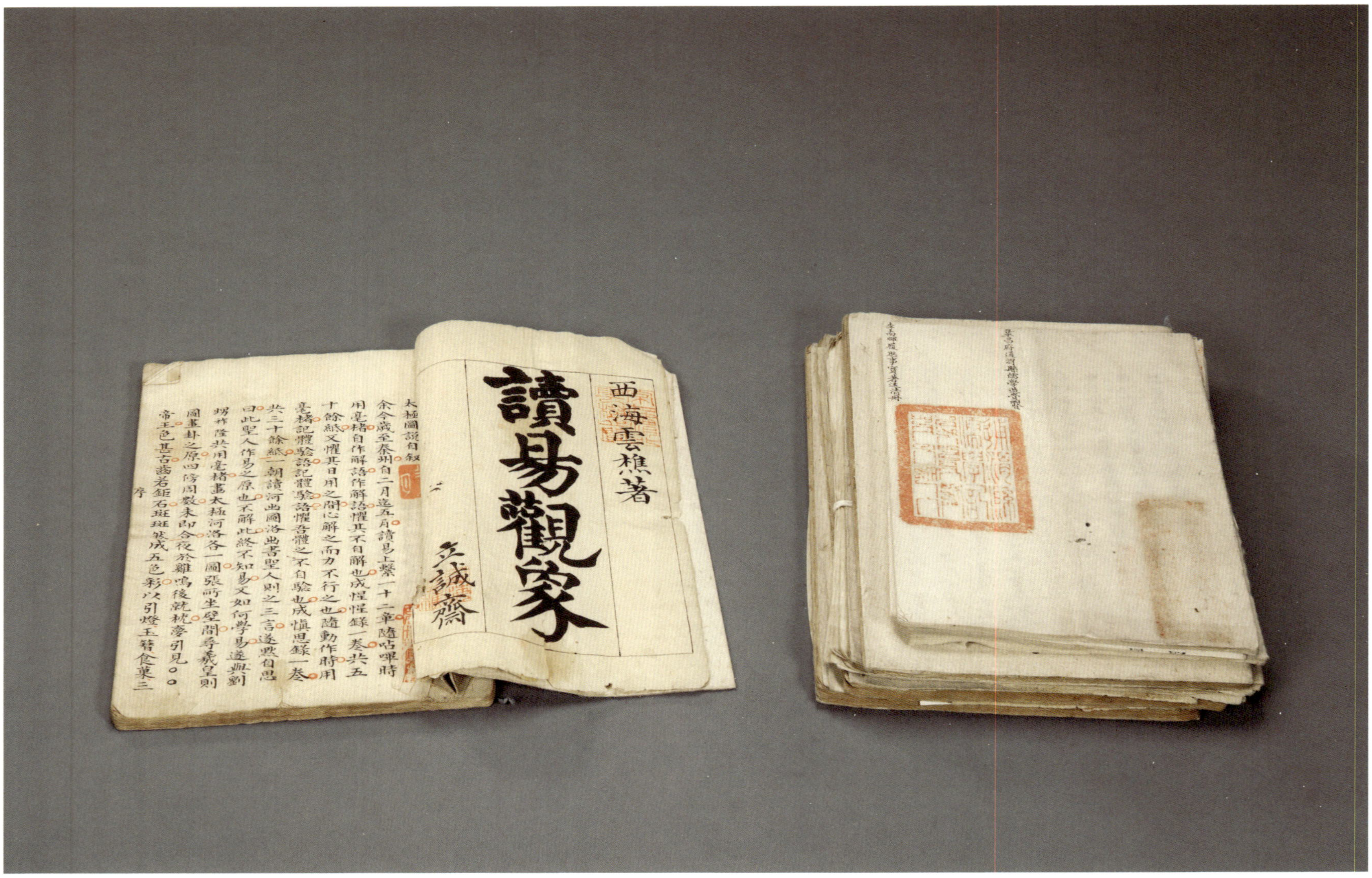

外觀
Exterior

書5912
《讀易觀象》
清　李南暉等撰
清乾隆十年（1745）稿本、四十七年重訂，道光年補抄
三十四册

24

Shu 5912
Records on Reading the Book of Changes and Observation of Divinations
Written by Li Nanhui et. al., Qing dynasty (1644-1911)
Draft transcribed in 1745
Revised edition of 1782 transcribed in the Daoguang period (1821-1850)
Thirty-four volumes

卷首"太極理氣象數全圖"
Changes of Taichi

附件
Annex

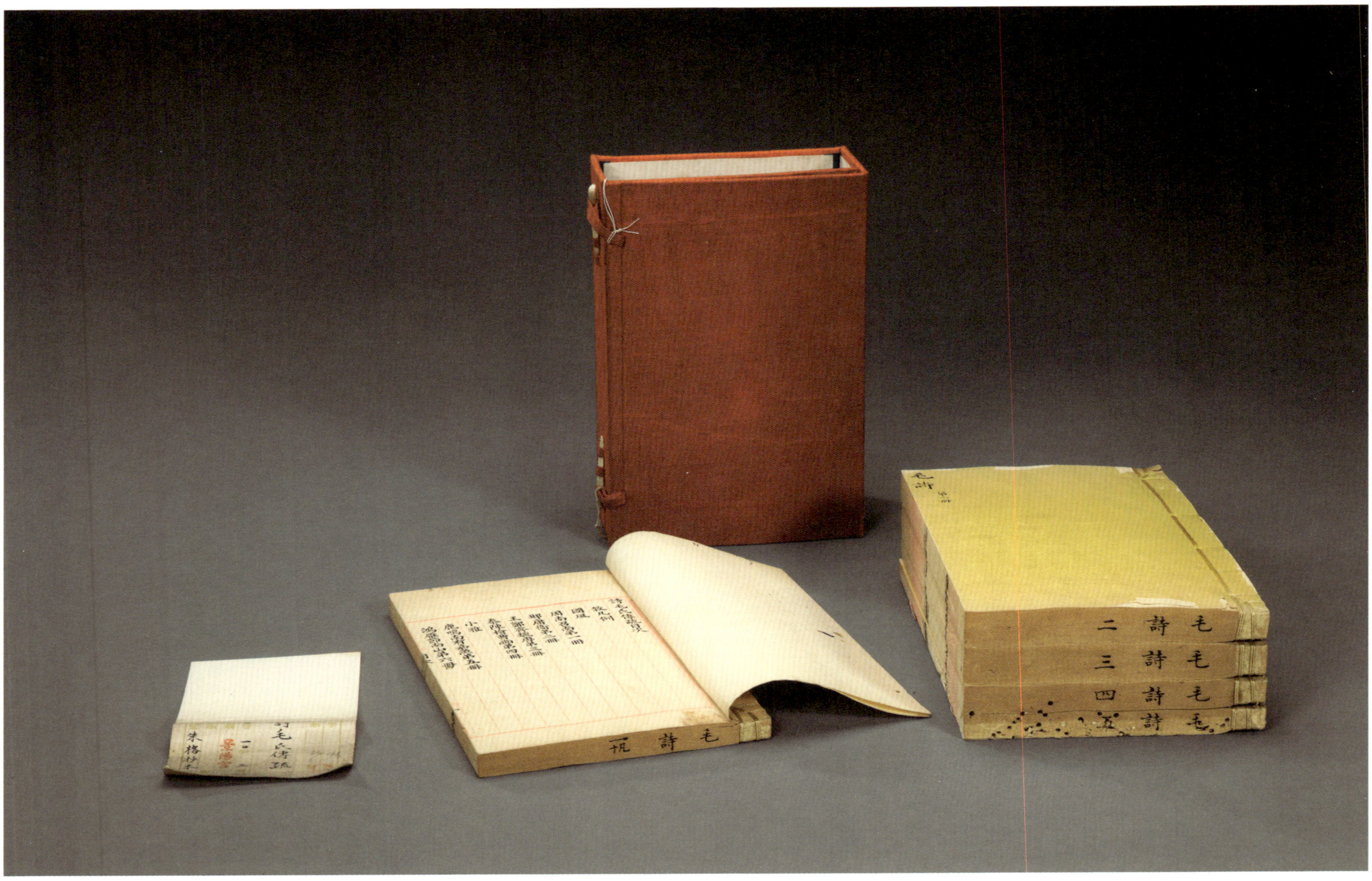

外觀、黄紙書面
Exterior

書5913
《詩毛氏傳疏三十卷》
清　陳奂撰
清咸豐年朱格自寫進呈本
開本　縱 24.5 厘米　橫 15.7 厘米
版框　縱 17.6 厘米　橫 12.9 厘米
十册

25

Shu 5913
Commentary to Annotated Book of Odes
Thirty chapters
Written by Chen Huan, Qing dynasty (1644-1911)
Transcribed in red columns and presented to the Qing court by Chen Huan, Xianfeng period (1851-1861)
Format: 24.5 × 15.7 cm
Frame: 17.6 × 12.9 cm
Ten volumes

詩毛氏傳疏卷一

長洲陳奐學

周南關雎詁訓傳弟一　毛詩國風

周南之國十一篇三十四章百五十九句疏南南國也在江漢之域周雍州地名在岐山之陽譙周司馬貞說本大王所居扶風雍東北故周城是也周公旦采於周故曰周公當武王成王之世周公在王朝爲陝東之伯率東方諸矦攝政五年營治東都王城六年制作禮樂遂以文王受命以後與己陝內所采之詩編諸樂章屬歌於大師名之曰周南焉先師金壇段氏玉裁毛詩小箋云章句既移篇前則都數宜在此毛三十四章鄭始三十六章

關雎三章一章四句二章章八句疏今本分章作五章此從故言陸德明釋文云五章鄭所分故言毛公本意後放此是也小箋云各本章句在篇後孔穎達正義

卷端
Beginning

黄紙書面
Yellow paper covers

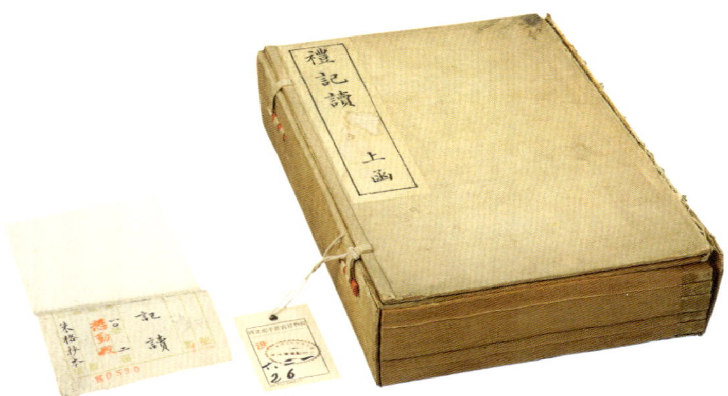

外觀
Exterior

書5914
《禮記讀十卷》
清　王筠撰
清王筠自寫進呈抄本
開本　縱 27.5 厘米　橫 18.2 厘米
版框　縱 20.5 厘米　橫 15.9 厘米
十冊

26

Shu 5914
Review of the Book of Rites
Ten chapters
Written, transcribed and presented to the Qing court by Wang Yun, Qing dynasty (1644-1911)
Format: 27.5 × 18.2 cm
Frame: 20.5 × 15.9 cm
Ten volumes

禮記讀卷一

山西鄉寧縣知縣王筠撰

曲禮上第一

曲禮曰毋不敬儼若思安定辭安民哉

鄭註儼矜莊貌人之坐思貌必儼然

朱子曰毋不敬統言主宰處儼若思敬者之貌安定辭敬者之言安民哉敬者之效也

真德秀曰毋不敬身心內外不可使有一毫之不敬也其容貌必端嚴而若思其言辭必安定而不遽以此臨民民有不安者乎

敖不可長欲不可從志不可滿樂不可極

疏六韜曰器滿則傾志滿則覆

黃震曰志指其虛大而言樂指其逸樂而言四者敖尤凶德

徐師曾曰長敖則喪德從欲則敗度志滿則人離樂極則生悲四

卷端
Beginning

外觀
Exterior

書5921
《毛詩訂本七卷》
清　吴懋撰
清道光二十三年（1843）吴氏抄本
開本　縱 25.9 厘米　橫 14.1 厘米
七冊

27

Shu 5921
Revised Book of Odes
Seven chapters
Written by Wu Mao, Qing dynasty (1644-1911)
Transcribed by Wu Mao in 1843
Format: 25.9 × 14.1 cm
Seven volumes

毛詩訂本卷之一

吳川吳懋清迴溪著

毛詩訂本凡齊詩魯詩韓詩及爾雅說文釋文所載異字附、古音古韻亦備列焉、

國風

國風者、各國之土風、成王七年、周公營雒、成周於土中、集儀禮、制樂章、採中州所作、被文王之化、足為齊家教國法者、編入樂章、著之儀禮、許燕飲用之、又明農務、謂后稷叔均之教、可以富裕我民、無致遠而用庋作七月篇、以迎寒暑、其祈報田祖、用雅音、則附之小雅、用頌體、則附之周頌、皆居豳邸時作、至前避謗

卷端
Beginning

外觀
Exterior

書5922
《詩經集傳八卷》
宋　朱熹撰
清內府朱格抄本
開本　縱 19.7 厘米　橫 12.8 厘米
版框　縱 14.1 厘米　橫 10.3 厘米
四册

28

Shu 5922
Commentary on the Book of Odes
Eight chapters
Commented by Zhu Xi, Song dynasty (960-1279)
Transcribed in red columns by the Qing court
Format: 19.7 × 12.8 cm
Frame: 14.1 × 10.3 cm
Four volumes

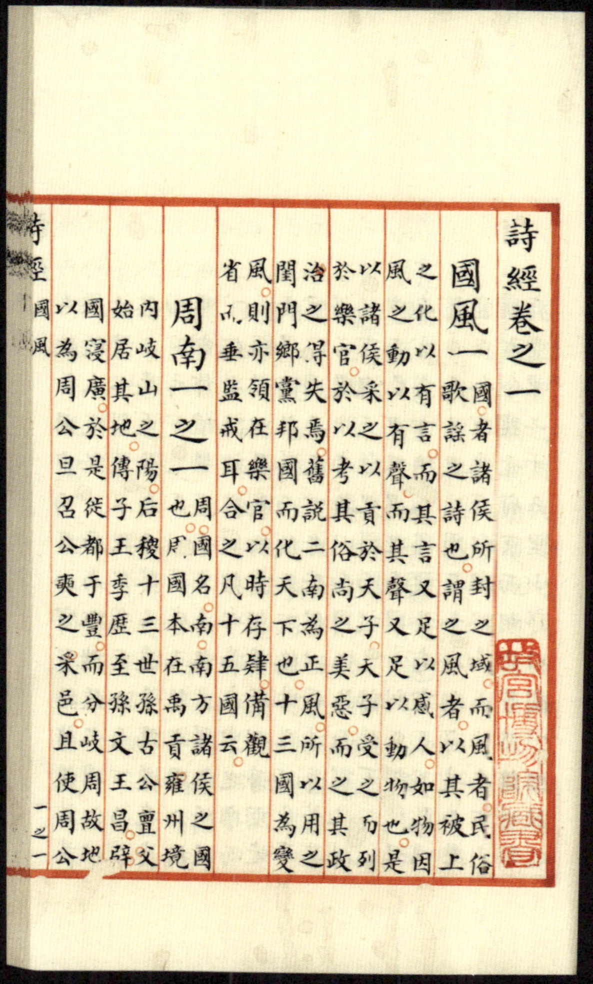

卷端
Beginning

磁青絹面
Dark blue silk cover

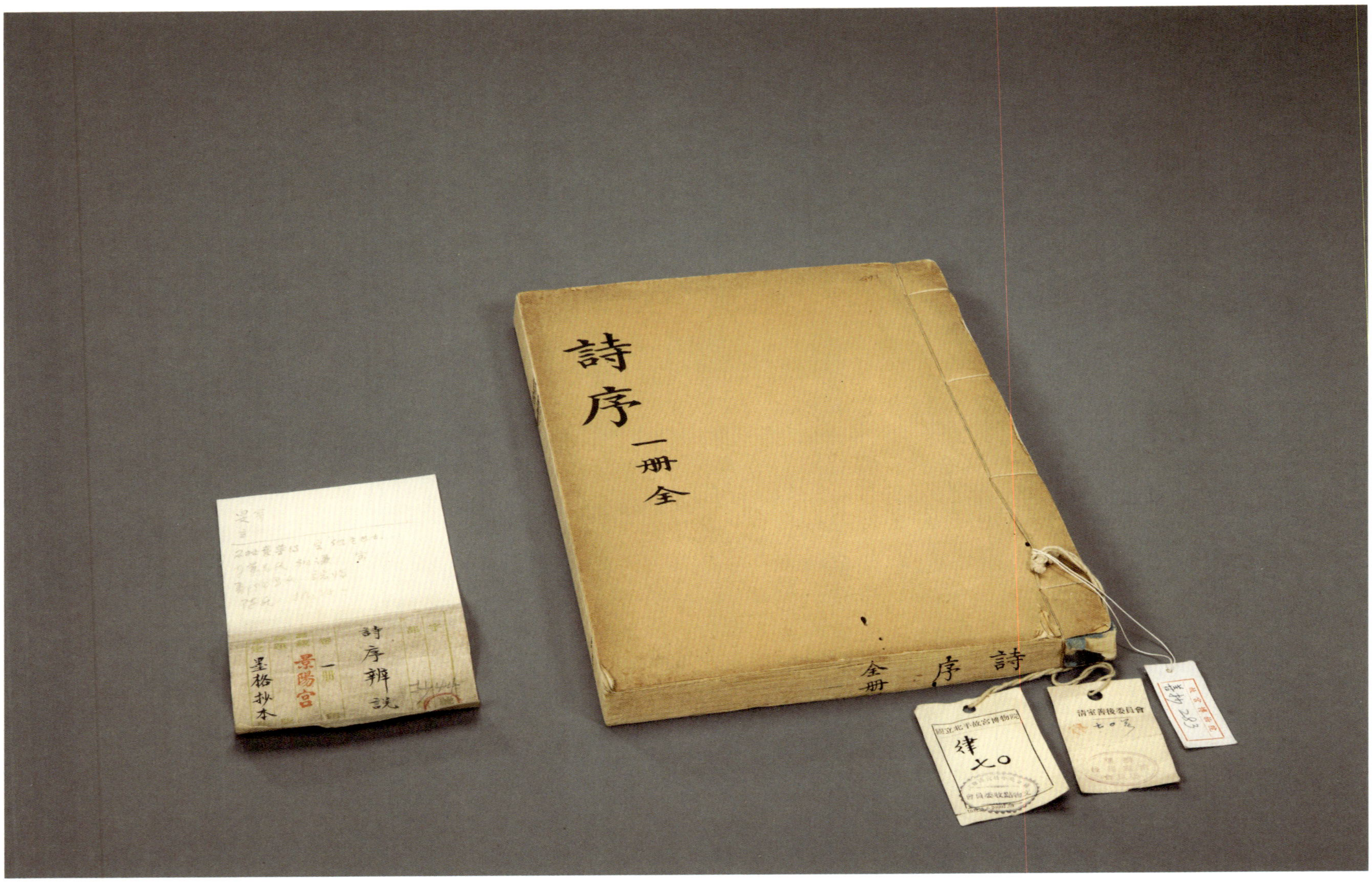

黄紙書面
Pale yellow paper cover

書5927
《詩序集傳一卷附集諸家説一卷》
宋　朱熹撰
清康熙年内府抄本
開本　縱 29.9 厘米　橫 20.3 厘米
版框　縱 19.3 厘米　橫 14.7 厘米
一册

29

Shu 5927
Commentary on Preface to the Book of Odes
One chapter as text, one chapter as collection of others' commentaries
Commented by Zhu Xi, Song dynasty (960-1279)
Transcribed by the Qing court, Kangxi period (1662-1722)
Format: 29.9 × 20.3 cm
Frame: 19.3 × 14.7 cm
One volume

詩序

朱氏辨說

詩序之作說者不同或以為孔子或以為子夏或以為國史皆無明文可考唯後漢書儒林傳以為衛宏作毛詩序今傳於世則序乃宏作明矣然鄭氏又以為諸序本自合為一編毛公始分以寘諸篇之首則是毛公之前其傳已久宏特增廣而潤色之耳故近世諸儒多以序之首句為毛公所分而其下推說云云者為後人所益理或有之但今考其首句則已有不得詩人之本意而肆為妄說者矣況沿襲云云之誤哉然計其初猶必自謂出於臆度之私非經本文故且自為一編別附經後又以尚有齊魯韓氏之說並傳於世故讀者亦有以知其出於後人之手不盡信也及至毛公引以入經乃不綴篇後而超冠篇端不為注文而直作經

黃綾暗紋封面
Yellow twill-weave silk cover with veiled pattern

外觀
Exterior

30

書5928
《欽定書經圖說（殘六卷）》
清　孫家鼐撰
清光緒年內府抄本
開本　縱 32.7 厘米　橫 21.6 厘米
版框　縱 19.3 厘米　橫 14.7 厘米
二冊

Shu 5928
Illustrated Book of History
Six chapters, incomplete
Compiled by Sun Jianai et. al., Qing dynasty (1644-1911)
Transcribed by the Qing court, Guangxu period (1875-1908)
Format: 32.7 × 21.6 cm
Frame: 19.3 × 14.7 cm
Two volumes

插圖

洪範

洪大也範法也武王克商訪道於箕子箕子告以治天下之大法故以洪範名篇

卷端

外觀
Exterior

楠木書匣
Nanmu case

書5929
《三禮通釋二百八十卷》
清　林昌彝纂輯
清道光年林氏朱格墨圖抄進呈本
開本　縱 28.7 厘米　橫 18.8 厘米
版框　縱 22 厘米　橫 14.3 厘米
函套　縱 30.7 厘米　橫 21.6 厘米　高 17.3 厘米
四十册

31

Shu 5929
Commentaries on the Three Rites
280 chapters
Compiled by Lin Changyi, Qing dynasty (1644-1911)
Transcribed in red columns and presented to the Qing court by Lin Changyi, Daoguang period (1821-1850)
Format: 28.7 × 18.8 cm
Frame: 22 × 14.3 cm
Case: 30.7 × 21.6 × 17.3 cm
Forty volumes

三禮通釋卷一

臣林昌彞纂輯

璿機玉衡

尚書虞書曰在璿機玉衡以齊七政按璿璣或作璇璣或作璿機或作旋機或作璇機各據所聞記莫能定考宋本太平御覽二十九卷引尚書大傳曰旋璣者何也傳曰旋者還也璣者幾也微也隸釋堯廟碑據旋機之政周公禮殿記旋機離常此漢人所引是今文尚書作旋機也宋本禮記曲禮檀弓正義並引春秋運斗樞云北斗七星第二旋第三機廣雅釋天二為旋三為機字並從木史記天官書索隱引春秋緯機作璣史記天官書漢書天文志皆云北斗七星所謂旋璣玉衡以齊七政蓋今文家言璣亦當為機今本史記漢書從玉者傳寫改變非其舊也史記五帝本紀載堯典作璿璣集解正義引鄭注天官

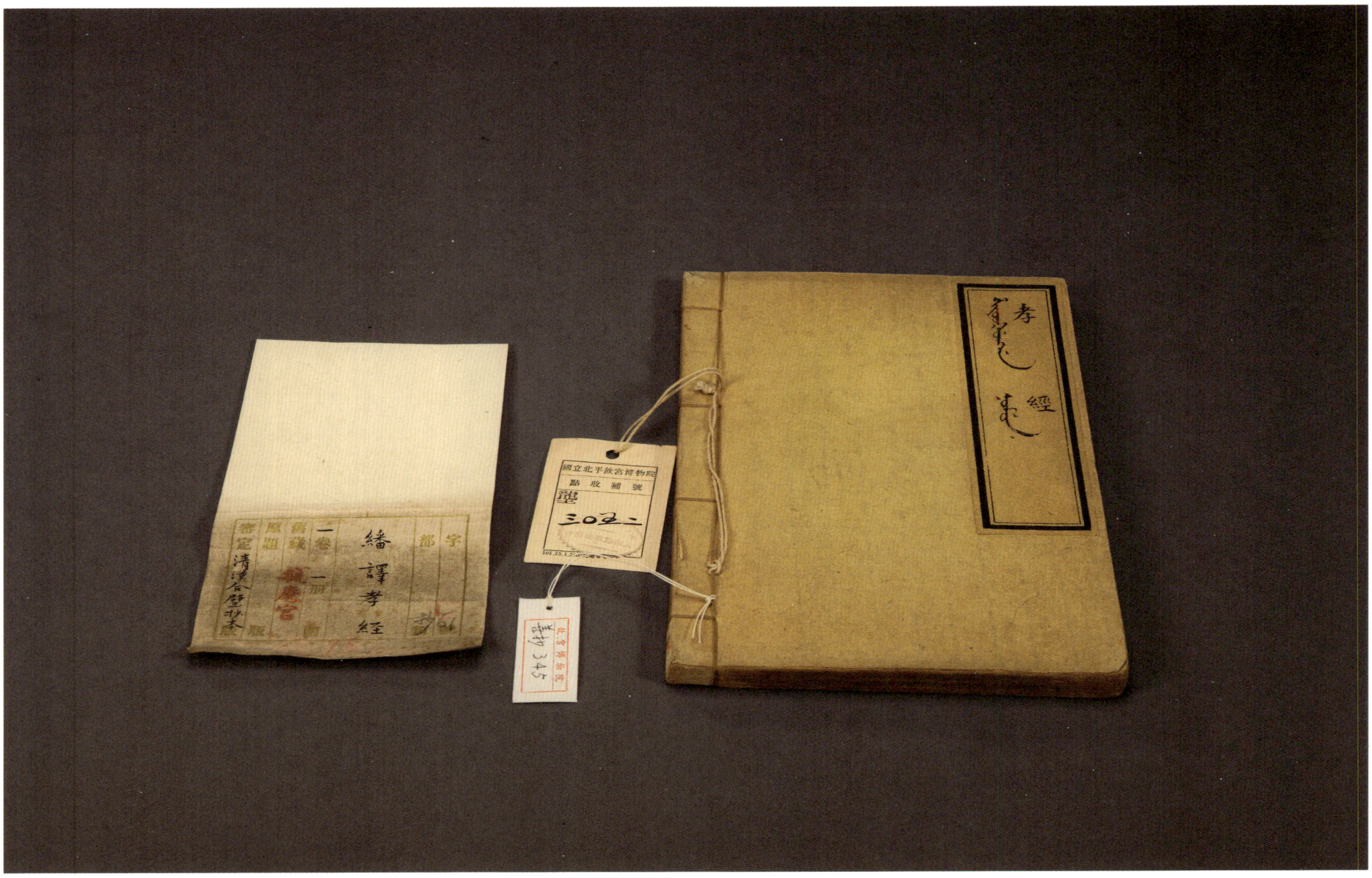

外觀
Exterior

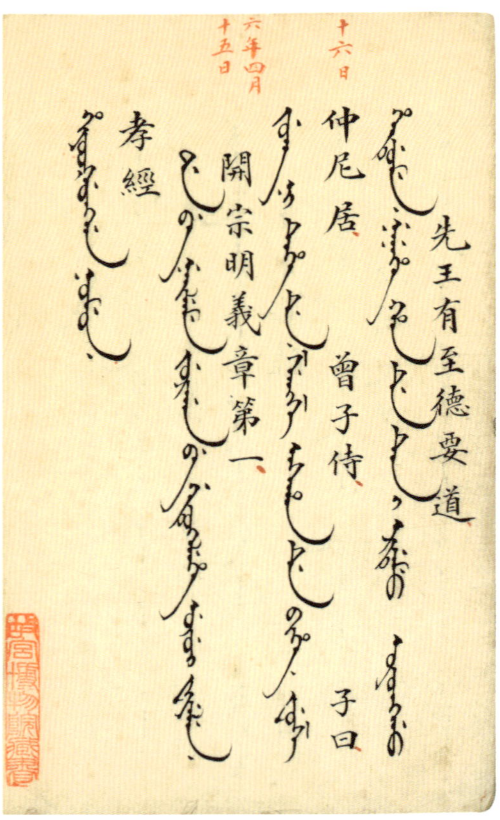

卷端
Beginning

書5936
《翻譯孝經一卷》
清　不著譯者名氏
清內府滿漢文合璧抄本
開本　縱 21.7 厘米　橫 14.7 厘米
一冊

32

Shu 5936
Translated Version of the Classic of Filial Piety
One chapter
Translator unknown, Qing dynasty (1644-1911)
Transcribed in Manchu and Chinese by the Qing court
Format: 21.7 × 14.7 cm
One volume

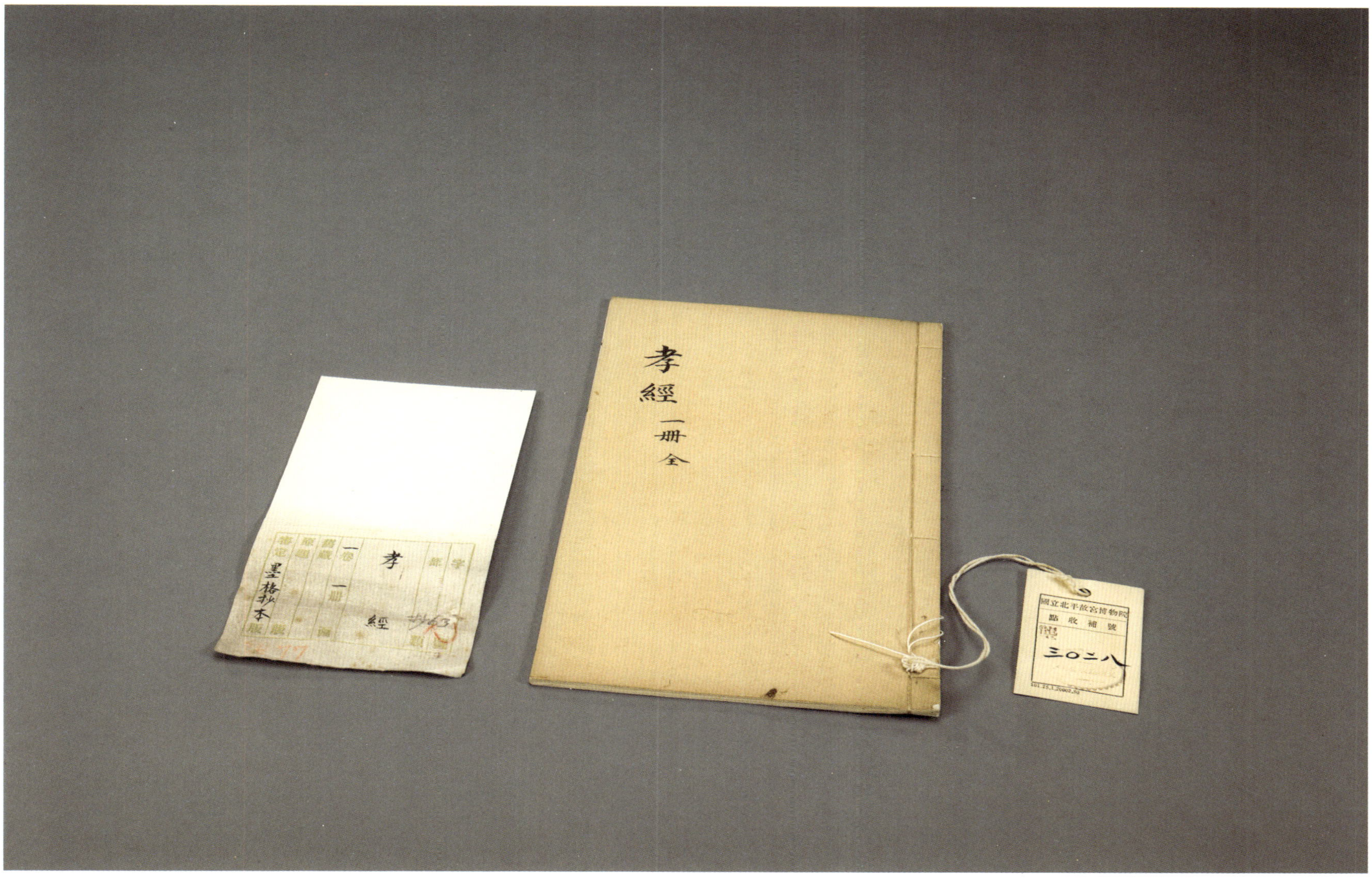

黄紙書面
Pale yellow paper cover

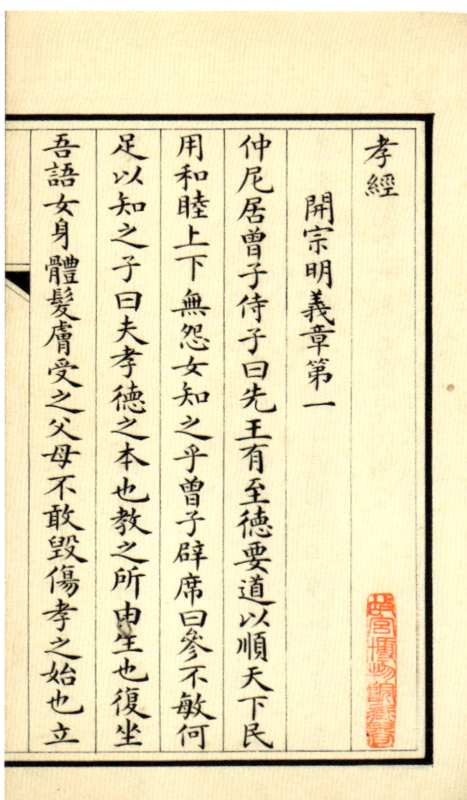

孝經

開宗明義章第一

仲尼居曾子侍子曰先王有至德要道以順天下民用和睦上下無怨女知之乎曾子辟席曰參不敏何足以知之子曰夫孝德之本也教之所由生也復坐吾語女身體髮膚受之父母不敢毀傷孝之始也立

卷端
Beginning

33

書5937

《孝經一卷》

清　不著抄寫者名氏
清　內府精抄本
開本　縱 24.4 厘米　橫 15.1 厘米
版框　縱 19.7 厘米　橫 12.5 厘米
一冊

Shu 5937

Classic of Filial Piety

One chapter
Transcribed by the Qing court
Format: 24.4 × 15.1 cm
Frame: 19.7 × 12.5 cm
One volume

黃綾書套及黃綾暗紋書面
Yellow twill-weave silk envelope and yellow twill-weave silk book cover

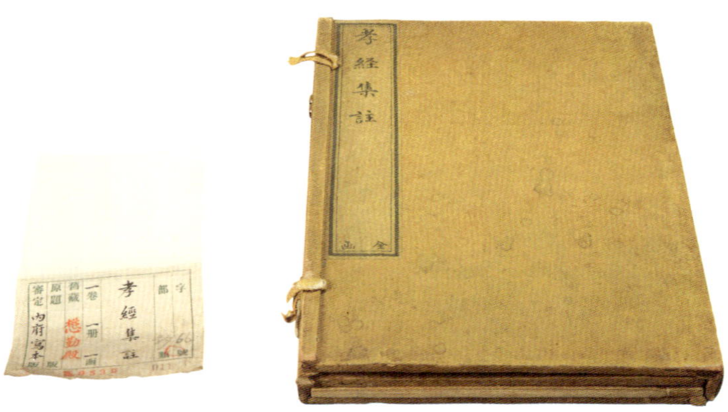

外觀
Exterior

書5941
《孝經集注一卷》
清　世宗胤禛抄
清雍正年內府抄本
開本　縱 27.4 厘米　橫 17.7 厘米
版框　縱 19.2 厘米　橫 14.3 厘米
一册

34

Shu 5941
Imperial Annotation to the Classic of Filial Piety
One chapter
Transcribed by the Yongzheng emperor (r.1723-1735)
Format: 27.4 × 17.7 cm
Frame: 19.2 × 14.3 cm
One volume

孝經集註

開宗明義章第一

此章開張一經之宗本顯明五孝之義理故以開宗明義名章

○仲尼居曾子侍子曰先王有至德要道以順天下民用和睦上下無怨女知之乎曾子辟席曰參不敏何足以知之子曰夫孝德之本也教之所繇生也復坐吾語女

女音汝下同辟音避夫音扶語去聲○仲尼孔子字名丘曾子孔子弟子名參字子輿居燕居閒暇之時侍侍坐也至者至善之義要者簡約之名道也德也一也自其得於心而言曰德自其行於身而言曰道德之至即所以為道

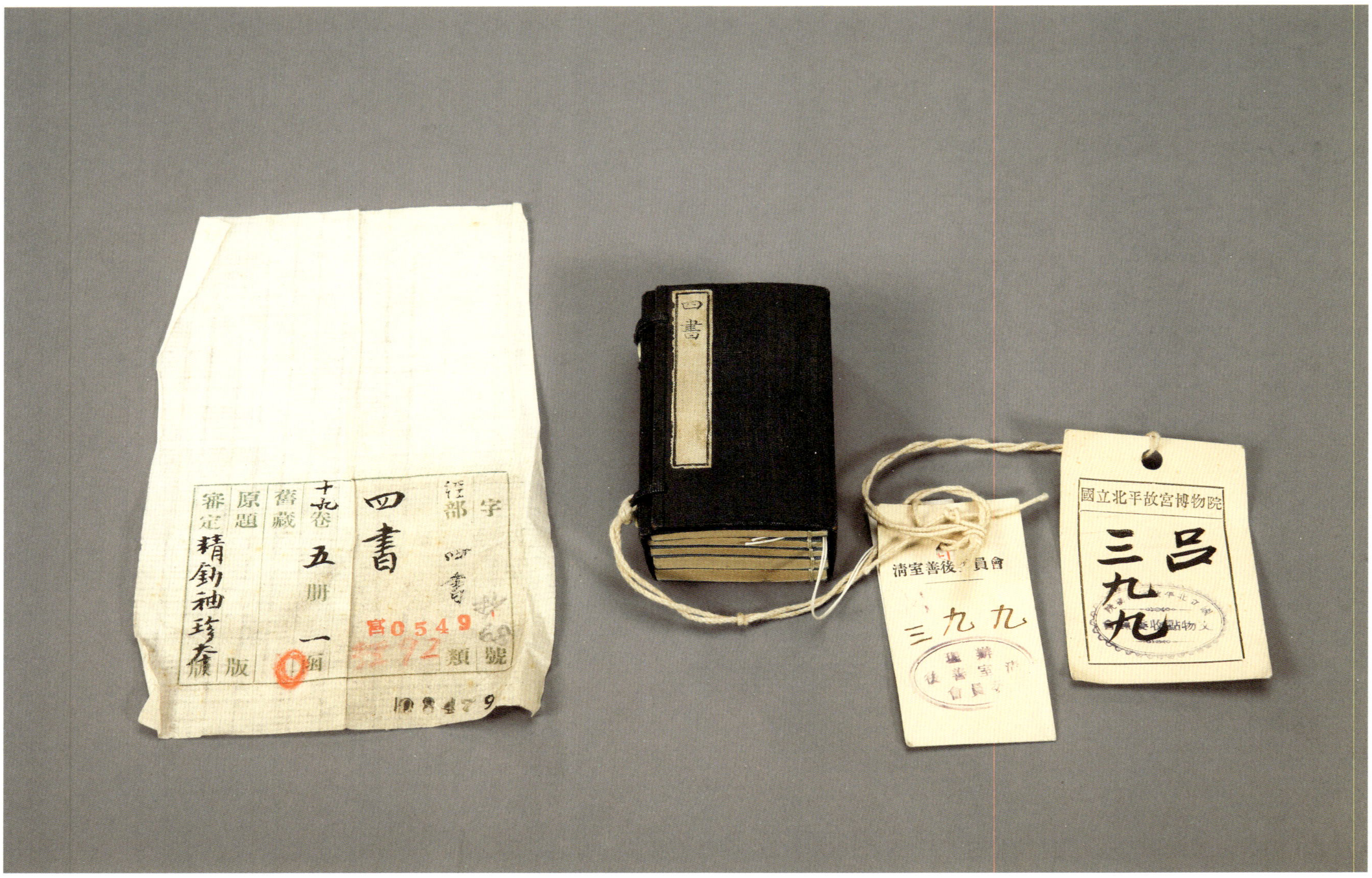

外觀
Exterior

書5945
《四書白文十九卷》
清　不著抄寫者名氏
清乾隆年內府精寫袖珍本
開本　縱6.9厘米　橫4厘米
版框　縱5.2厘米　橫3.4厘米
五冊

35

Shu 5945
Four Books
Nineteen chapters
Miniature edition
Transcribed by the Qing court, Qianlong period (1736-1795)
Format: 6.9 × 4 cm
Frame: 5.2 × 3.4 cm
Five volumes

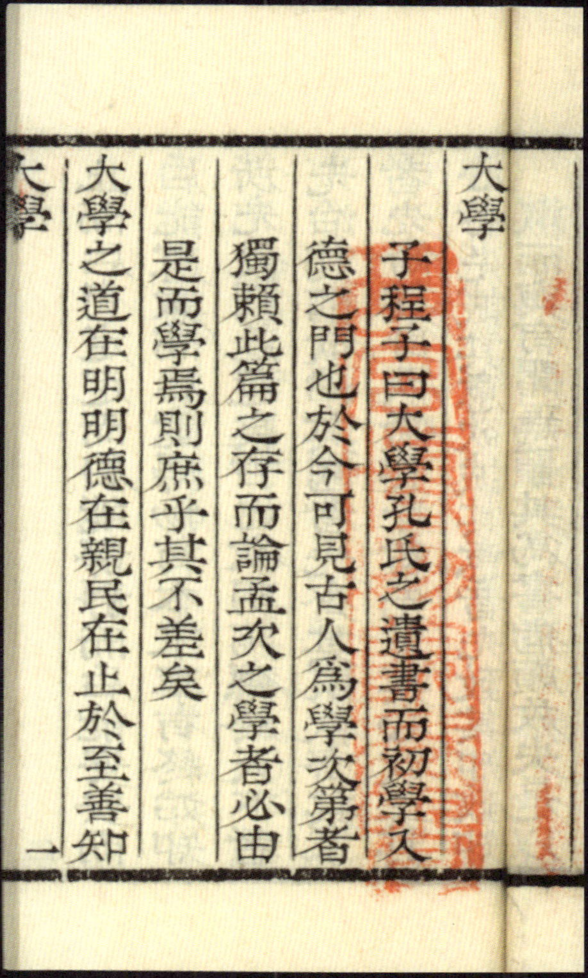

大學

子程子曰大學孔氏之遺書而初學入德之門也於今可見古人爲學次第者獨賴此篇之存而論孟次之學者必由是而學焉則庶乎其不差矣

大學之道在明明德在親民在止於至善知

卷端
Beginning

磁青絹面
Blue silk covers

黄綾暗紋書面
Yellow twill-weave silk covers

外觀
Exterior

書5946
《駁吕留良四書講義十七卷》
清　朱軾撰
清内府朱格精抄本
開本　縱33.1厘米　横21.7厘米
版框　縱25厘米　横18.1厘米
十册

36

Shu 5946
Refutation of Lü Liuliang's Interpretation of Four Books
Seventeen chapters
Written by Zhu Shi, Qing dynasty (1644-1911)
Transcribed in red columns by the Qing court
Format: 33.1 × 21.7 cm
Frame: 25 × 18.1 cm
Ten volumes

駁呂留良四書講義

上論語上卷

學而時習章

呂留良云學字訓效朱子謂所包甚廣兼學問思辨行五者未嘗專主讀書而言讀書乃學中一事耳時解每以稽古紬誦典籍等了却此正是朱子所闢為詞章訓詁之學而陽明反以此誣朱子者也

學固不止讀書一事然讀書一事乃窮理格物之大者朱子曰為學之道莫先於窮理窮理之要必在於讀書又曰天下之理要妙精微各有

卷端
Beginning

外觀
Exterior

書5947
《四書講章二十七卷》
清　不著撰者名氏
清康熙年內府精寫大字本
開本　縱38厘米　橫23厘米
版框　縱27.5厘米　橫19厘米
二十七冊

37

Shu 5947
Teaching Materials for Great Learning, one chapter
Teaching Materials for Doctrine of the Mean, two chapters
Teaching Materials for Analects, ten chapters
Teaching Materials for Mencius, fourteen chapters
Anonymous, Qing dynasty (1644-1911)
Transcribed with big characters by the Qing court, Kangxi period (1662-1722)
Format: 38 × 23 cm
Frame: 27.5 × 19 cm
Twenty-seven volumes

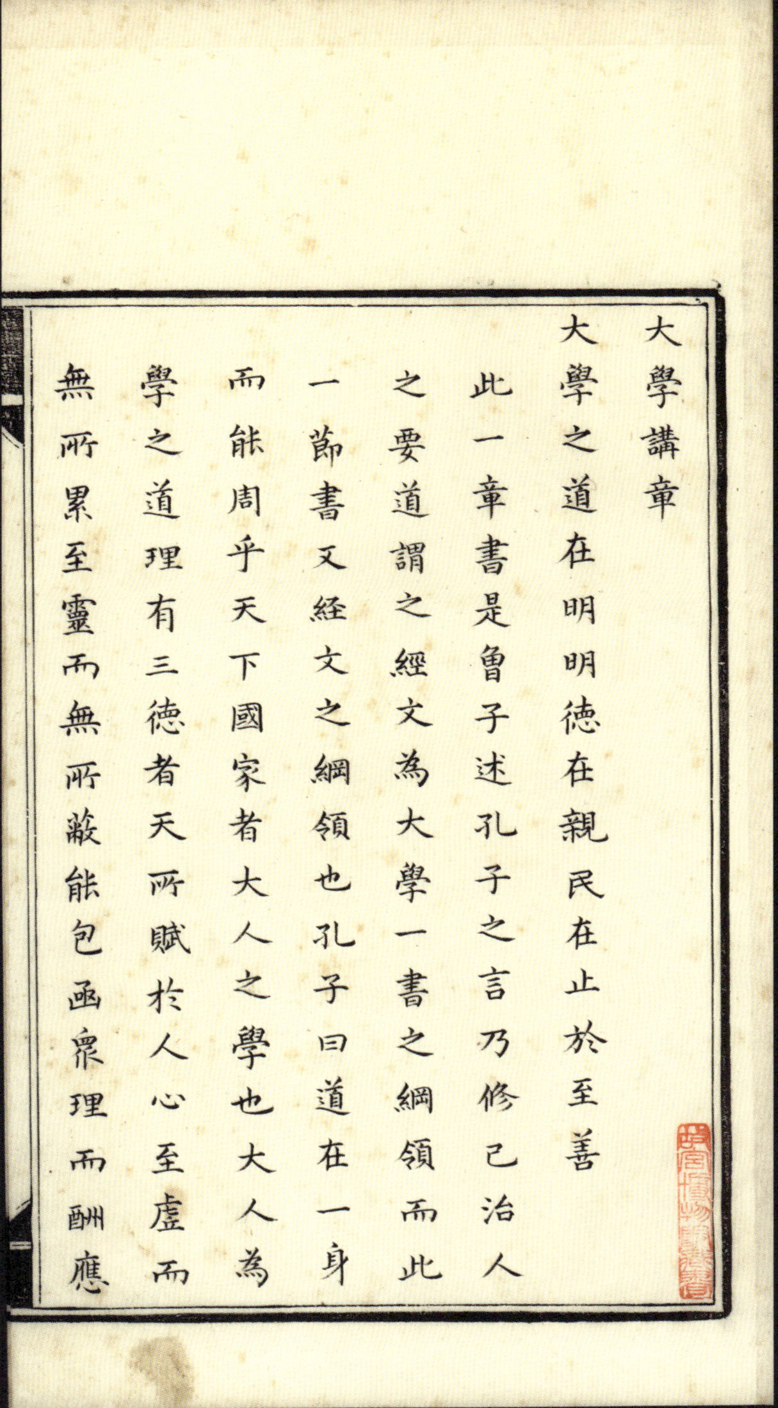

大學講章

大學之道在明明德在親民在止於至善

此一章書是曾子述孔子之言乃修己治人之要道謂之經文為大學一書之綱領而此一節書又經文之綱領也孔子曰道在一身而能周乎天下國家者大人之學也大人為學之道理有三德者天所賦於人心至虛而無所累至靈而無所蔽能包函衆理而酬應

卷端
Beginning

《中庸講章》紅綾暗紋書面
Red twill-weave silk cover of *Teaching Materials for Doctrine of the Mean*

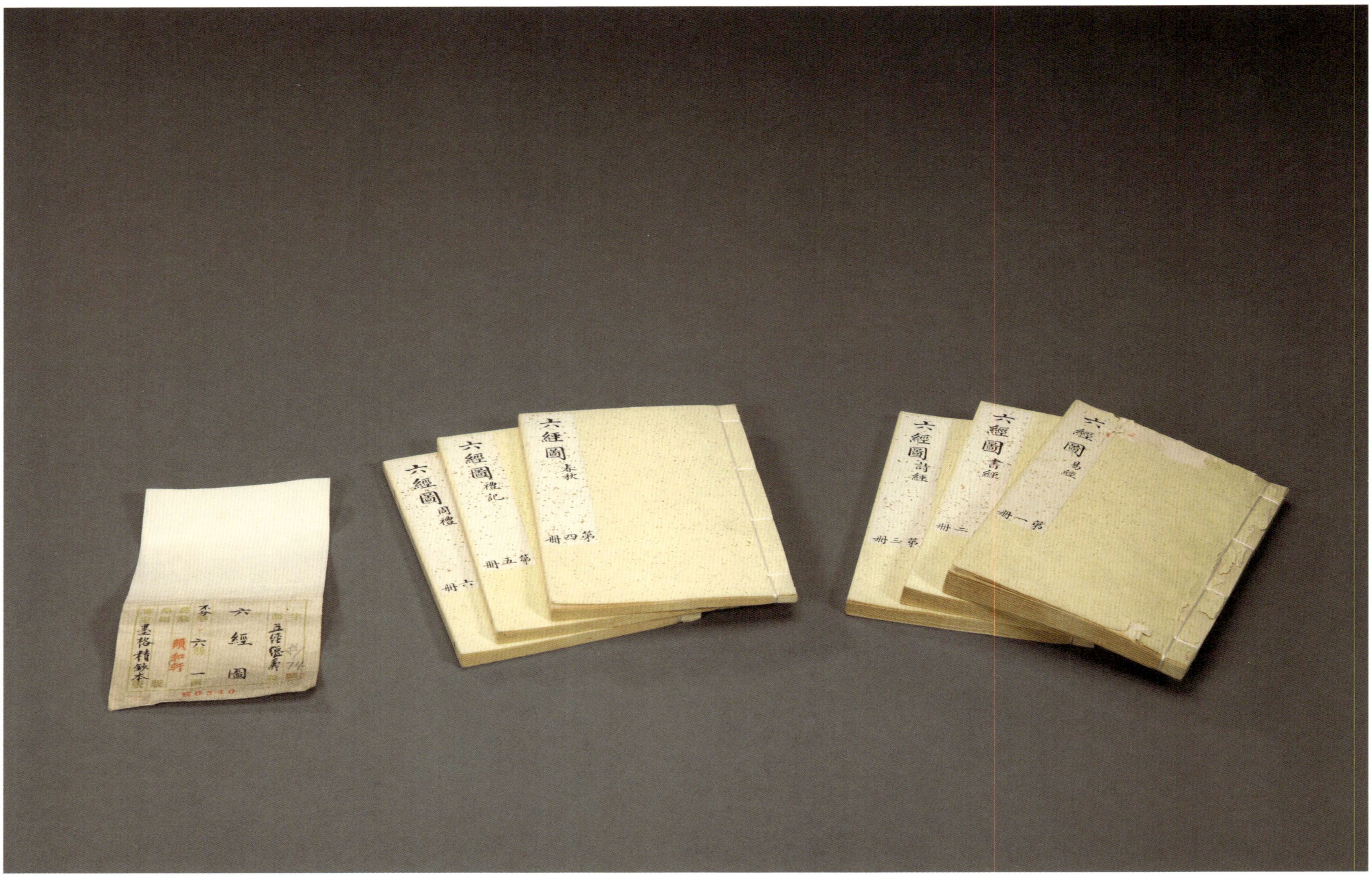

黄紙書面
Pale yellow paper covers

書5948
《六經圖》
宋　楊甲撰　陳森等補
清康熙年內府精寫本
開本　縱17.8厘米　橫12厘米
版框　縱13.6厘米　橫10.3厘米
六册

38

Shu 5948
Maps from Six Classics
Written by Yang Jia, supplemented by Chen Sen et. al., Song dynasty (960-1279)
Transcribed by the Qing court, Kangxi period (1662-1722)
Format: 17.8 × 12 cm
Frame: 13.6 × 10.3 cm
Six volumes

大易象數鈎深圖目録終

易有太

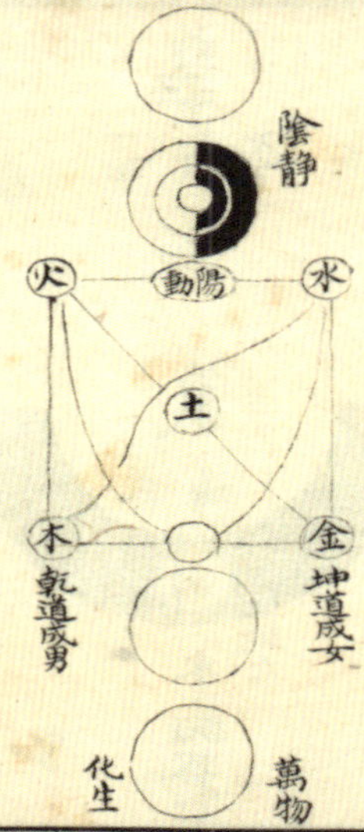

右太極圖周敦實茂叔傳二程先生茂叔曰无極而太極太極動而生陽動極而靜靜極復動一動一靜互為其根分陰分陽兩儀立焉陽變陰合而生水火木金土五氣順布四時行焉五行一陰陽也陰陽一太極也太極本无極也五行之生也各一其性无極之真二五之精妙合而凝乾道成男坤道成女二氣交感化生萬物萬物生生而變化無窮焉

卷端
Beginning

磁青絹書面
Dark blue silk covers

書5955
《康熙字典四十二卷》
清　張玉書等撰
清康熙四十九年（1710）內府朱墨精抄本
開本　縱23.6厘米　橫15.1厘米
版框　縱18.2厘米　橫12.2厘米
十四冊

39

Shu 5955
Kangxi Dictionary
Forty-two chapters
Compiled by Zhang Yushu et al., Qing dynasty (1644-1911)
Transcribed in black and red by the Qing court in 1710
Format: 23.6 × 15.1 cm
Frame: 18.2 × 12.2 cm
Fourteen volumes

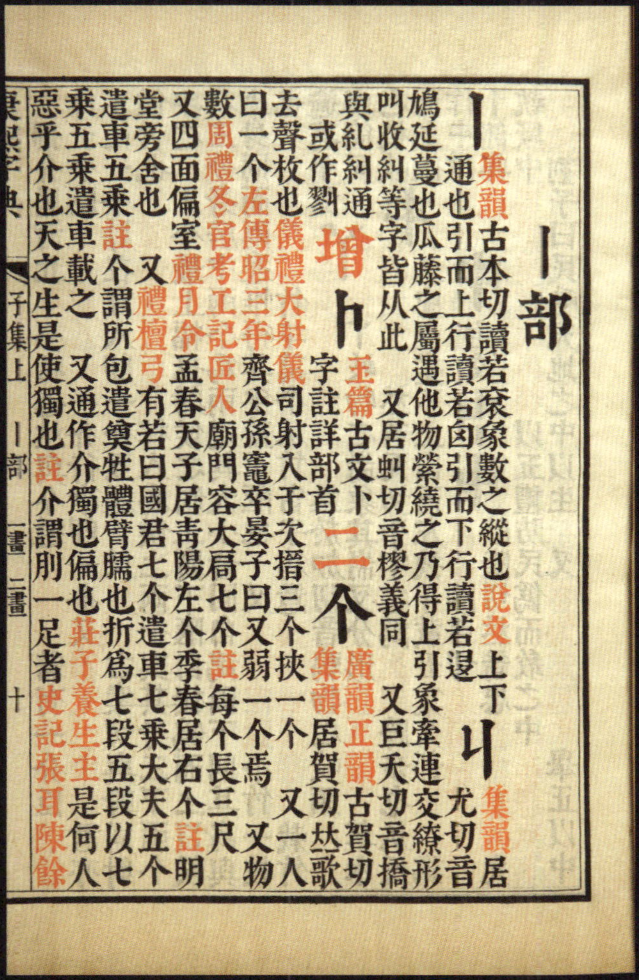

卷端
Beginning

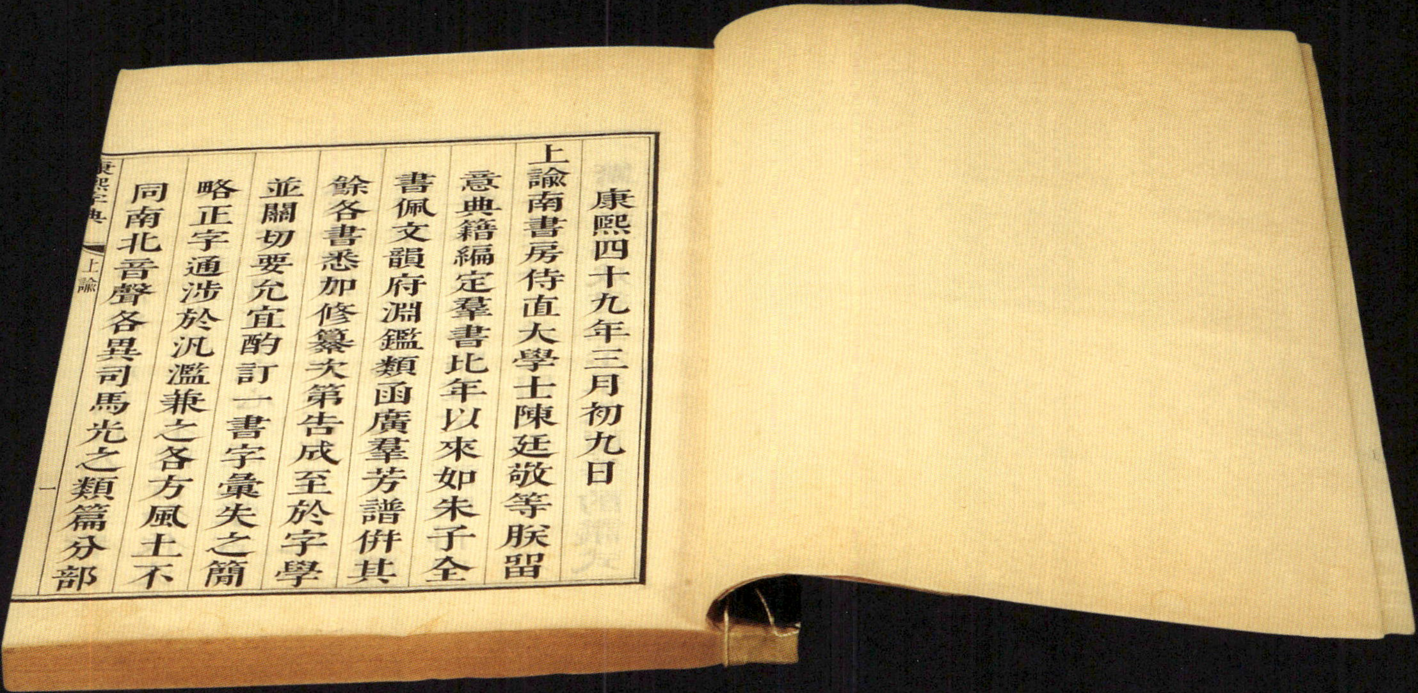

康熙御製序
Preface by the Kangxi emperor (r.1662-1722)

黄綾暗紋書面
Yellow twill-weave silk covers

外觀
Exterior

40

書5956

《欽定西域同文志二十四卷》

清　傅恒等撰

清乾隆年內府朱格抄本

開本　縱29.2厘米　橫17.5厘米

版框　縱19.5厘米　橫14厘米

二十四册

Shu 5956

Geographical Dictionary of Places and Names in the Western Region

Twenty-four chapters

Written by imperial order by Fuheng et. al., Qing dynasty (1644-1911)

Transcribed in red columns by the Qing court, Qianlong period (1736-1795)

Format: 29.2 × 17.5 cm

Frame: 19.5 × 14 cm

Twenty-four volumes

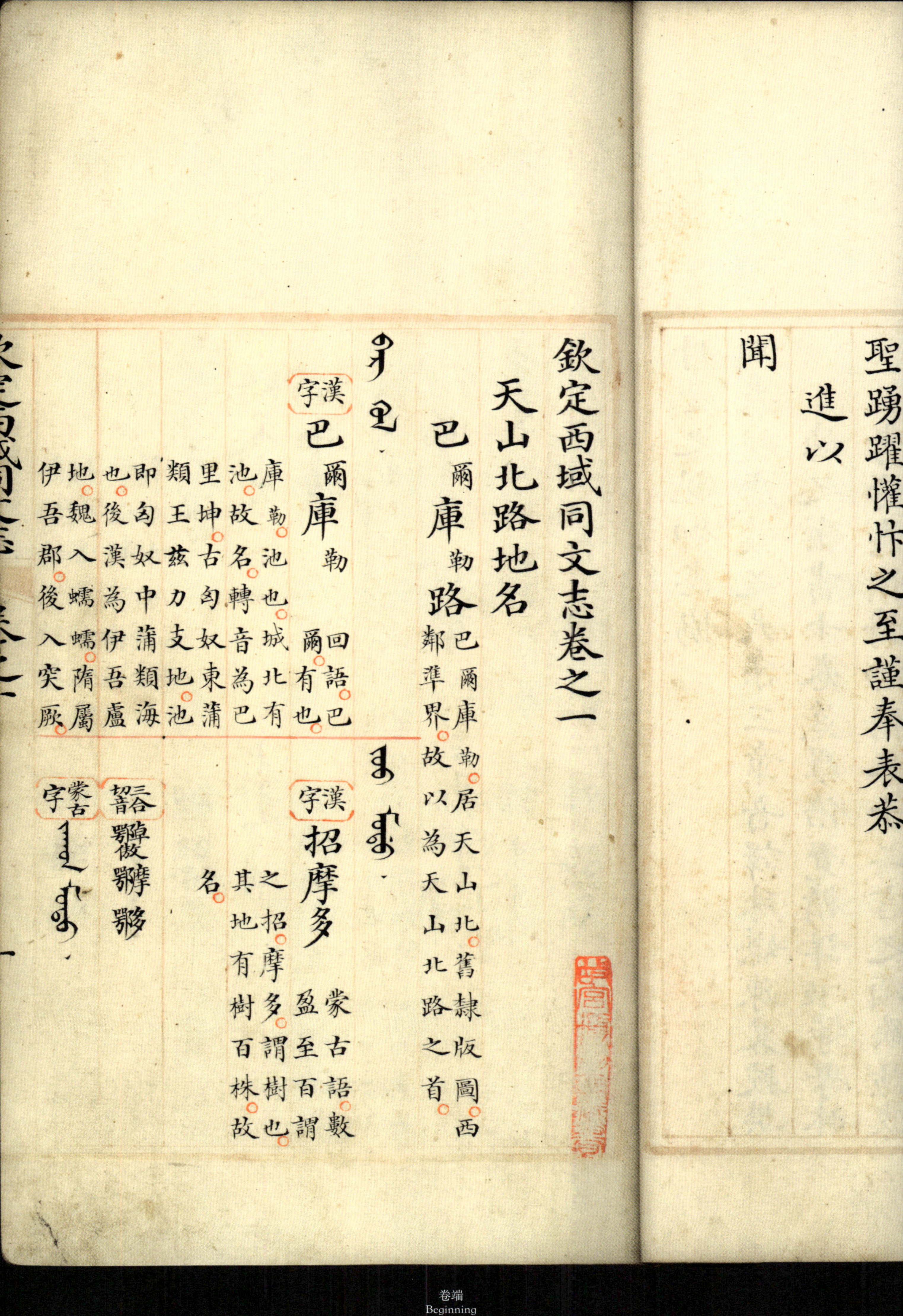

聖躋躍懽忭之至謹奉表恭

進以

聞

欽定西域同文志卷之一

天山北路地名

巴爾庫勒路

巴爾庫勒居天山北舊隸版圖西鄰準界故以為天山北路之首

漢字 巴爾庫勒

回語巴爾有也庫勒池也城北有池故名轉音為巴里坤古匈奴東蒲類王茲力支地池即匈奴中蒲類海也後漢為伊吾盧地魏入蠕蠕隋屬伊吾郡後入突厥

漢字 招摩多

蒙古語數盈至百謂之招摩多謂樹也其地有樹百株故名

三合切音

蒙古字

外觀
Exterior

書5958
《遼史一百十五卷附考證》
元 托克托撰
清道光年修 殿版二十四史底本
開本 縱27.6厘米 橫17.4厘米
版框 縱21.8厘米 橫14.9厘米
十冊

41

Shu 5958
History of Liao
115 chapters, appended with textual criticism
Written by Toqto'a et. al., Yuan dynasty (1271-1368)
Transcript used as the basis for publishing the palace edition of *Twenty-four Histories* in the Daoguang period (1821-1850)
Format: 27.6 × 17.4 cm
Frame: 21.8 × 14.9 cm
Ten volumes

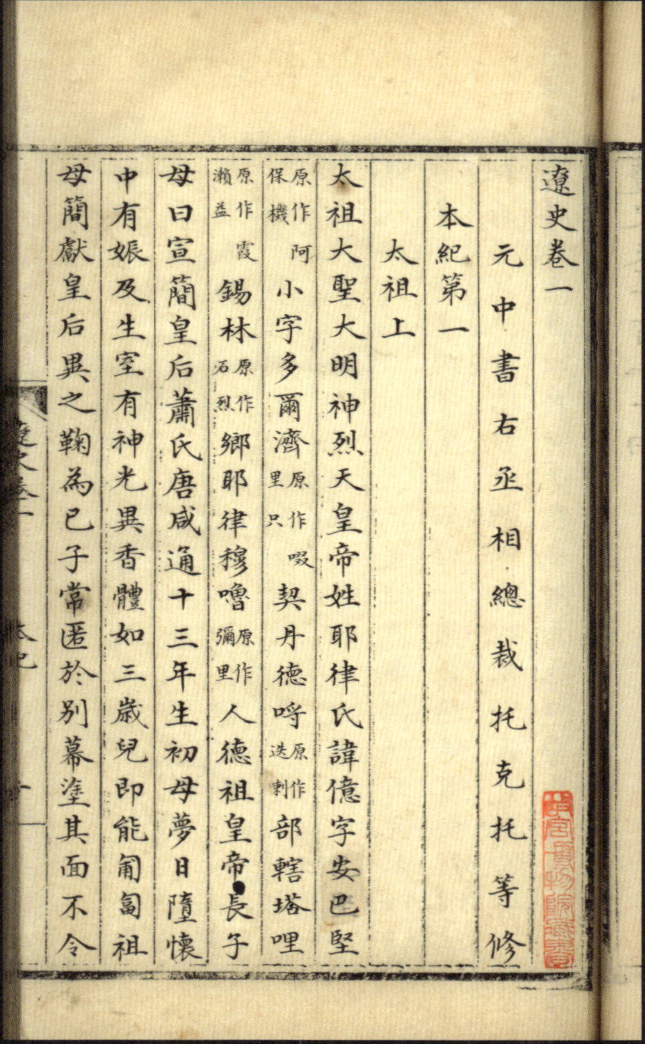

遼史卷一

元中書右丞相總裁托克托等修

本紀第一

太祖上

太祖大聖大明神烈天皇帝姓耶律氏諱億字安巴堅原作阿保機小字多爾濟原作啜里只契丹德哷原作迭剌部轄塔哩原作霞瀨益錫林原作石烈鄉耶律穆嚕原作彌里人德祖皇帝長子母曰宣簡皇后蕭氏唐咸通十三年生初母夢日墮懷中有娠及生室有神光異香體如三歲兒即能匍匐祖母簡獻皇后異之鞠為己子常匿於別幕塗其面不令

卷端
Beginning

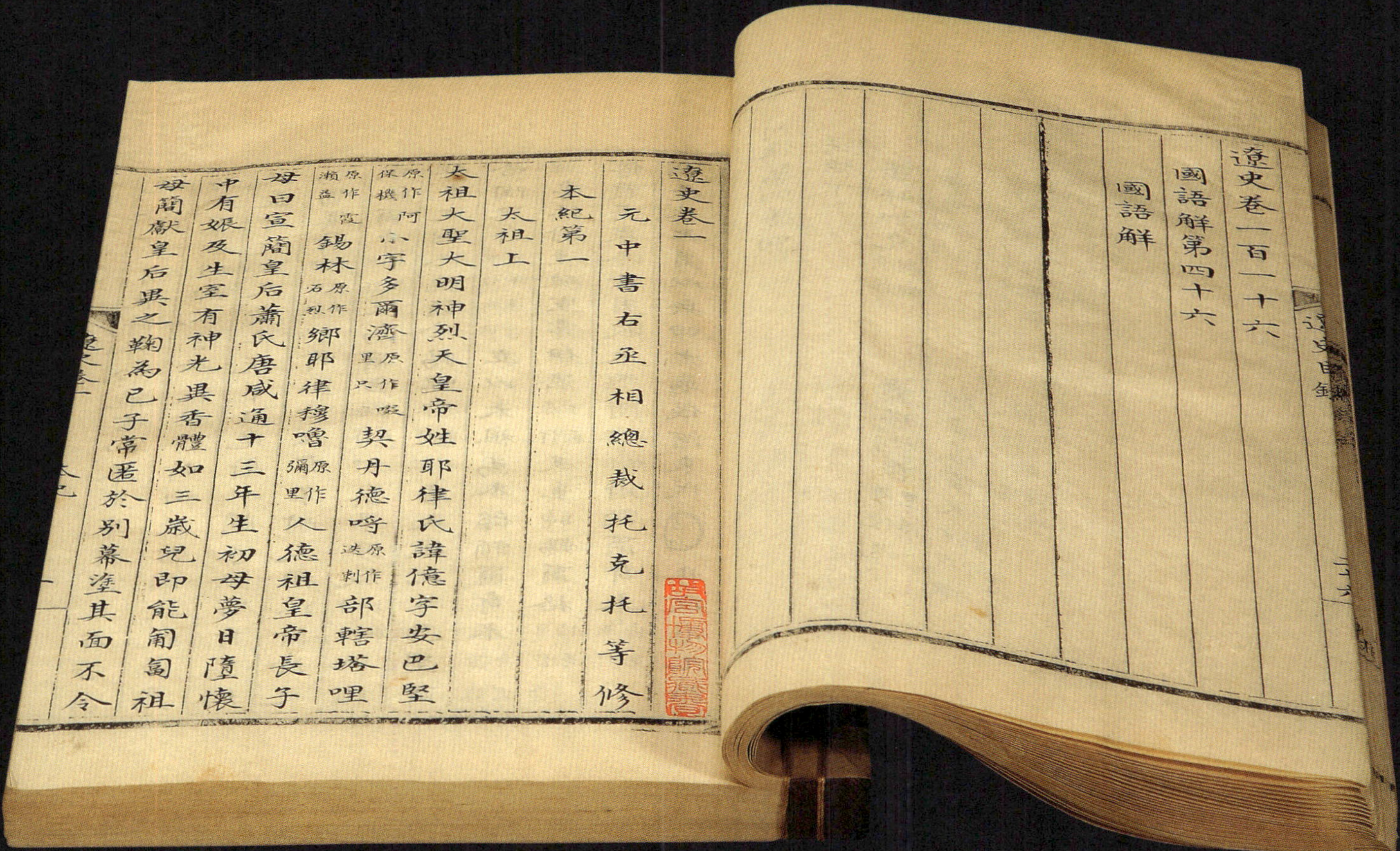

正文
Text

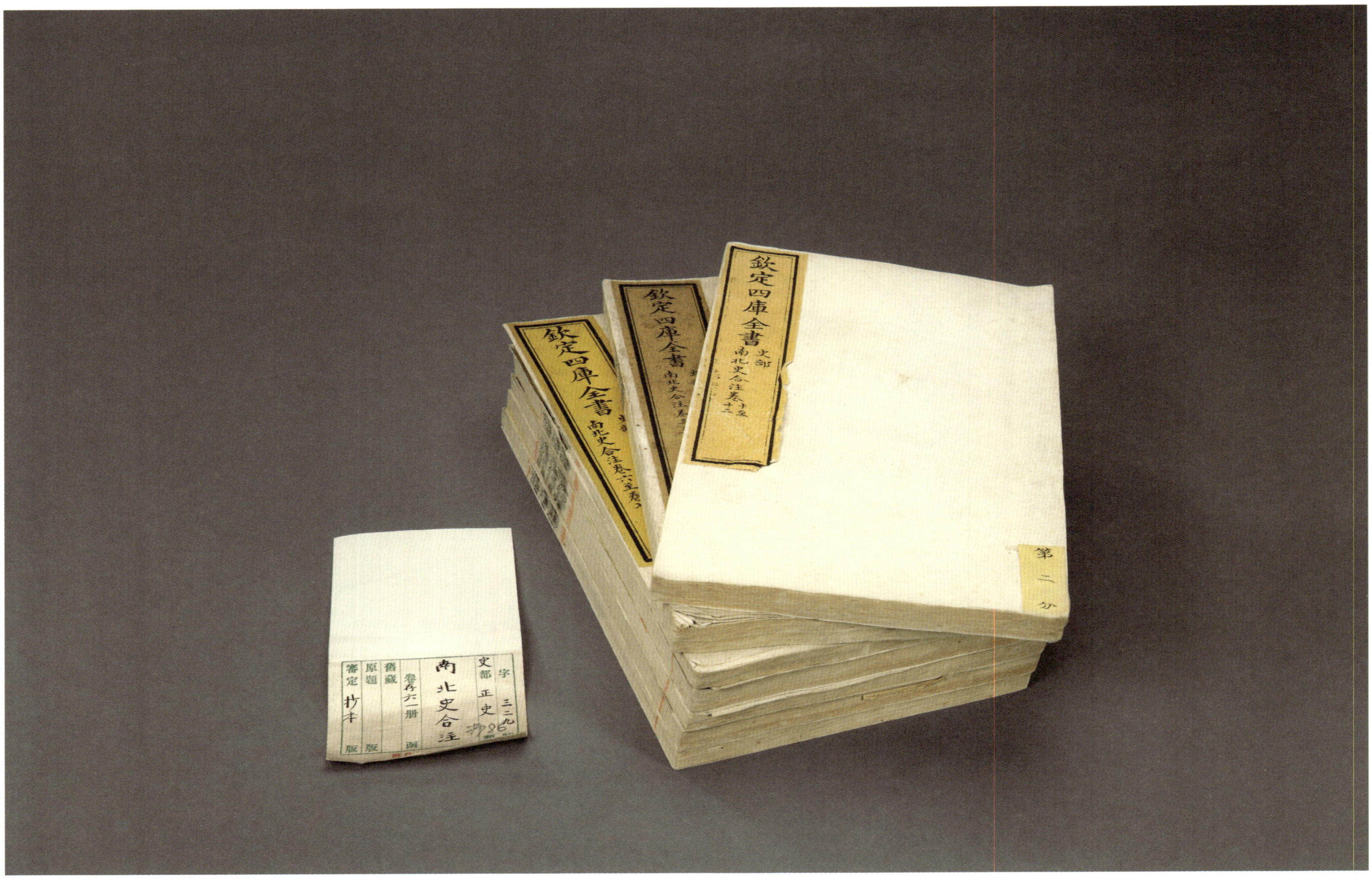

書面
Book covers

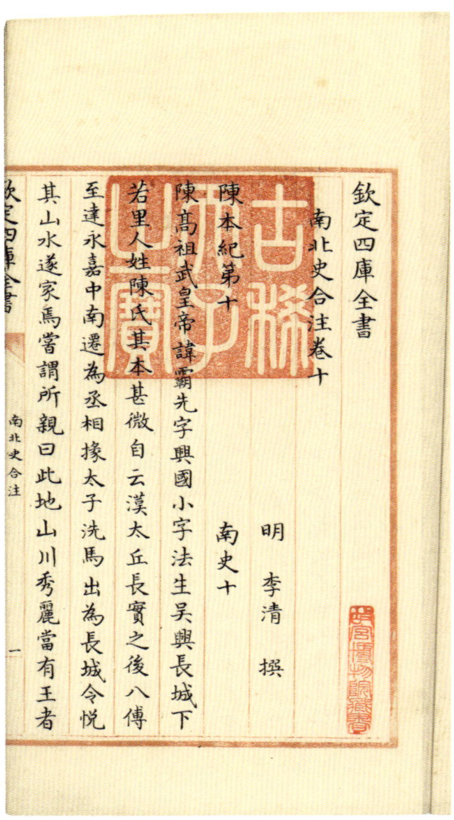

欽定四庫全書
南北史合注卷十
明 李清 撰
陳本紀第十 南史十
陳高祖武皇帝諱霸先字興國小字法生吳興長城下
若里人姓陳氏其本甚微自云漢太丘長實之後八傳
至達永嘉中南遷為丞相掾太子洗馬出為長城令悅
其山水遂家焉嘗謂所親曰此地山川秀麗當有王者

卷端及"古稀天子之寶"印
Beginning and impression of "guxi tianzi zhi bao" (seal for seventy-year-old Son of Heaven)

書5959
《南北史合注一百九十一卷》
明　李清撰
清乾隆年四庫全書撤出本
開本　縱29.5厘米　橫17.7厘米
版框　縱20.9厘米　橫13.7厘米
六十一册

42

Shu 5959
History of Southern and Northern Dynasties with Interlinear Notes
119 chapters
Written by Li Qing, Ming dynasty (1368-1644)
Transcript removed from the *Complete Library in Four Treasuries* in the Qianlong period (1736-1795)
Format: 29.5 × 17.7 cm
Frame: 20.9 × 13.7 cm
Sixty-one volumes

絳地仿宋錦函
Brown brocade case after the Song style

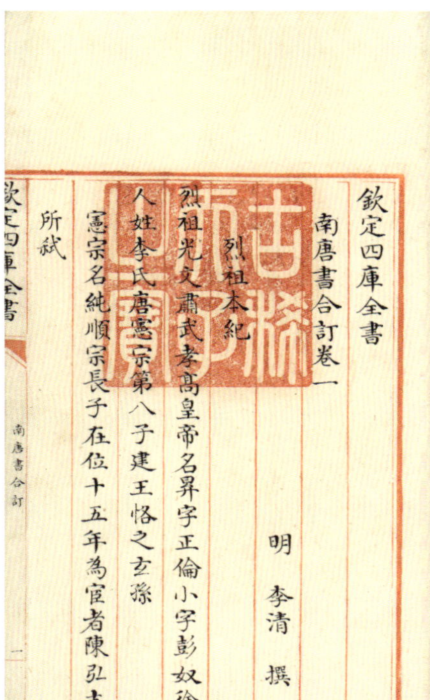
欽定四庫全書
南唐書合訂卷一
明 李清 撰
烈祖本紀
烈祖光文肅武孝高皇帝名昪字正倫小字彭奴徐州
人姓李氏唐憲宗第八子建王恪之玄孫
憲宗名純順宗長子在位十五年為宦者陳弘志等
所弑

卷端及“古稀天子之寶”印
Beginning and impression of "guxi tianzi zhi bao"
(seal for seventy-year-old Son of Heaven)

43

書5961
《南唐書合訂二十五卷》
明 李清撰
清乾隆年四庫全書撤出本
開本 縱29.4厘米 橫17.8厘米
版框 縱21厘米 橫14厘米
六册

Shu 5961
Collection of Books on Southern Tang
Twenty-five chapters
Written by Li Qing, Ming dynasty (1368-1644)
Transcript removed from the *Complete Library in Four Treasuries* in the Qianlong period (1736-1795)
Format: 29.4 × 17.8 cm
Frame: 21 × 14 cm
Six volumes

書面
Book covers

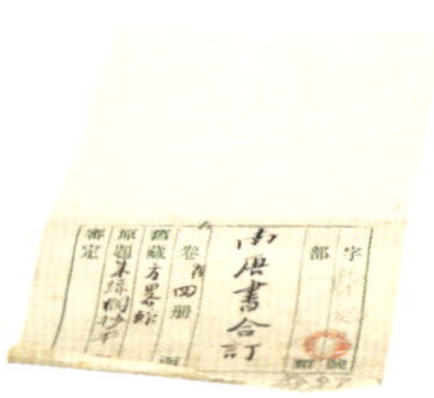

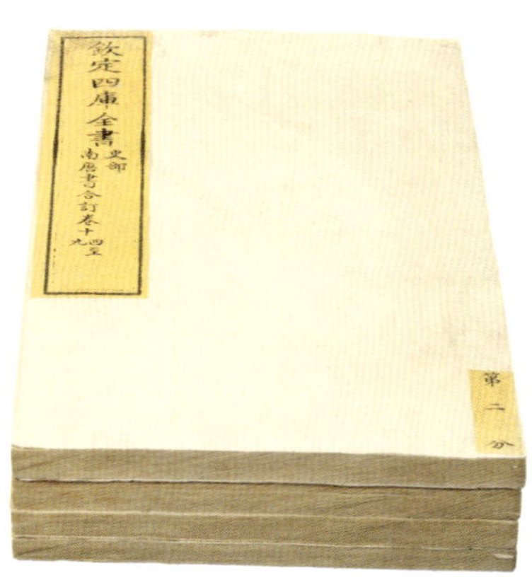

外觀
Exterior

書5962
《南唐書合訂二十五卷》
明　李清撰
清乾隆年四庫全書撤出本
開本　縱29.4厘米　橫18厘米
版框　縱20.9厘米　橫14厘米
四册

44

Shu 5962
Collection of Books on Southern Tang
Twenty-five chapters
Written by Li Qing, Ming dynasty (1368-1644)
Transcript removed from the *Complete Library in Four Treasuries* in the Qianlong period (1736-1795)
Format: 29.4 × 18 cm
Frame: 20.9 × 14 cm
Four volumes

欽定四庫全書

南唐書合訂卷十四

明 李清 撰

文學列傳

劉洞 夏寶松附

劉洞廬陵人隱居廬山二十年能詩

馮令書曰洞學詩於陳貺精思不懈至浹日不盥

長於五字唐律

卷端及“古稀天子之寶”印

Beginning and impression of “guxi tianzi zhi bao” (seal for seventy-year-old Son of Heaven)

磁青絹面
Dark blue silk cover

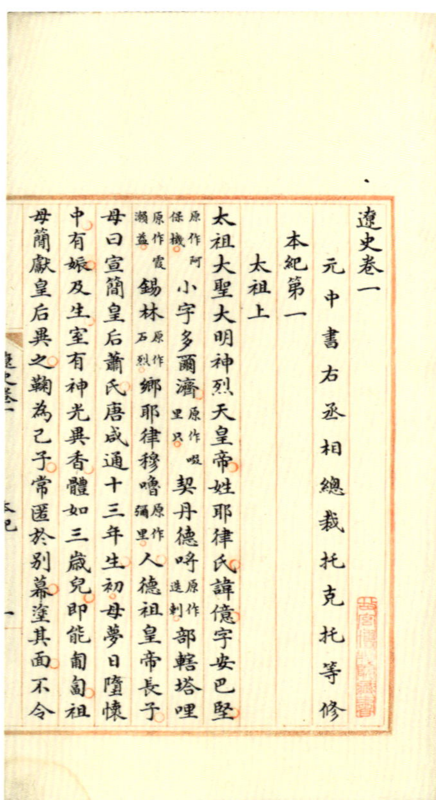

卷端
Beginning

書5964
《遼史一百十五卷目録一卷》
元　托克托撰
清　道光年内府朱格抄本
開本　縱32.6厘米　横19.7厘米
版框　縱22厘米　横15.4厘米
六十三册

45

Shu 5964
History of Liao
115 chapters as text, one chapter as contents
Written by Toqto'a et. al., Yuan dynasty (1271-1368)
Transcribed in red columns by the Qing court, Daoguang period (1821-1850)
Format: 32.6 ×19.7 cm
Frame: 22 × 15.4 cm
Sixty-three volumes

黄綾暗紋書面
Yellow twill-weave silk cover with veiled pattern

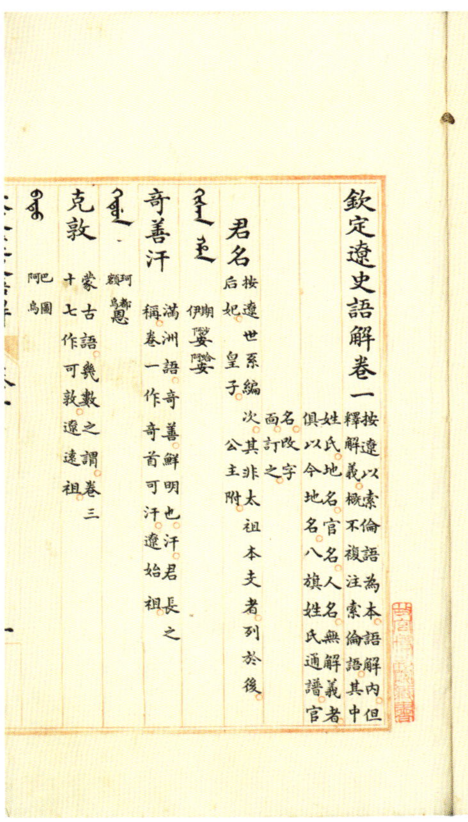

卷端
Beginning

書5965
《欽定遼史語解十卷》
不著撰人名氏
清乾隆年内府朱格抄本
開本　縱32.9厘米　横20.2厘米
版框　縱22.6厘米　横15.3厘米
十册

46

Shu 5965
Explanation of Terms in History of Liao, Made by Imperial Order
Ten chapters
Anonymous
Transcribed in red columns by the Qing court, Qianlong period (1736-1795)
Format: 32.9 × 20.2 cm
Frame: 22.6 × 15.3 cm
Ten volumes

磁青絹面
Dark blue silk covers

外觀
Exterior

書5966
《金史一百三十五卷附欽定金國語解》
元　托克托撰
清乾隆年內府朱格抄本
開本　縱32.7厘米　橫19.5厘米
版框　縱21.5厘米　橫15.5厘米
一百三十六册

47

Shu 5966
History of Jin
135 chapters, appended with *Explanation of Terms in History of Jin, Made by Imperial Order*
Written by Toqto'a et. al., Yuan dynasty (1271-1368)
Transcribed in red columns by the Qing court, Qianlong period (1736-1795)
Format: 32.7 × 19.5 cm
Frame: 21.5 × 15.5 cm
136 volumes

金史卷一

元中書右丞相總裁托克托等修

本紀第一

世紀

金之先出靺鞨氏靺鞨本號勿吉勿吉古肅慎地也元魏時勿吉有七部曰粟末部曰博綽(原作伯咄)部曰恩徹亨(原作安車骨)部曰佛寧(原作拂涅)部曰哈沙(原作號室)部曰黑水部曰白山部隋稱靺鞨而七部並同唐初有黑水靺鞨粟末靺鞨其五部無聞粟末靺鞨始附高麗姓大氏李勣破高麗粟末靺鞨保東牟山後為渤海稱王傳十餘世有

卷端
Beginning

Pale yellow covers
黄紙書面

外觀
Exterior

書5967
《金史一百三十五卷附欽定金國語解一卷》
元　托克托撰
清道光年修　殿版二十四史底本
開本　縱28.8厘米　橫17.7厘米
版框　縱21.7厘米　橫14.8厘米
七十一册

48

Shu 5967
History of Jin
135 chapters, appended with one chapter on *Explanation of Terms in History of Jin, Made by Imperial Order*
Written by Toqto'a et. al., Yuan dynasty (1271-1368)
Transcript used as the basis for publishing the palace edition of *Twenty-four Histories* in the Daoguang period (1821-1850)
Format: 28.8 × 17.7 cm
Frame: 21.7 × 14.8 cm
Seventy-one volumes

金史卷一

元中書右丞相總裁托克托等修

本紀第一

世紀

金之先出靺鞨氏靺鞨本號勿吉勿吉古肅慎地也元魏時勿吉有七部曰粟末部曰博綽（原作伯咄）部曰恩徹亨（原作安車骨）部曰佛寧（原作拂涅）部曰哈沙（原作號室）部曰黑水部曰白山部隋稱靺鞨而七部並同唐初有黑水靺鞨粟末靺鞨其五部無聞粟末靺鞨始附高麗姓大氏李勣破高麗粟末靺鞨保東牟山後為渤海稱王傳十餘世有

卷端
Beginning

外觀
Exterior

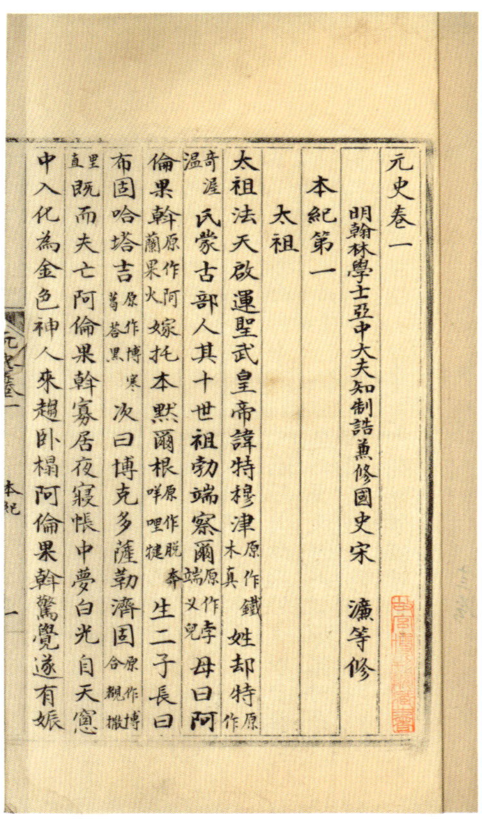

元史卷一
明翰林學士亞中大夫知制誥兼修國史宋　濂等修
本紀第一
太祖
太祖法天啓運聖武皇帝諱特穆津原作鐵木真姓却特原作奇渥溫氏蒙古部人其十世祖勃端察爾原作孛端叉兒母曰阿
倫果斡原作阿蘭果火嫁托本默爾根原作脫奔咩哩犍生二子長曰
布固哈塔吉原作博寒葛答黑次曰博克多薩勒濟固原作博合覩撒里直
既而夫亡阿倫果斡寡居夜寢帳中夢白光自天窻
中入化為金色神人來趨卧榻阿倫果斡驚覺遂有娠

卷端
Beginning

49

書5969
《元史二百十卷附考證目録二卷》
明　宋濂等修
清道光年修　殿版二十四史底本
開本　縱29厘米　橫17.8厘米
版框　縱22厘米　橫15厘米
五十七册

Shu 5969
History of Yuan
210 chapters as text, two chapters as contents, appended with textual criticism
Compiled by Song Lian et. al., Ming dynasty (1368-1644)
Transcript used as the basis for publishing the palace edition of *Twenty-four Histories* in the Daoguang period (1821-1850)
Format: 29 × 17.8 cm
Frame: 22 × 15 cm
Fifty-seven volumes

外觀
Exterior

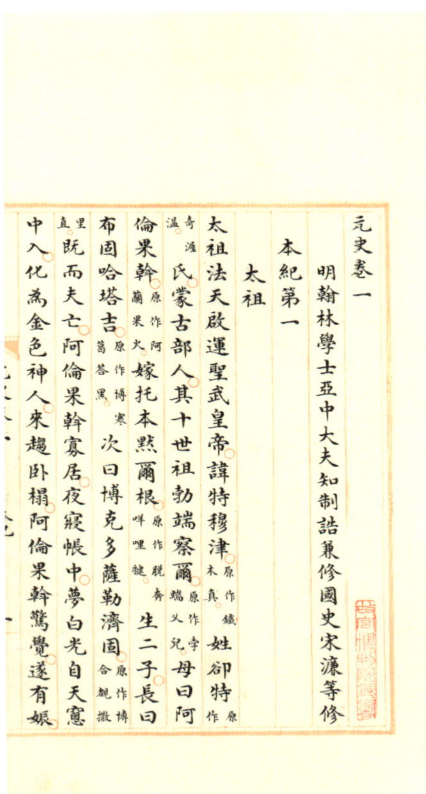

元史卷一
明翰林學士亞中大夫知制誥兼修國史宋濂等修
本紀第一
太祖
太祖法天啟運聖武皇帝諱特穆津（原作鐵木真）姓卻特（原作奇渥溫）氏蒙古部人其十世祖勃端察爾（原作孛端乂兒）母曰阿倫果斡（原作阿蘭果火）嫁托本默爾根（原作脫奔咩哩犍）生二子長曰布固哈塔吉（原作博寒葛荅黑）次曰博克多薩勒濟固（原作博合覩撒里直）既而夫亡阿倫果斡寡居夜寢帳中夢白光自天窻中入化為金色神人來趨臥榻阿倫果斡驚覺遂有娠

卷端
Beginning

50

書5970
《元史二百十卷目録二卷附考證》
明　宋濂等修
清乾隆年內府朱格抄本
開本　縱32.7厘米　横19.5厘米
版框　縱21.5厘米　横15.3厘米
二百十二册

Shu 5970
History of Yuan
210 chapters as text, two chapters as contents, appended with textual criticism
Compiled by Song Lian et. al., Ming dynasty (1368-1644)
Transcribed in red columns by the Qing court, Qianlong period (1736-1795)
Format: 32.7 × 19.5 cm
Frame: 21.5 × 15.3 cm
212 volumes

楠木書匣
Nanmu case

外觀
Exterior

書5973
《歷代通鑒纂要九十二卷》
明　李東陽等撰
清乾隆年內府三色精抄袖珍本
開本　縱17.3厘米　橫11.5厘米
版框　縱12.5厘米　橫9.3厘米
函套　縱19厘米　橫13厘米　高11.8厘米
51 二十册

Shu 5973
Essence of Comprehensive Mirrors in Past Dynasties
Ninety-two chapters
Compiled by Li Dongyang et. al., Ming dynasty (1368-1644)
Miniature edition in three colors
Transcribed by the Qing court, Qianlong period (1736-1795)
Format: 17.3 × 11.5 cm
Frame: 12.5 × 9.3 cm
Case: 19 × 13 × 11.8 cm
Twenty volumes

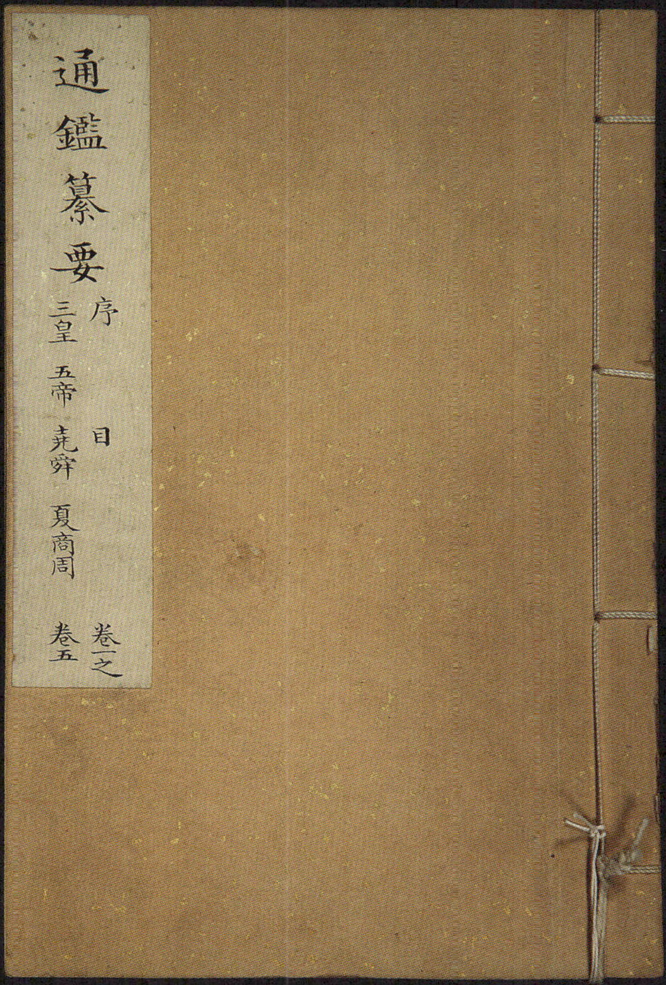

灑金黃紙書面
Pale yellow paper cover with gold-sprinkled pattern

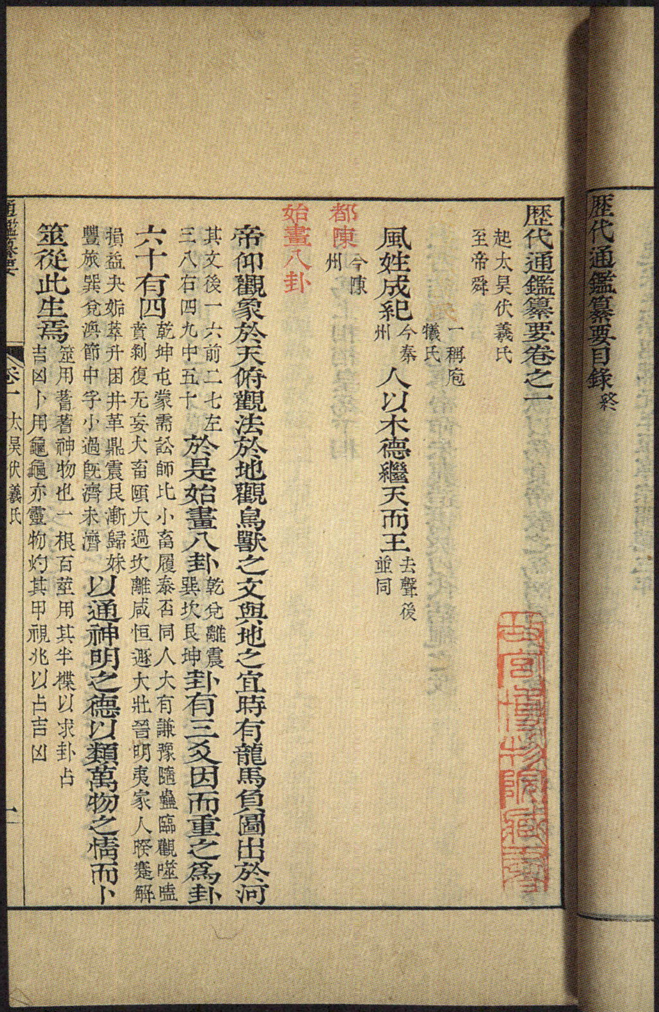

卷端
Beginning

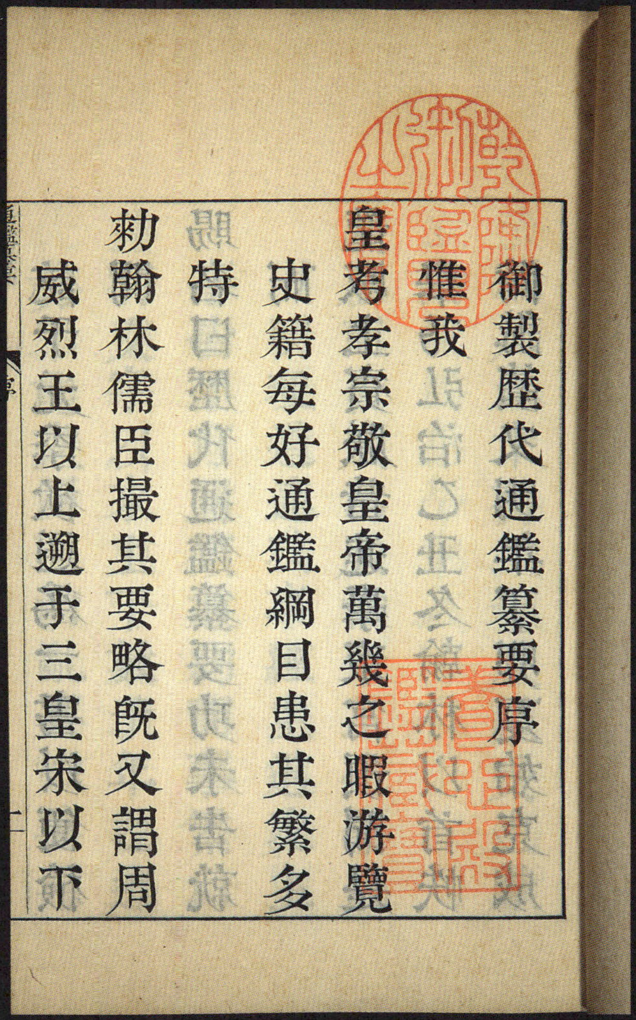

御製序及“乾隆御覽之寶”“養心殿鑒藏寶”印
Imperial preface and impressions of “Qianlong yulan zhi bao” (seal for imperial view of the Qianlong emperor) and “Yangxindian jiancang bao” (seal for appreciation and collection in the Hall of Mental Cultivation)

書面
Book covers

外觀
Exterior

52

書5974
《明實録摘抄》
明　張輔等纂
清史館抄本
開本　縱28厘米　橫20.7厘米
版框　縱19.5厘米　橫15厘米
二十三册

Shu 5974
Excerpts from Veritable Records of the Ming Dynasty
Compiled by Zhang Fu et. al., Ming dynasty (1368-1644)
Transcribed by the Institute of the Qing History, Qing dynasty (1644-1911)
Format: 28 × 20.7 cm
Frame: 19.5 × 15 cm
Twenty-three volumes

摘抄明實録中紀載建州事 毛憐衛事附

永樂元年十一月辛丑女真野人頭目阿哈出等来朝

設建州衛軍民指揮使司以阿哈出為指揮使

餘為千百户鎮撫賜誥印冠帯襲衣及鈔幣

有差設建州經歴司置經歴一員

三年十月己卯建州等衛指揮等来朝

十一月甲戌毛憐等處野人頭目把児遜等六十四人来朝

命設毛憐衛以把児遜等為指揮千百户等官

六年三月辛酉忽的河法胡河卓児河海剌河等處

御製序
Imperial preface

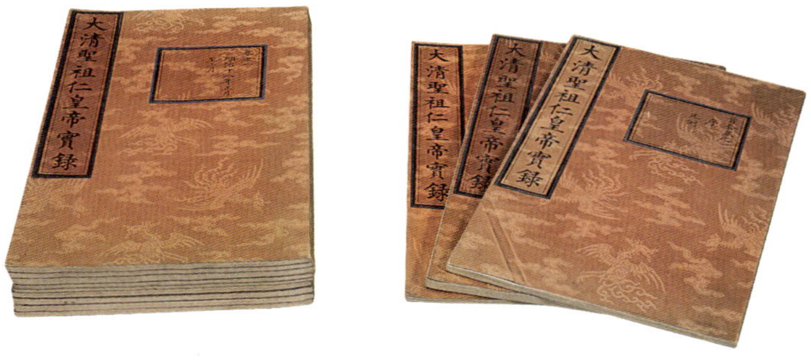

外觀
Exterior

書5975

《清聖祖實録》

清　張玉書等撰

清乾隆六年（1741）内府朱格抄紅淩本

開本　縱37.2厘米　橫22.7厘米

版框　縱24.5厘米　橫17.5厘米

四十七册

53

Shu 5975

Veritable Records of the Shengzu Emperor of the Qing

Compiled by Zhang Yushu et. al., Qing dynasty (1644-1911)

Transcribed in red columns by the Qing court in 1741

Format: 37.2 × 22.7 cm

Frame: 24.5 × 17.5 cm

Forty-seven volumes

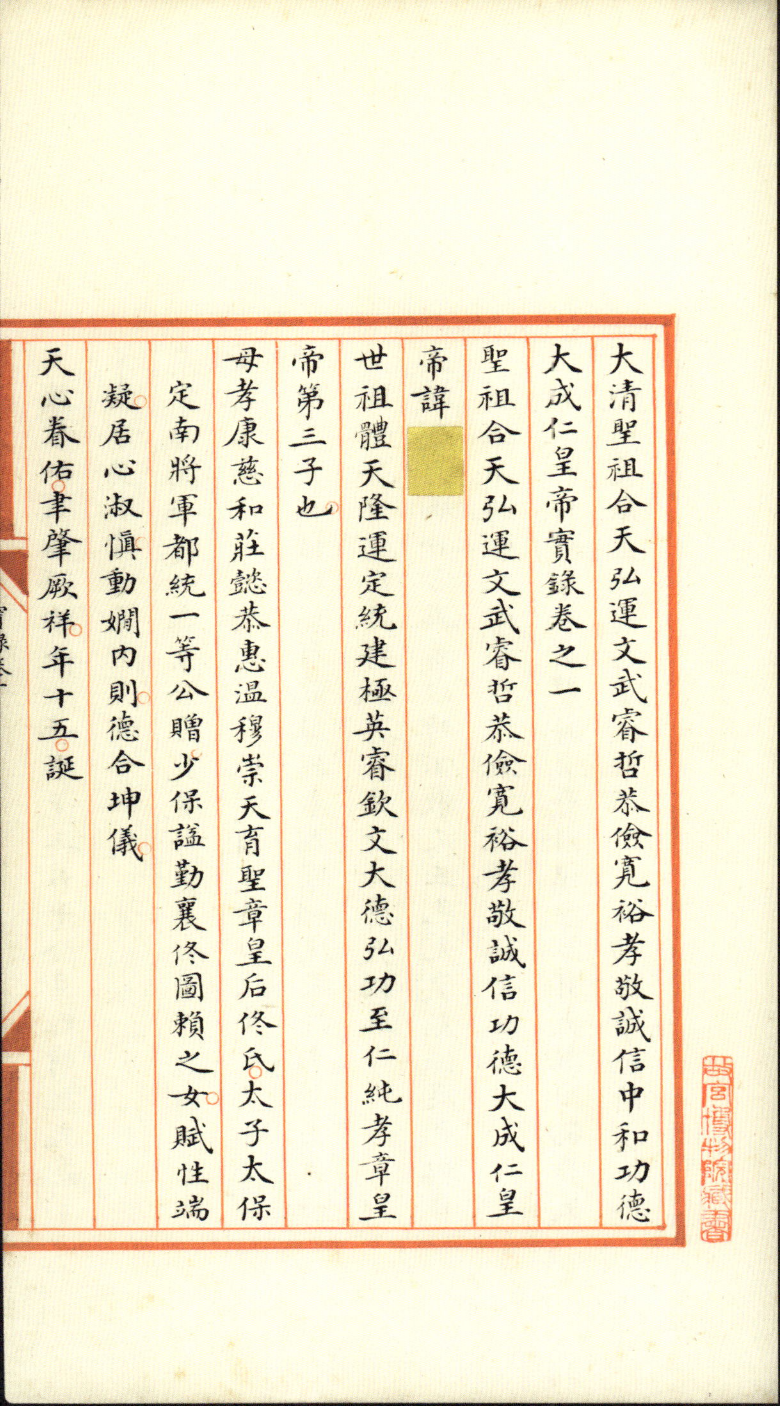
大清聖祖合天弘運文武睿哲恭儉寬裕孝敬誠信中和功德
大成仁皇帝實錄卷之一
聖祖合天弘運文武睿哲恭儉寬裕孝敬誠信功德大成仁皇
帝諱
世祖體天隆運定統建極英睿欽文大德弘功至仁純孝章皇
帝第三子也
母孝康慈和莊懿恭惠溫穆崇天育聖章皇后佟氏太子太保
定南將軍都統一等公贈少保謚勤襄佟圖賴之女賦性端
凝居心淑慎動嫺內則德合坤儀
天心眷佑聿肇厥祥年十五誕

卷端
Beginning

紅綾龍鳳紋書面
Red twill-weave silk covers with dragon and phoenix pattern

紅綾龍鳳紋書面
Red twill-weave silk covers with dragon and phoenix pattern

外觀
Exterior

書5976
《清高宗實録》
清　慶桂等撰
清嘉慶十二年（1807）內府朱格抄紅綾本
開本　縱37.2厘米　橫23厘米
版框　縱25.5厘米　橫17.5厘米
六十五册

54

Shu 5976
Veritable Records of the Gaozong Emperor of the Qing
Compiled by Qinggui et. al., Qing dynasty (1644-1911)
Transcribed in red columns by the Qing court in 1807
Format: 37.2 × 23 cm
Frame: 25.5 × 17.5 cm
Sixty-five volumes

大清高宗法天隆運至誠先覺體元立極敷文奮武孝慈神聖

純皇帝實錄卷之五百一

乾隆二十年。乙亥。十一月。乙酉。

上詣

皇太后宮問安。○

嘉貴妃薨。諭。曰欽奉

皇太后懿旨。

嘉貴妃患病薨逝。著追封皇貴妃。欽此。一切喪儀。該衙門察

例敬謹舉行。○又諭。曰欽奉

皇太后懿旨。本年冬至。次日著停止行禮。○諭軍機大臣等。據

卷端

Beginning

黃綾暗紋書面
Yellow twill-weave silk covers with veiled pattern

外觀
Exterior

書5980
《欽定剿平粵匪方略四百二十卷首二卷》
清　奕訢等纂
清同治十一年（1872）內府朱格精抄本
開本　縱34.3厘米　橫20.5厘米
版框　縱23.8厘米　橫17厘米
四百二十二册

55

Shu 5980
Military Annals of Suppressing Yue Bandits
420 chapters as text, two chapters as preliminary remarks
Compiled by imperial order by Yixin et. al., Qing dynasty (1644-1911)
Transcribed in red columns by the Qing court in 1872
Format: 34.3 × 20.5 cm
Frame: 23.8 × 17 cm
422 volumes

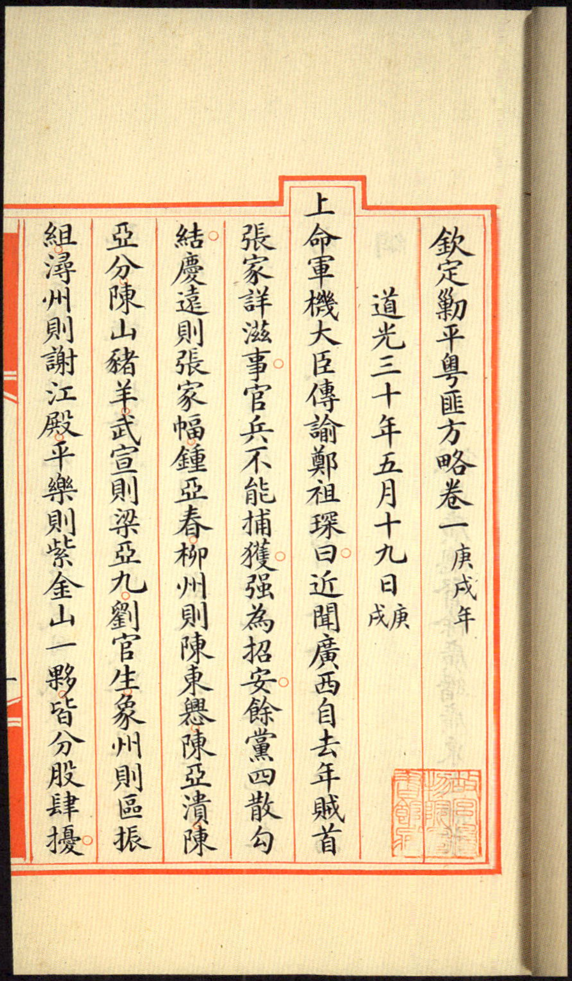
欽定勦平粵匪方略卷一 庚戌年
道光三十年五月十九日 庚戌
上命軍機大臣傳諭鄭祖琛曰近聞廣西自去年賊首
張家詳滋事官兵不能捕獲強為招安餘黨四散勾
結慶遠則張家幅鍾亞春柳州則陳東興陳亞潰陳
亞分陳山豬羊武宣則梁亞九劉官生象州則區振
組潯州則謝江殿平樂則紫金山一夥皆分股肆擾

卷端
Beginning

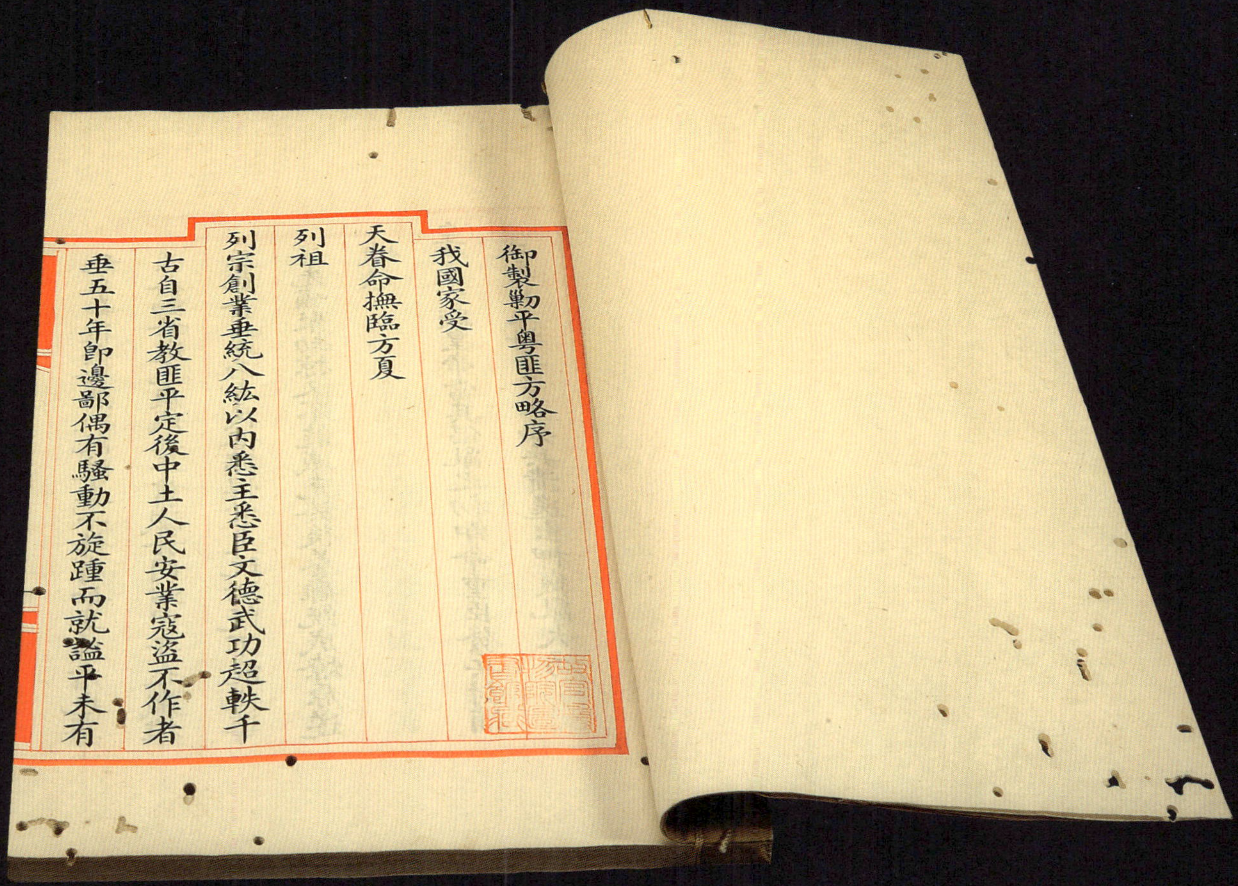
御製勦平粵匪方略序
我國家受
天眷命撫臨方夏
列祖
列宗創業垂統八紘以內悉主悉臣文德武功超軼千
古自三省教匪平定後中土人民安業寇盜不作者
垂五十年即邊鄙偶有騷動不旋踵而就謐平未有

御製序
Imperial preface

黄紙書面
Yellow paper covers

外觀
Exterior

書5981
《欽定剿平捻匪方略三百二十卷首二卷》
清　奕訢等纂
清同治年方略館稿本
開本　縱28厘米　橫20.7厘米
版框　縱20.4厘米　橫16.9厘米
三百二十二册

56

Shu 5981
Military Annals of Suppressing Nian Bandits
320 chapters as text, two chapters as preliminary remarks
Compiled by imperial order by Yixin et. al., Qing dynasty (1644-1911)
Draft transcribed by Institute of Military Annals, Tongzhi period (1862-1874)
Format: 28 × 20.7 cm
Frame: 20.4 × 16.9 cm
322 volumes

欽定勦平捻匪方略卷一 辛亥年

咸豐元年二月十四日辛未都察院奏言據河南
紳士王正誼以捻匪窩竊勒贖冒官搶刦等詞
赴臣衙門具控臣等公同訊問據稱生本族兩
莊與商邱縣郭老家集連界郭姓人多勢横慣
窩賊匪自道光二十四年起匪首郭鎖郎郭聲
海郭狗毛郭蟲等時常糾眾持械搶竊勒贖郎

磁青絹面、函套
Dark blue silk cover and envelope

外觀
Exterior

57

書5982

《通鑒紀事本末四百六十七卷》

明　沈朝陽等纂
清道光年内府抄本
開本　縱21厘米　橫13厘米
版框　縱16.5厘米　橫10厘米
二十四册

Shu 5982

Courses of Events in the Comprehensive Mirror to Aid in Government

467 chapters
Compiled by Shen Zhaoyang et. al., Ming dynasty (1368-1644)
Transcribed by the Qing court, Daoguang period (1821-1850)
Format: 21 × 13 cm
Frame: 16.5 × 10 cm
Twenty-four volumes

通鑑紀事本末前編卷之一

金陵沈朝陽纂編
瑯琊焦竑校正

盤古之始

混沌之世天地始分相傳首出御世者曰盤古氏又曰渾敦氏五峯胡氏云盤古生於大荒莫知其始明天地之道達陰陽之變神靈一日九變蓋陶鎔造化之主也運游濛溷無端無倪灝粹氤氳凝靜冲謐庶類繁而混茫開是爲三才首君

三皇之說

三皇氏曰天皇氏地皇氏人皇氏天皇氏一姓十三人繼盤古氏以治是曰天靈出於崑崙無外之山以木紀德體真得一提名旋覆混合乾耀斟元陳樞亭毒萬有神運四輿制十干十二支之名以定歲之所在十干曰閼逢卽甲旃蒙乙柔兆丙彊圉丁著雍戊屠維己上

序文
Preface

外觀
Exterior

58

書5983
《資治通鑒前編紀事本末補六十四卷》
清　王延年輯
清雍正四年（1726）朱格自寫進呈本
開本　縱25.8厘米　橫15.5厘米
版框　縱16.5厘米　橫11.5厘米
十二册

Shu 5983
Courses of Events in the History before Comprehensive Mirror to Aid in Government
Sixty-four chapters
Compiled by Wang Yannian, Qing dynasty (1644-1911)
Transcribed in red columns and presented to the Qing court by Wang Yannian in 1726
Format: 25.8 × 15.5 cm
Frame: 16.5 × 11.5 cm
Twelve volumes

資治通鑑前編紀事本末補

丙午科舉人臣王延年謹輯

聖皇啟運

太昊伏羲氏風姓母曰華胥燧人之世有大人之迹出雷澤華胥履之生帝於成紀以木德繼天而王有聖德象日月之明故曰帝太昊原號庖犧氏後世謂之宓犧又號皇雄氏　作都于陳　人生之始與禽獸無異知有母而不知其父知有愛而不知其禮卧則呿呿起則吁吁饑則求食飽則棄餘茹毛飲血而衣皮革太昊始作網罟以佃以漁以贍民用　太昊

卷端
Beginning

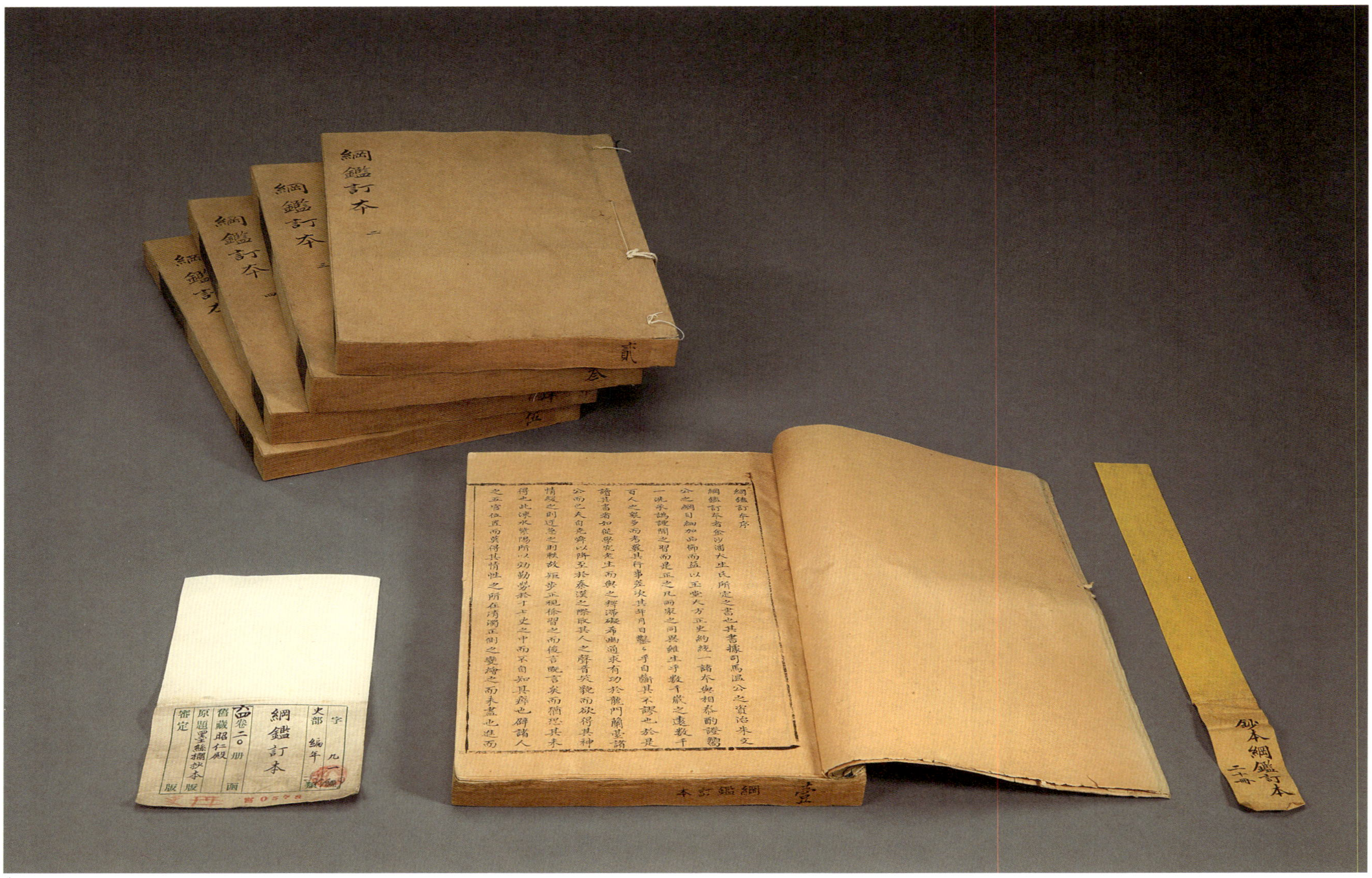

序文
Preface

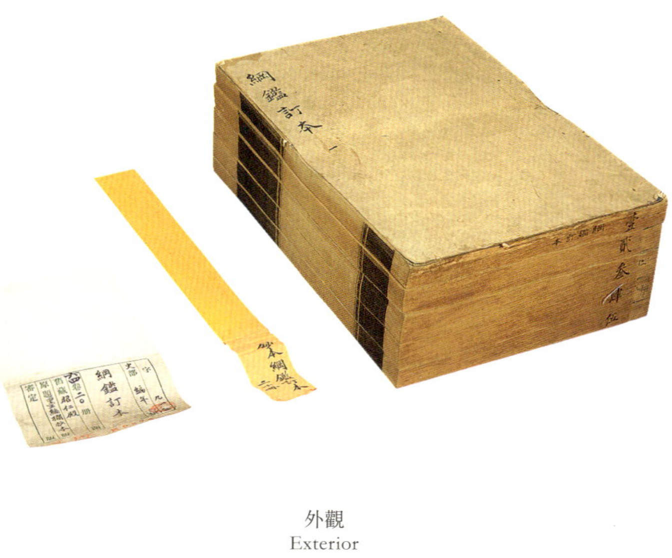

外觀
Exterior

59

書5985
《續書堂綱鑒訂本六十四卷首一卷》
清　潘永圜等彙编
清康熙十年（1671）抄本
開本　縱27厘米　橫18.5厘米
版框　縱21厘米　橫15.5厘米
二十册

Shu 5985
Revised History of Xushu Hall
Sixty-four chapters as text, one chapter as preliminary remarks
Compiled by Pan Yongyuan et. al., Qing dynasty (1644-1911)
Transcribed in 1671
Format: 27 × 18.5 cm
Frame: 21 × 15.5 cm
Twenty volumes

續書堂綱鑑訂本卷之一

金履祥綱目前編

金沙後學潘永園 永因 彙編

瀨水同社史儒維恭訂

三皇五帝紀 紀者記也帝王書稱紀者言為後代之綱紀也三皇五帝之稱諸儒聚訟今本孔安國以伏羲神農黃帝為三皇少昊顓頊帝嚳堯舜為五帝以其聖人之裔去古未遠見聞稍真故也陸宣公曰德合天謂之皇德合地謂之帝

太昊伏羲氏 太昊之母居於華胥之渚履巨人跡意有所動虹且繞之因娠而生帝於成紀以木德繼天而王故風姓有聖德象日月之明故曰太昊都於宛丘在位一百十五年葬於陳

元年癸酉

教民佃漁畜牧

人生之始也與禽獸無異饑則求食飽則棄餘茹毛飲血而衣皮革

帝始作網罟以佃以漁以贍民用故曰虙羲氏養六畜以充庖廚且

黄紙書面
Yellow paper cover

書5986
《發祥世紀(亦名開國紀略)》
清　不著撰人名氏
清道光年内府朱格抄本
開本　縱21.5厘米　横13.5厘米
版框　縱14.3厘米　横10.5厘米
一册

60

Shu 5986
Military Annals on Establishing the Qing
Anonymous
Transcribed in red columns by the Qing court, Daoguang period (1821-1850)
Format: 21.5 × 13.5 cm
Frame: 14.3 × 10.5 cm
One volume

发祥世纪

長白山高二百餘里綿亘千餘里鴨綠混同愛滹三江之水出焉山之東有布庫哩山其下有池曰布勒瑚里相傳有天女三游於池有神鵲銜朱果置季女衣尋産一男母命之曰汝姓愛新覺羅名布庫哩雍順天生汝以定亂國其往治之與小舠乘之順流至河步乃登岸折柳及蒿為坐具端坐其上是時其地有三姓爭為雄長取水者見之皆以為異曰此

卷端
Beginning

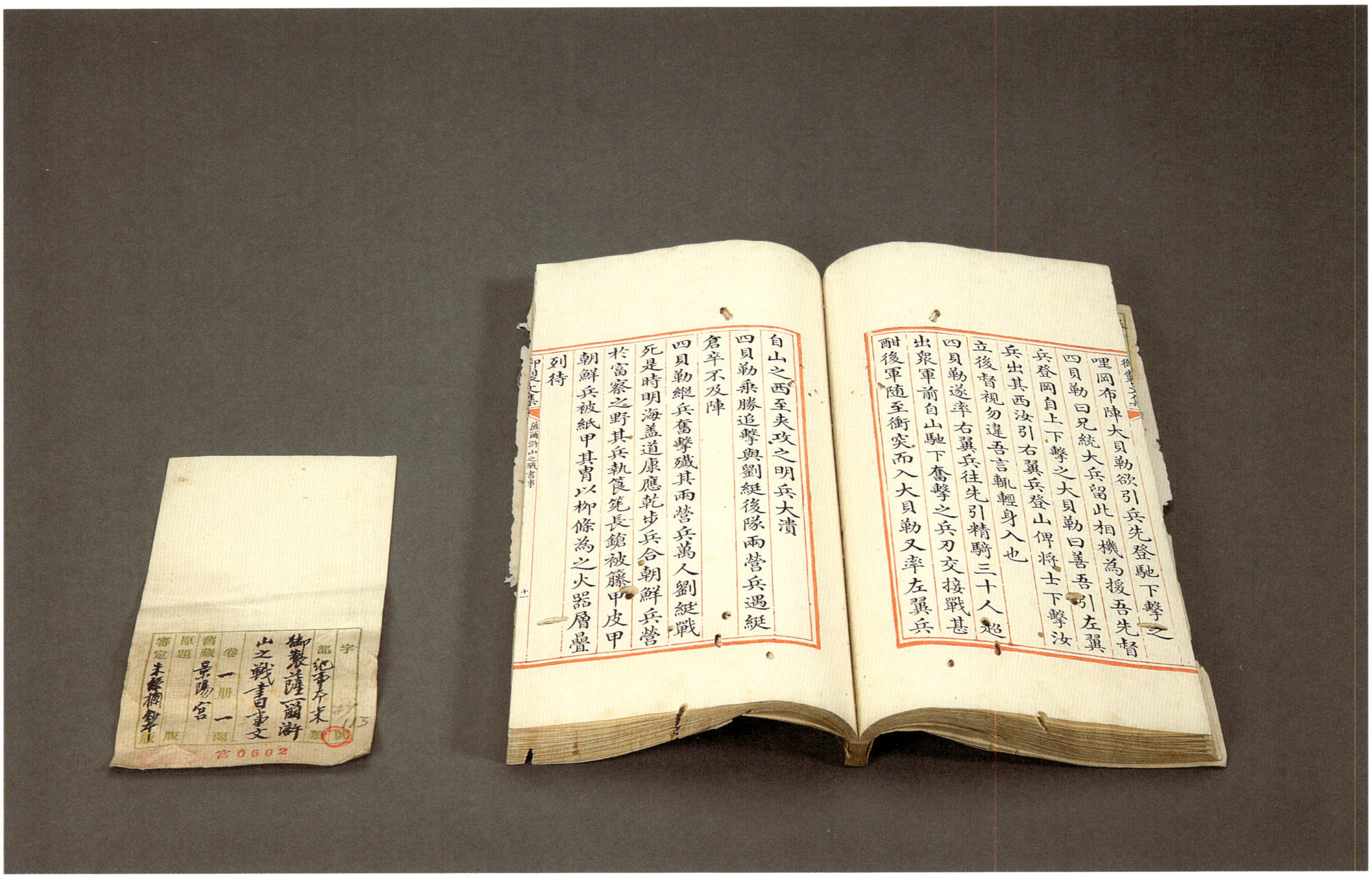

正文
Text

書5989
《御製薩爾滸山之戰書事》
清　高宗弘曆撰
清乾隆年內府朱格抄本
開本　縱27.5厘米　橫15.5厘米
版框　縱18.7厘米　橫11.7厘米
一冊

61

Shu 5989
The Battle of Sarhū
Written by the Qianlong emperor (r.1736-1795)
Transcribed in red columns by the Qing court, Qianlong period
Format: 27.5 × 15.5 cm
Frame: 18.7 × 11.7 cm
One volume

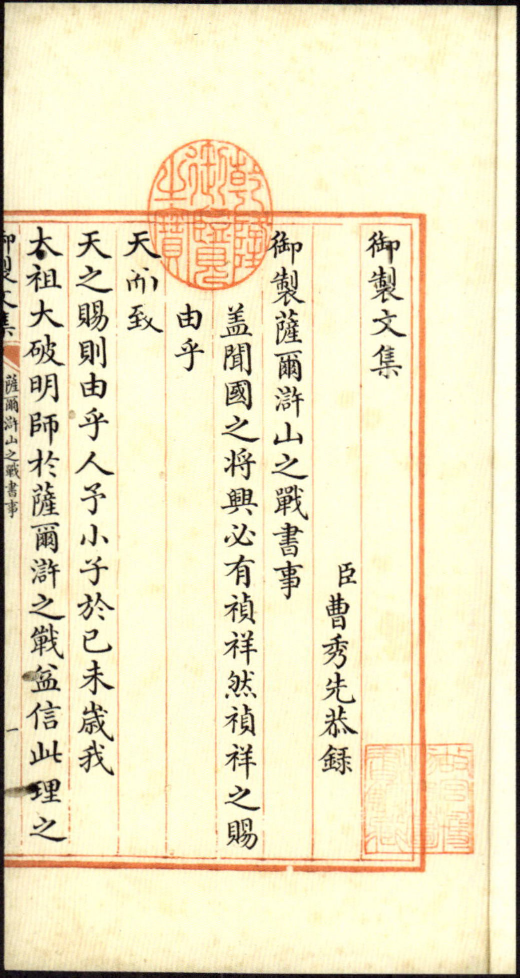

卷端及"乾隆御覽之寶"印
Beginning and impression of "Qianlong yulan zhi bao"
(seal for imperial view of the Qianlong emperor)

書簽及卷末"乾隆御覽之寶"印
Bookmark and impression of "Qianlong yulan zhi bao" (seal for imperial view of the Qianlong emperor) at the end

卷末
End

外觀
Exterior

書5990
《欽定平定兩金川方略一百三十六卷首八卷紀略一卷》
清　阿桂等撰
清乾隆年內府朱格稿本
開本　縱33.8厘米　橫15.5厘米
版框　縱23.7厘米　橫16.7厘米
二十四册

62

Shu 5990
Military Annals of Suppressing Rebellions in the Two Jinchuans
136 chapters as text, eight chapters as preliminary remarks and one chapter as summary
Compiled by Agui et al., Qing dynasty (1644-1911)
Draft transcribed in red columns by the Qing court, Qianlong period (1736-1795)
Format: 33.8 × 15.5 cm
Frame: 23.7 × 16.7 cm
Twenty-four volumes

欽定四庫全書

欽定平定兩金川方畧卷之一

乾隆二十年乙亥六月癸卯

上諭內閣曰開泰著調補四川總督所遺[illegible]之學士黃廷桂著調任陝甘總督將川督應辦事務交明開泰即赴肅州

己巳四川總督黃廷桂提督岳鍾璜奏言四川打箭爐外孔撒麻書兩土司本屬嫡堂叔姪近

黄綾書面
Yellow twill-weave silk covers

外觀
Exterior

書5993
《平定三逆方略六十卷》
清　勒德洪等撰
清康熙年内府抄本
開本　縱31.6厘米　橫19厘米
版框　縱24.8厘米　橫16.8厘米
六十册

63

Shu 5993
Military Annals on Suppressing the Three Rebels
Sixty chapters
Written by Ledehong et. al., Qing dynasty (1644-1911)
Transcribed by the Qing court, Kangxi period (1662-1722)
Format: 31.6 × 19 cm
Frame: 24.8 × 16.8 cm
Sixty volumes

平定三逆方略卷之一

恭惟

皇上御極以來政教覃敷恩澤翔洽薄海內外罔不
率俾方偃戈衅甲以文德懷柔四方煦嫗生
息休養萬姓兼容并覆銷弭孽芽時二三藩
臣父分闓於外便蕃錫予異數有加慮或怙
寵而驕盈深欲保全其終始因其乞骸之陳

外觀
Exterior

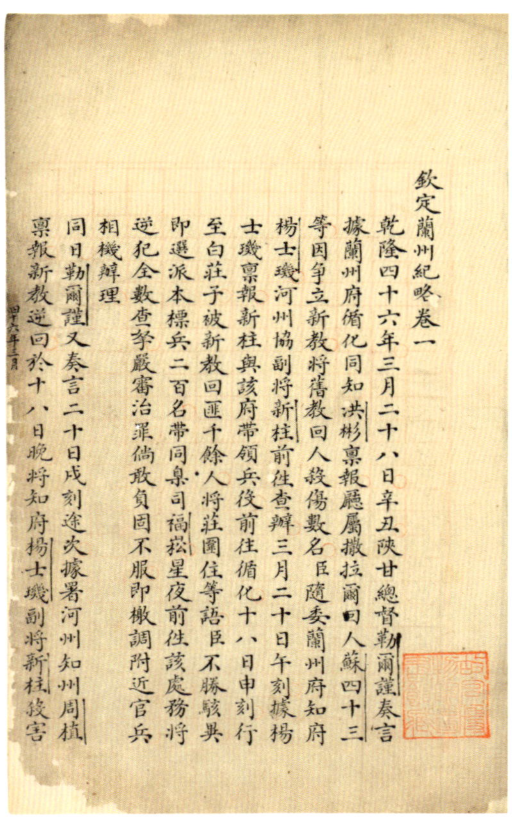

欽定蘭州紀畧卷一
乾隆四十六年三月二十八日辛丑陝甘總督勒爾謹奏言
據蘭州府循化同知洪彬稟報廳屬撒拉爾回人蘇四十三
等因爭立新教將舊教回人殺傷數名臣隨委蘭州府知府
楊士璣河州協副將新柱前往查辦三月二十日午刻據楊
士璣稟報新柱與該府帶領兵役前往循化十八日申刻行
至白莊子被新教回匪千餘人將莊圍住等語臣不勝駭異
即選派本標兵二百名帶同臬司福崧星夜前往該處務將
逆犯全數查拏嚴審治罪倘敢負固不服即檄調附近官兵
相機辦理
同日勒爾謹又奏言二十日戌刻途次據署河州知州周植
稟報新教逆回於十八日晚將知府楊士璣副將新柱殺害

卷端
Beginning

書5994
《欽定蘭州紀略二十卷》
清　阿桂等撰
清乾隆内府朱格稿本
開本　縱29.7厘米　橫21.3厘米
版框　縱22厘米　橫16厘米
四册

64

Shu 5994
Military Annals on Suppressing a Rebellion in Lanzhou, Made by Imperial Order
Twenty chapters
Written by Agui et. al., Qing dynasty (1644-1911)
Transcribed in red columns by the Qing court, Qianlong period (1736-1795)
Format: 29.7 × 21.3 cm
Frame: 22 × 16 cm
Four volumes

外觀
Exterior

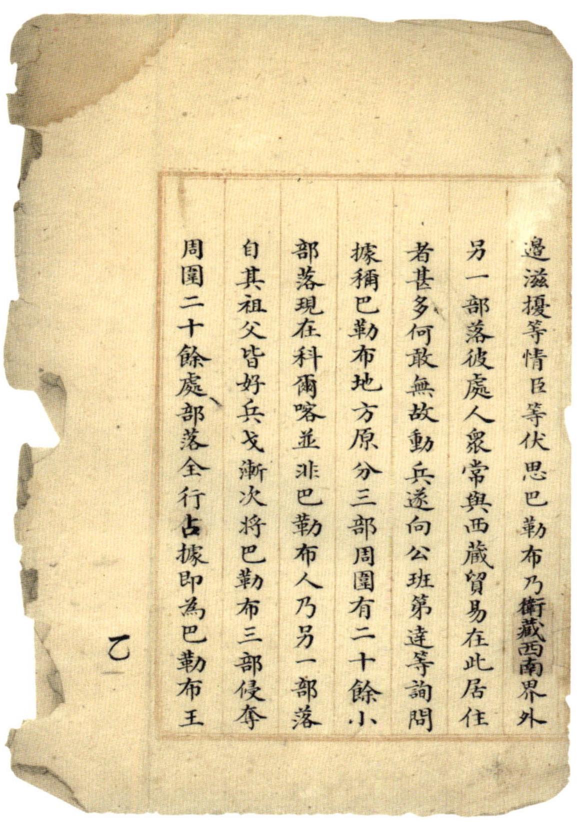

邊滋擾等情臣等伏思巴勒布乃衛藏西南界外
另一部落彼處人衆常與西藏貿易在此居住
者甚多何敢無故動兵遂向公班第達等詢問
據稱巴勒布地方原分三部周圍有二十餘小
部落現在科爾喀並非巴勒布人乃另一部落
自其祖父皆好兵戈漸次將巴勒布三部侵奪
周圍二十餘處部落全行占據即為巴勒布王
乙

正文
Text

65

書5995
《欽定巴勒布紀略二十六卷首一卷》
不著纂人名氏
清乾隆內府朱格抄本
開本　縱34厘米　橫23.3厘米
版框　縱23厘米　橫16.7厘米
二十二册

Shu 5995
Military Annals on Suppressing a Rebellion in Balebu, Made by Imperial Order
Twenty-six chapters as text, one chapter as preliminary remarks
Anonymous
Transcribed in red columns by the Qing court, Qianlong period (1736-1795)
Format: 34 × 23.3 cm
Frame: 23 × 16.7 cm
Twenty-two volumes

磁青封面
Dark blue covers

66

書5996
《欽定平定臺灣紀略六十五卷首五卷》
不著纂人名氏
清乾隆内府綠格抄本
開本　縱31.6厘米　橫19.6厘米
版框　縱23.4厘米　橫16.7厘米
七十册

Shu 5996
Military Annals on Suppressing Rebellions in Taiwan, Made by Imperial Order
Sixty-five chapters as text, five chapters as preliminary remarks
Anonymous
Transcribed in green columns by the Qing court, Qianlong period (1736-1795)
Format: 31.6 × 19.6 cm
Frame: 23.4 × 16.7 cm
Seventy volumes

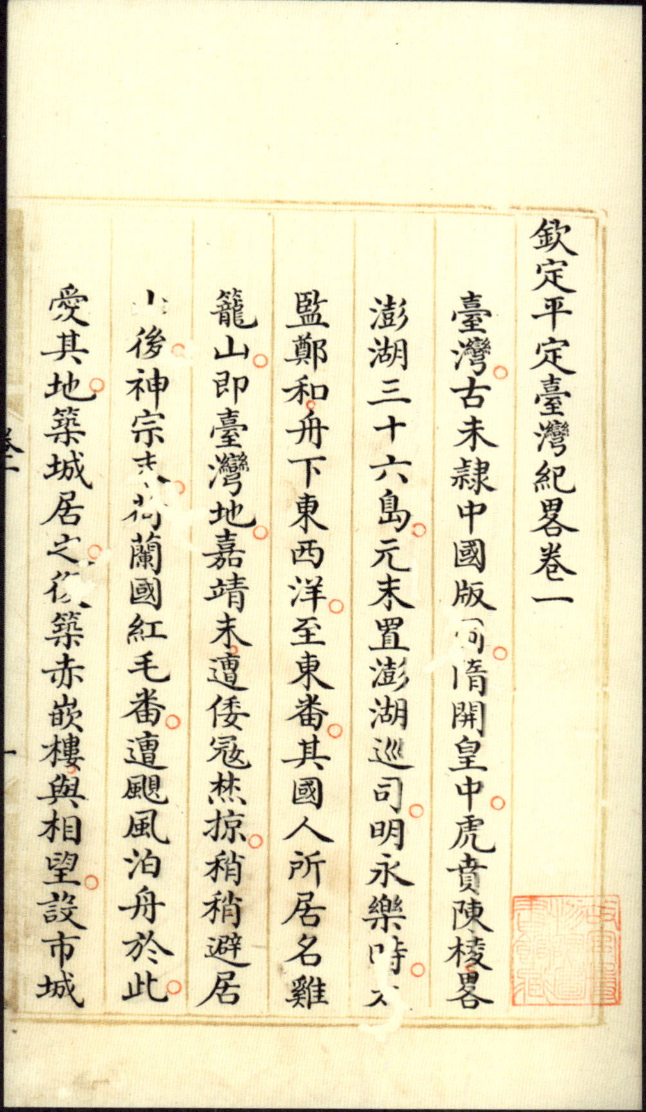

欽定平定臺灣紀畧卷一

臺灣古未隸中國版圖隋開皇中虎賁陳稜畧
澎湖三十六島元末置澎湖巡司明永樂時太
監鄭和舟下東西洋至東番其國人所居名雞
籠山即臺灣地嘉靖末遭倭寇焚掠稍稍避居
山後神宗末荷蘭國紅毛番遭颶風泊舟於此
愛其地築城居之後築赤嵌樓與相望設市城

卷端
Beginning

黃綾暗紋書面
Yellow twill-weave silk covers with veiled pattern

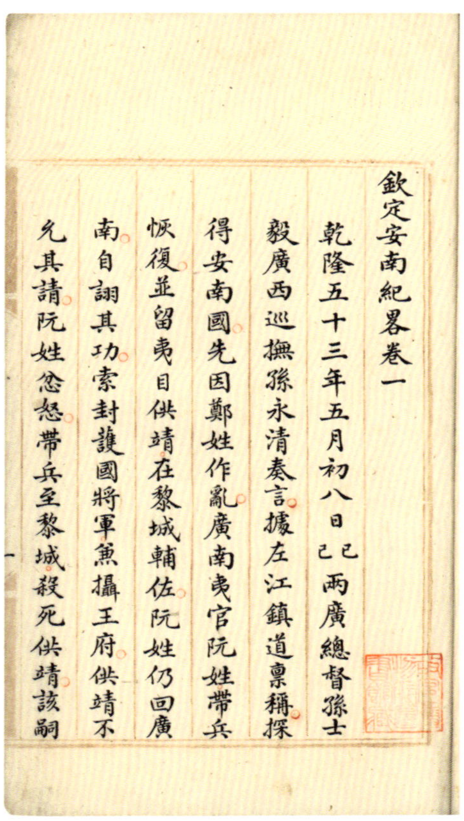

欽定安南紀畧卷一
乾隆五十三年五月初八日己巳兩廣總督孫士
毅廣西巡撫孫永清奏言據左江鎮道稟稱探
得安南國先因鄭姓作亂廣南夷官阮姓帶兵
恢復並留夷目供靖在黎城輔佐阮姓仍回廣
南自詡其功索封護國將軍兼攝王府供靖不
允其請阮姓忿怒帶兵至黎城殺死供靖該嗣

卷端
Beginning

書5997
《欽定安南紀略三十卷首二卷》
不著纂人名氏
清乾隆内府緑格抄本
開本 縱32.4厘米 横20.4厘米
版框 縱23.5厘米 横16.7厘米
三十一册

67

Shu 5997
Military Annals on Annan, Made by Imperial Order
Thirty chapters as text, two chapters as preliminary remarks
Anonymous
Transcribed in green columns by the Qing court, Qianlong period (1736-1795)
Format: 32.4 × 20.4 cm
Frame: 23.5 × 16.7 cm
Thirty-one volumes

黃綾暗紋書面

Yellow silk cover with veiled pattern

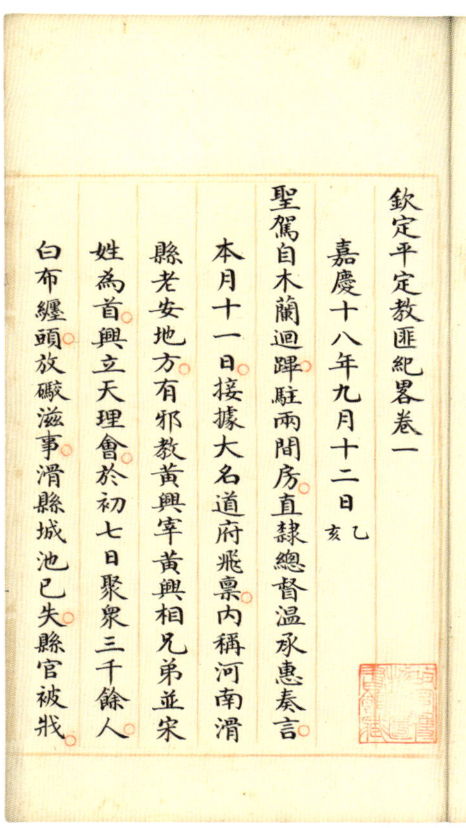

欽定平定教匪紀畧卷一

嘉慶十八年九月十二日 乙亥

聖駕自木蘭迴蹕駐兩間房直隸總督溫承惠奏言本月十一日接據大名道府飛稟內稱河南滑縣老安地方有邪教黃興宰黃興相兄弟並宋姓為首興立天理會於初七日聚眾三千餘人白布纏頭放礮滋事滑縣城池已失縣官被戕

卷端

Beginning

68

書5999

《欽定平定教匪紀略四十二卷首一卷》

清　托津等撰

清嘉慶年內府朱格抄本

開本　縱31.4厘米　橫19.7厘米

版框　縱23.5厘米　橫16.8厘米

四十四册

Shu 5999

The Qing Strategies on Suppressing the Rebels of the Eight Trigram Sect

Forty-two chapters as text, one chapter as preliminary remarks

Compiled by imperial order by Tuojin et. al., Qing dynasty (1644-1911)

Transcribed in red columns by the Qing court, Jiaqing period (1796-1820)

Format: 31.4 × 19.7 cm

Frame: 23.5 × 16.8 cm

Forty-four volumes

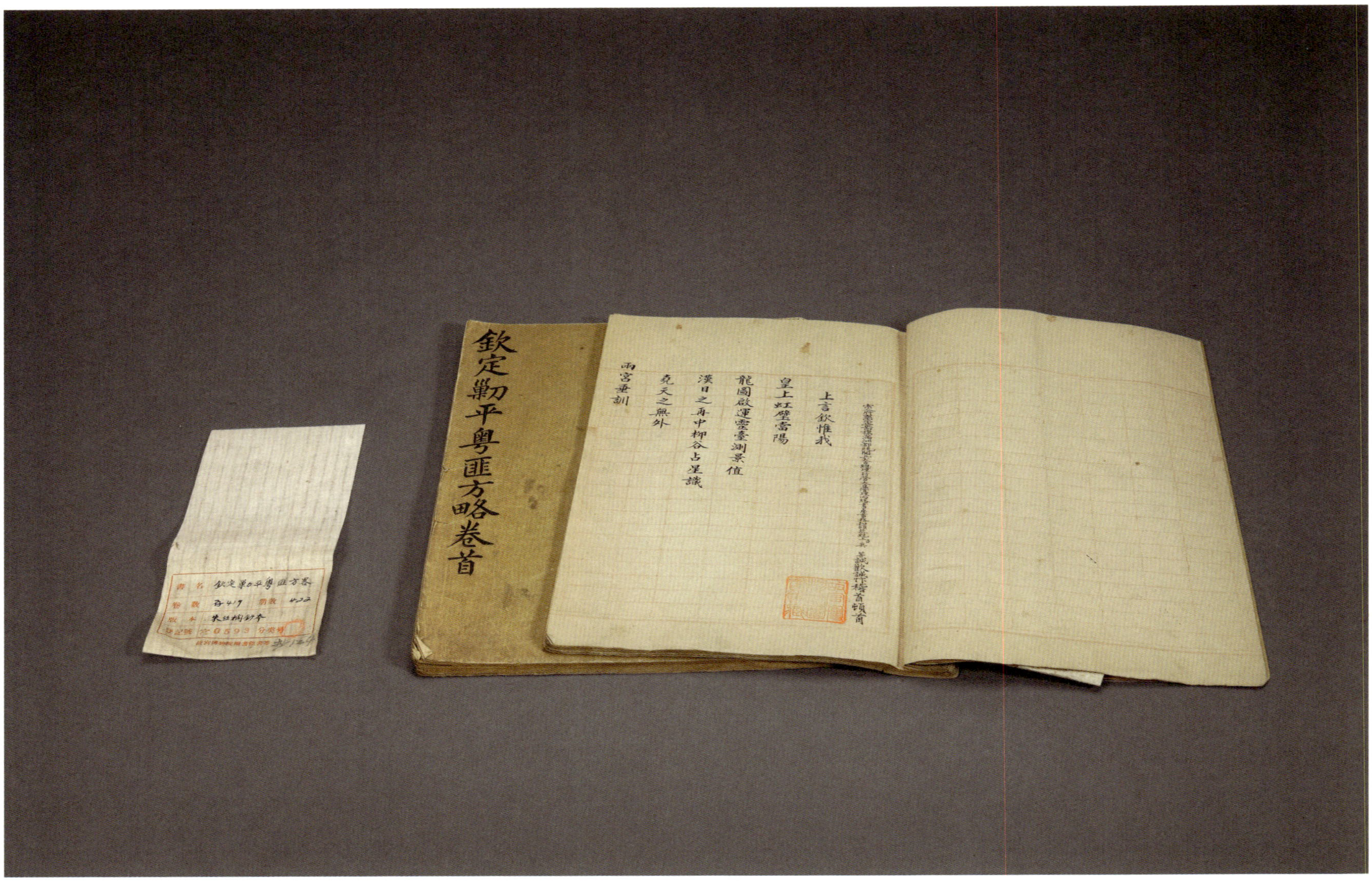

正文
Text

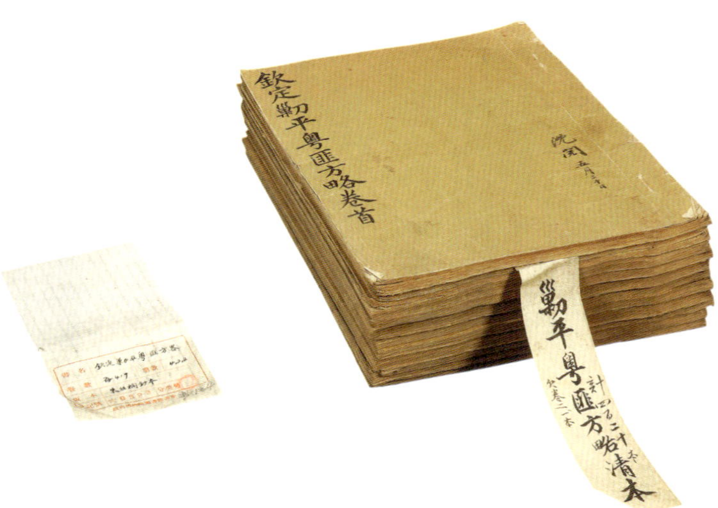

黃紙書面
Yellow paper cover

69

書6000
《欽定剿平粵匪方略四百二十卷首一卷》
清　奕訢等撰
清同治年方略館稿本
開本　縱28.2厘米　横20.5厘米
版框　縱20.3厘米　横16.7厘米
四百二十二册

Shu 6000
Military Annals of Suppressing Yue Bandits
420 chapters as text, one chapter as preliminary remarks
Compiled by imperial order by Yixin et. al., Qing dynasty (1644-1911)
Draft transcribed by Institute of Military Annals, Tongzhi period (1862-1874)
Format: 28.2 × 20.5 cm
Frame: 20.3 × 16.7 cm
422 volumes

欽定勦平粵匪方略卷一 庚戌年

道光三十年五月十九日庚戌

上命軍機大臣傳諭鄭祖琛曰近聞廣西自去年賊首、張家祥滋事官兵不能捕獲强為招安餘黨四散勾、結慶遠則張家福鍾亞春柳州則陳東興陳亞潰陳亞分陳山豬羊武宣則梁亞九劉官生象州則區振祖潯州則謝江殿平樂則紫金山一夥皆分股肆擾而

黄紙書面
Yellow paper covers

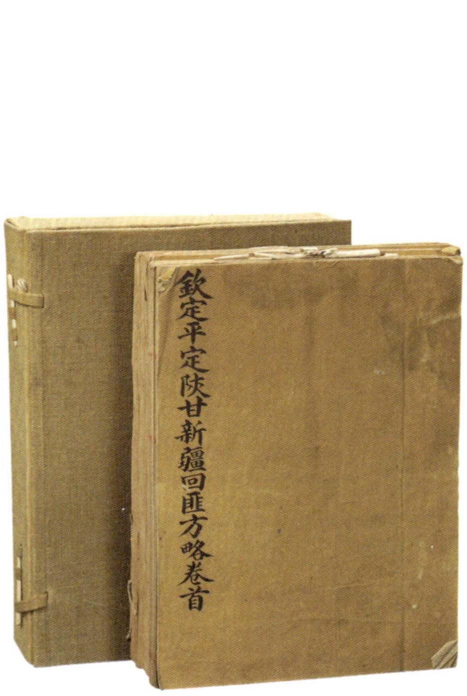

外觀
Exterior

書6001
《欽定平定陝甘新疆回匪方略三百二十卷首一卷》
清　奕訢等撰
清光緒二十二年（1896）方略館稿本
開本　縱28厘米　橫20.5厘米
版框　縱20.3厘米　橫16.7厘米
三百二十一册

70

Shu 6001
Military Annals of Suppressing Hui Bandits in Shaanxi, Gansu and Xinjiang
320 chapters as text, one chapter as preliminary remarks
Compiled by imperial order by Yixin et. al., Qing dynasty (1644-1911)
Draft transcribed by Institute of Military Annals in 1896
Format: 28 × 20.5 cm
Frame: 20.3 × 16.7 cm
321 volumes

欽定平定陝甘新疆回匪方略卷一 乙卯至丁巳年

咸豐五年八月初三日癸巳伊犁將軍札拉芬泰參贊大臣圖伽布奏言本年六月間浩罕回子玉散霍卓依善糾黨潛入喀什噶爾卡內意圖句結回衆乘閒滋事經阿斯圖阿爾吐什莊回子將該匪等十三名一併拏獲送城審辦賊首鐵完庫里倭里罕聞玉散霍卓依善等被拏率

黃綾暗花紋書面
Yellow twill-weave silk covers with veiled pattern

外觀
Exterior

書6003
《欽定平定雲南回匪方略五十卷首一卷》
清　世鐸等撰
清光緒二十二年（1896）內府朱格抄本
開本　縱33.3厘米　橫20.5厘米
版框　縱23.2厘米　橫16.7厘米
71 五十一冊

Shu 6003
Military Annals of Suppressing Hui Bandits in Yunnan
Fifty chapters as text, one chapter as preliminary remarks
Compiled by imperial order by Yixin et. al., Qing dynasty (1644-1911)
Transcribed in red columns by the Qing court in 1896
Format: 33.3 × 20.5 cm
Frame: 23.2 × 16.7 cm
Fifty-one volumes

欽定平定雲南回匪方略卷一 乙卯年至丙辰年

咸豐五年九月二十九日己丑雲貴總督恆春奏言現查滇省東川府之巧家廳曲靖府之尋甸州漢回互鬭回民聚衆焚掠首要各犯未獲難保不恃衆負嵎蒙化景東二廳亦有土匪滋事所有前擬派赴貴州勦辦苗匪之臨元等鎮兵一千名自應留防協緝以靖地方奏入

卷端
Beginning

外形、黃綾暗紋書面
Yellow twill-weave silk cover with veiled pattern

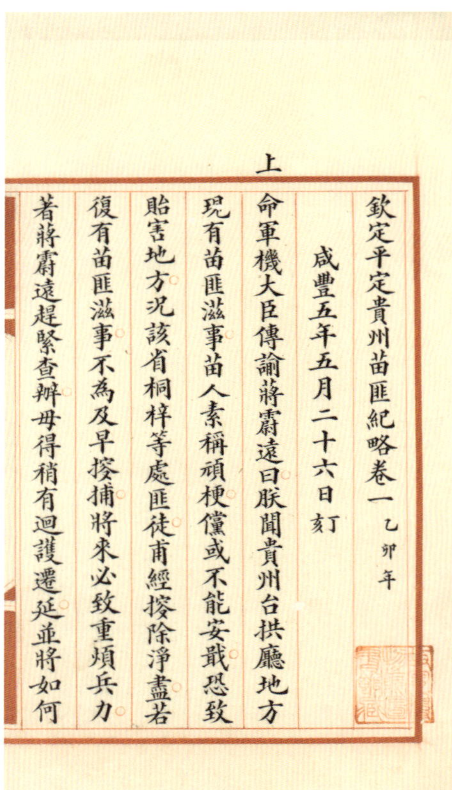

欽定平定貴州苗匪紀略卷一 乙卯年

咸豐五年五月二十六日奉

上命軍機大臣傳諭蔣霨遠曰朕聞貴州台拱廳地方現有苗匪滋事苗人素稱頑梗儻或不能安戢恐致貽害地方况該省桐梓等處匪徒甫經撲除淨盡若復有苗匪滋事不為及早撲捕將來必致重煩兵力著蔣霨遠趕緊查辦毋得稍有迴護遷延並將如何

卷端
Beginning

書6004
《欽定平定貴州苗匪紀略四十卷》
清　世鐸等撰
清光緒二十二年（1896）內府朱格抄本
開本　縱33.3厘米　橫20.5厘米
版框　縱23厘米　橫16.6厘米
四十冊

72

Shu 6004
Military Annals of Suppressing Miao Bandits in Guizhou
Forty chapters
Compiled by imperial order by Shiduo et. al., Qing dynasty (1644-1911)
Transcribed in red columns by the Qing court in 1896
Format: 33.3 × 20.5 cm
Frame: 23 × 16.6 cm
Forty volumes

正文
Text

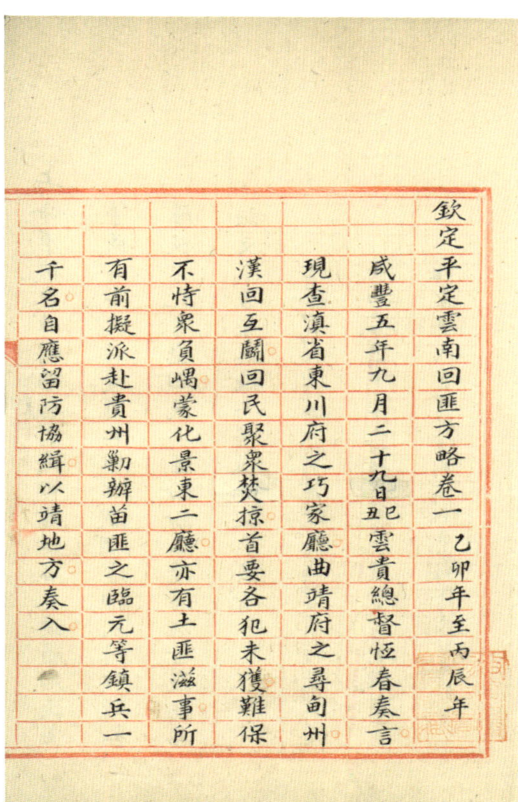

欽定平定雲南回匪方略卷一　乙卯年至丙辰年
咸豐五年九月二十九日己丑雲貴總督恆春奏言
現查滇省東川府之巧家廳曲靖府之尋甸州
漢回互鬭回民聚衆焚掠首要各犯未獲難保
不恃衆負嵎蒙化景東二廳亦有土匪滋事所
有前擬派赴貴州勦辦苗匪之臨元等鎮兵一
千名自應留防協緝以靖地方奏入

卷端
Beginning

73

書6005
《欽定平定雲南回匪方略五十卷》
清　世鐸等撰
清光緒二十二年（1896）方略館稿本
開本　縱28.3厘米　橫20.5厘米
版框　縱19.9厘米　橫16.5厘米
五十册

Shu 6005
Military Annals of Suppressing Hui Bandits in Yunnan
Fifty chapters
Compiled by imperial order by Shiduo et. al., Qing dynasty (1644-1911)
Draft transcribed by Institute of Military Annals in 1896
Format: 28.3 × 20.5 cm
Frame: 19.9 × 16.5 cm
Fifty volumes

磁青絹面
Dark blue silk covers

外觀
Exterior

74

書6007
《貞觀政要十卷》
唐　吴兢撰
清康熙年内府墨格抄本
開本　縱21.8厘米　橫13.7厘米
版框　縱16.5厘米　橫11.4厘米
二册

Shu 6007
Political Essence of the Zhenguan Reign
Ten chapters
Written by Wu Jing, Tang dynasty (618-907)
Transcribed in black columns by the Qing court, Kangxi period (1662-1722)
Format: 21.8 × 13.7 cm
Frame: 16.5 × 11.4 cm
Two volumes

貞觀政要卷第一

論君道一　論政體二

君道第一（凡五章）

貞觀初，太宗謂侍臣曰：「為君之道，必須先存百姓。若損百姓以奉其身，猶割股以啖腹（股一作脛。啖音淡，食也），腹飽而身斃。若安天下，必須先正其身，未有身正而影曲、上理而下亂者。朕每思傷其身者不在外物，皆由嗜欲以成其禍。若躭嗜滋味，玩悅聲色，所欲既多，所損亦大。既妨政事，又擾生人（擾亦作獿）。且復出一非理之言，萬姓為之解體，怨讟既作（讟音瀆，痛怨也），離叛亦興。朕每思此，不敢縱逸。」諫議大夫（唐制掌諫諭得失，侍從贊相之職）魏徵（詳見任賢篇）對曰：「古者聖哲之主，皆亦近取諸身，故

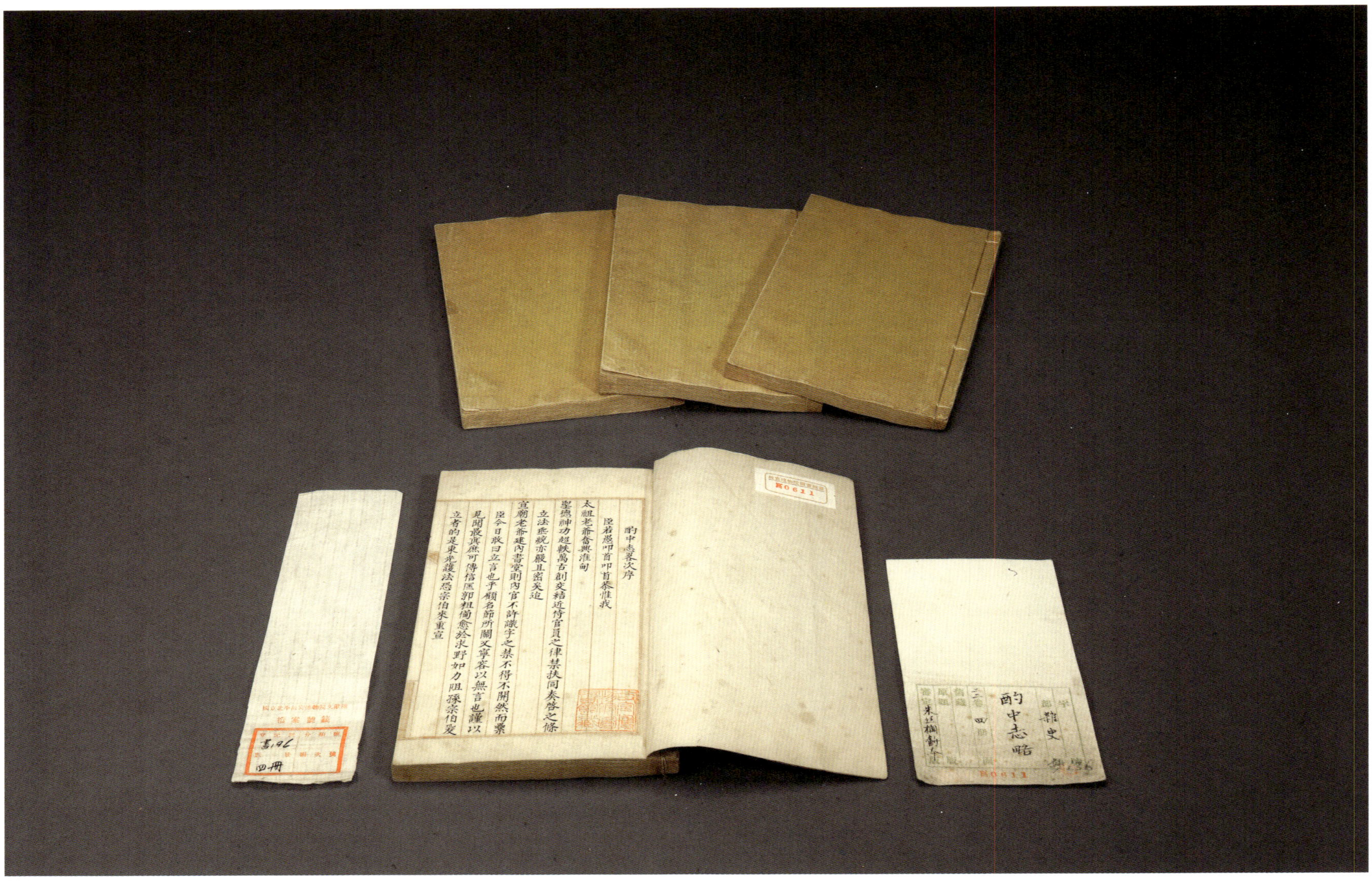

序文
Preface

外觀
Exterior

75

書6012

《酌中志略二十二卷》

明　劉若愚撰

清康熙年内府朱格抄本

開本　縱24.4厘米　橫14.2厘米

版框　縱19.7厘米　橫12.3厘米

四册

Shu 6012

Zhuozhong Zhi Lüe (Notes on the Late Ming Court)

Twenty-two chapters

Written by Liu Ruoyu, Ming dynasty (1368-1644)

Transcribed in red columns by the Qing court, Kangxi period (1662-1722)

Format: 24.4 × 14.2 cm

Frame: 19.7 × 12.3 cm

Four volumes

酌中志畧

纍臣劉若愚恭輯

憂危竑議前紀第一

神廟天性至孝上事
聖母勵精勤政萬幾之暇博覽載籍每
諭司禮監臣及　乾清宮管事牌子各於坊間尋買新書進
覽凡竺典丹經醫卜小說出像曲本靡所不購先臣陳太監
矩凡所進之書必冊冊過眼如人鏡陽秋閨範圖說仙佛奇
踪等類每歲之中何止進數次每次所進何止數十部哉因

卷端
Beginning

香色織錦書套
Light brown brocade case

外觀
Exterior

書6019
《國史考异六卷》
清　潘檉章撰
清乾隆五十二年（1787）四庫全書撤出本
開本　縱29厘米　橫17.7厘米
版框　縱20.2厘米　橫14厘米
函套　縱28.2厘米　橫18.3厘米　高5.5厘米
六册

76

Shu 6019
Study of Differences of the Early Qing History
Six chapters
Written by Pan Chengzhang, Qing dynasty (1644-1911)
Transcript removed from the *Complete Library in Four Treasuries* in 1787
Format: 29 × 17.7 cm
Frame: 20.2 × 14 cm
Case: 28.2 × 18.3 × 5.5 cm
Six volumes

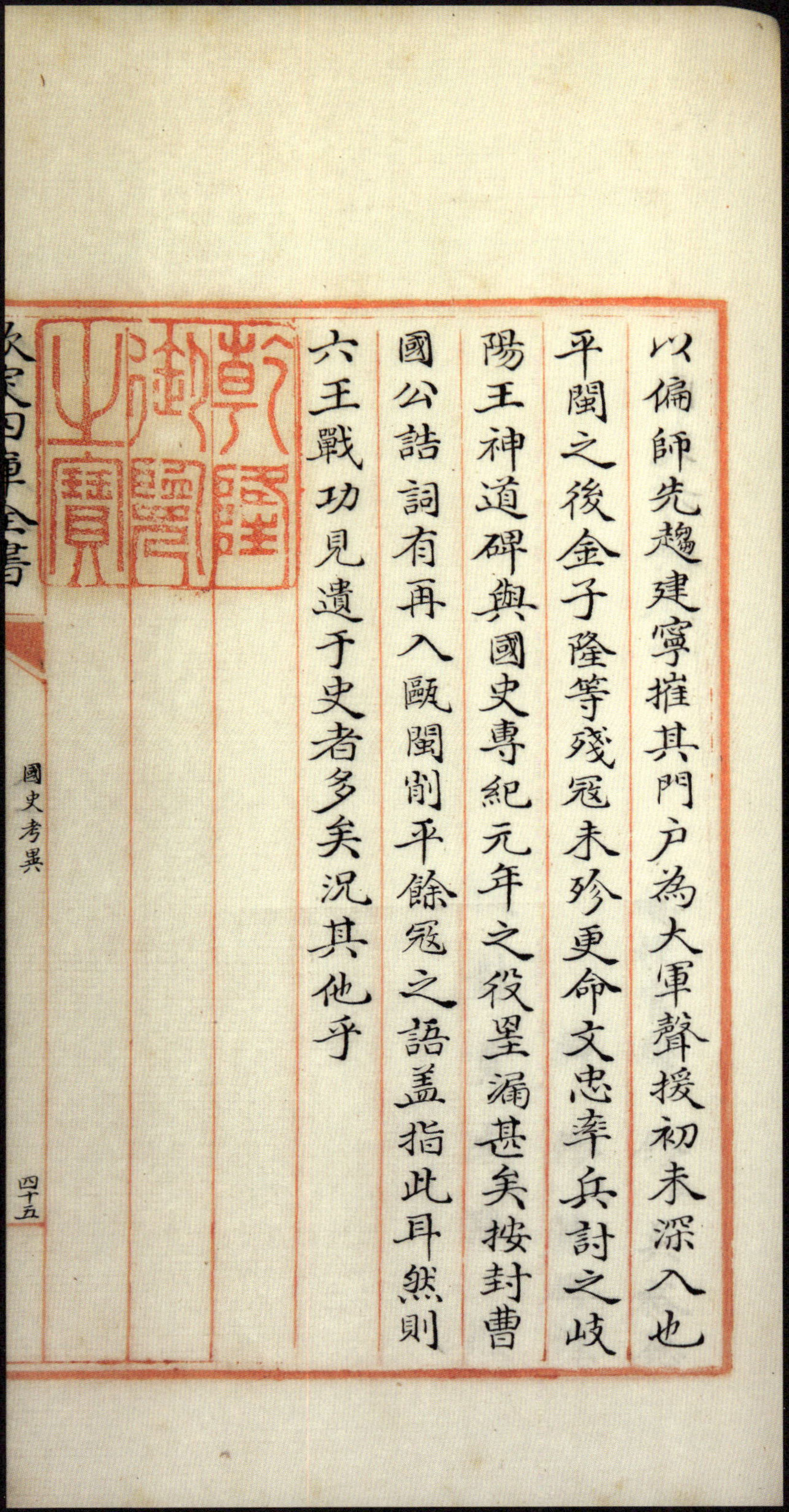

以偏師先趨建寧摧其門户為大軍聲援初未深入也
平閩之後金子隆等殘冦未殄更命文忠率兵討之岐
陽王神道碑與國史專紀元年之役星漏甚矣按封曹
國公誥詞有再入甌閩剗平餘冦之語蓋指此耳然則
六王戰功見遺于史者多矣況其他乎

欽定四庫全書　國史考異　四十五

正文局部及"乾隆御覽之寶"印
Text and impression of "Qianlong yulan zhi bao"
(seal for imperial view of the Qianlong emperor)

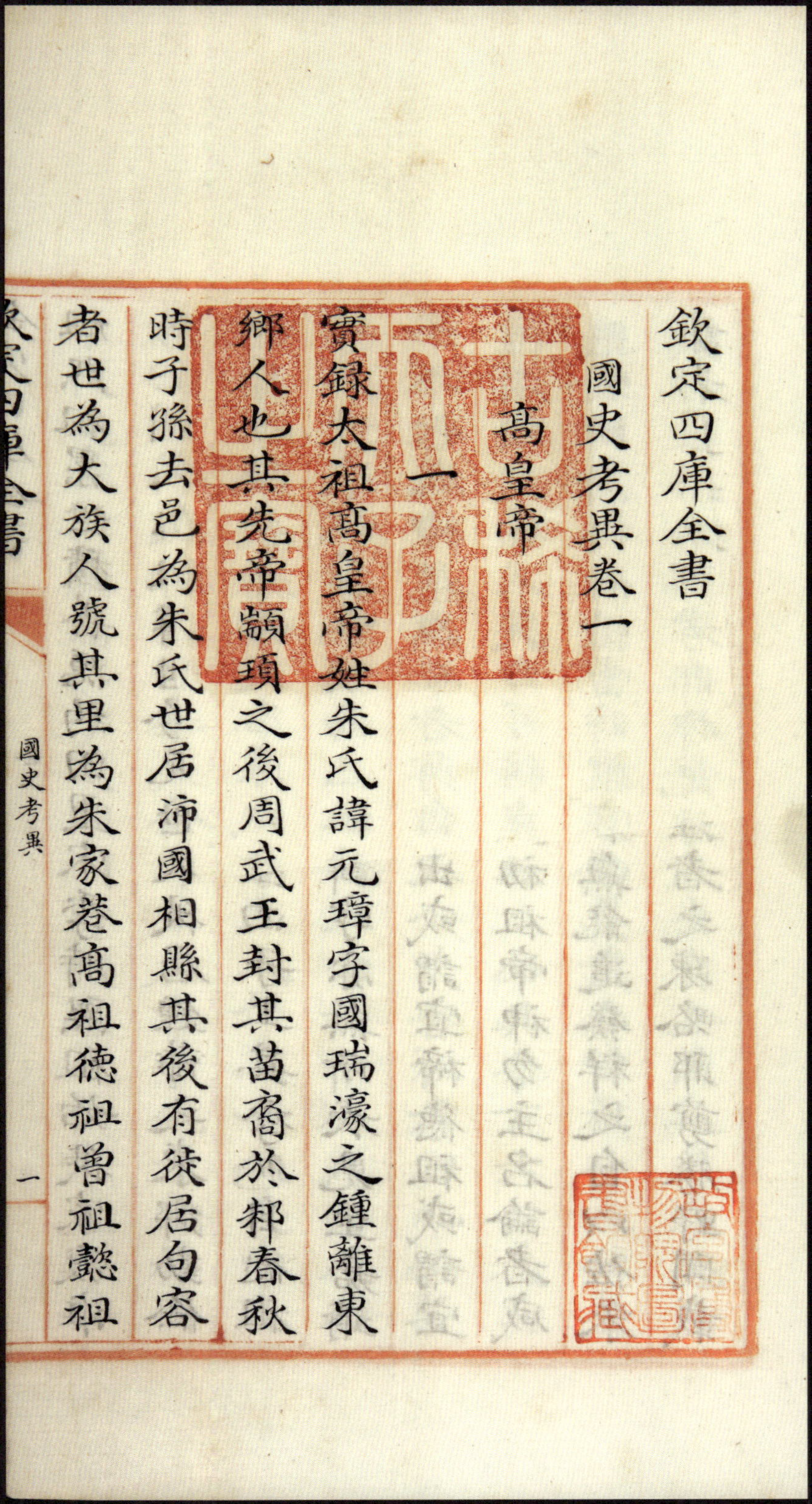

欽定四庫全書

國史考異卷一

高皇帝一

實録太祖高皇帝姓朱氏諱元璋字國瑞濠之鍾離東
鄉人也其先帝顓頊之後周武王封其苗裔於邾春秋
時子孫去邑為朱氏世居沛國相縣其後有徙居句容
者世為大族人號其里為朱家巷高祖德祖曾祖懿祖

欽定四庫全書　國史考異　一

卷端及"古稀天子之寶"印
Beginning and impression of "guxi tianzi zhi bao"
(seal for seventy-year-old Son of Heaven)

黄紙書面
Pale yellow paper covers

外觀
Exterior

書6051
《欽定續纂外藩蒙古回部王公表十二卷傳十二卷》
清　彭蘊章等纂
清咸豐年內府抄本
開本　縱37厘米　橫25.5厘米
版框　縱26.3厘米　橫19.5厘米
二十四册

77

Shu 6051
Sequel to Tables and Biographies of Mongolian and Uigurian Princes
Twelve chapters as tables, twelve chapters as biographies
Written by imperial order by Peng Yunzhang et. al., Qing dynasty (1644-1911)
Transcribed by the Qing court, Xianfeng period (1851-1861)
Format: 37 × 25.5 cm
Frame: 26.3 × 19.5 cm
Twenty-four volumes

欽定續纂外藩蒙古回部王公表卷之一

表第一

科爾沁部 哲哩穆盟

扎薩克和碩土謝圖親王

初封土謝圖汗奧巴自襲扎薩克和碩土謝圖親王後至第十二次仍襲扎薩克和碩土謝圖親王色登端魯布見續表

十二次襲

色登端

黄綾暗紋書面
Yellow twill-weave silk cover

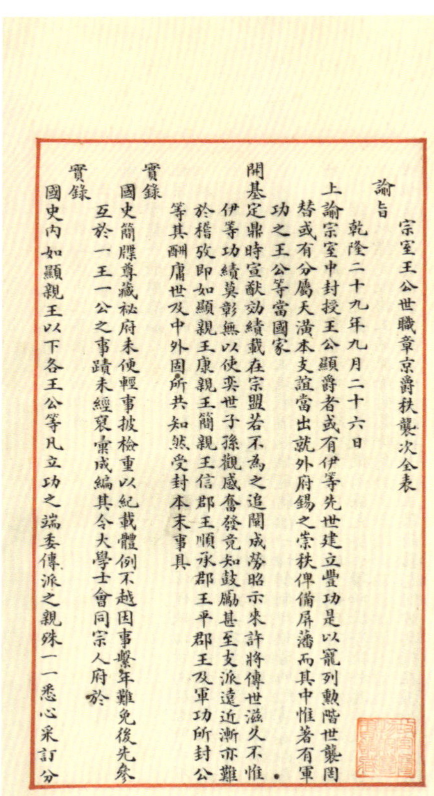
宗室王公世職章京爵秩襲次全表
諭旨
乾隆二十九年九月二十六日
上諭宗室中封授王公顯爵者或有伊等先世建立豐功是以寵列勲階世襲罔
替或有分屬天潢本支誼當出就外府錫之崇秩俾備屏藩而其中惟著有軍
功之王公等當國家
開基定鼎時宣猷効績載在宗盟若不為之追闡成勞昭示來許將傳世滋久不惟
伊等功績莫彰無以使奕世子孫觀感奮發竟知鼓勵甚至支派遠近漸亦難
於稽攷即如顯親王康親王簡親王信郡王順承郡王平郡王及軍功所封公
等其酬庸世及中外固所共知然受封本末事具
實錄
國史簡牒尊藏祕府未便輕事披檢重以紀載體例不越因事繫年難免後先參
互於一王一公之事蹟未經裒彙成編其令大學士會同宗人府於
實錄
國史內如顯親王以下各王公等凡立功之端委傳派之親疏一一悉心采訂分

卷端
Beginning

書6053
《宗室王公世職章京爵秩襲次全表十卷》
清　牟其汶撰
清光緒三十二年（1906）進呈寫本
開本　縱43.5厘米　橫26.3厘米
版框　縱35.1厘米　橫20.7厘米
十冊

78

Shu 6053
Complete Table for Hereditary Titles Won through Royal Blood or Military Achievements
Ten chapters
Written by Mou Qiwen, Qing dynasty (1644-1911)
Transcribed and presented to the Qing court in 1906
Format: 43.5 × 26.3 cm
Frame: 35.1 × 20.7 cm
Ten volumes

磁青封面
Dark blue covers

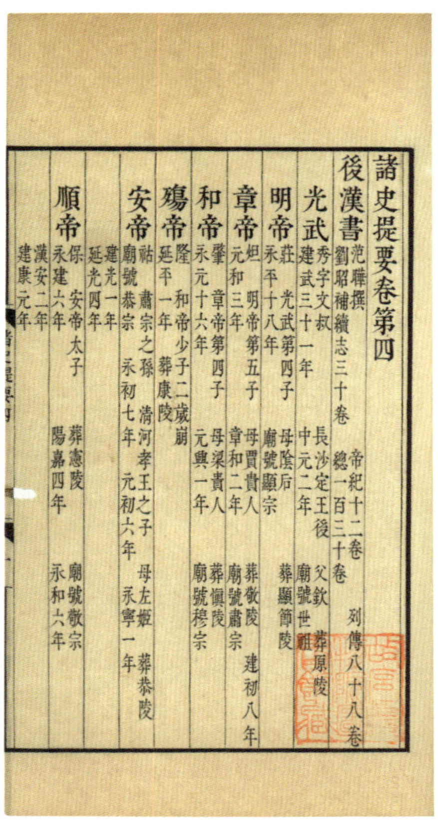

諸史提要卷第四
後漢書 范曄撰 劉昭補續志三十卷 帝紀十二卷 總一百三十卷 列傳八十八卷
光武 秀字文叔 建武三十一年 長沙定王後 中元二年 父欽 廟號世祖 葬原陵
明帝 莊 永平十八年 光武第四子 母陰后 廟號顯宗 葬顯節陵
章帝 炟 元和三年 明帝第五子 母賈貴人 章和二年 葬敬陵 廟號肅宗 建初八年
和帝 肇 永元十六年 章帝第四子 母梁貴人 元興一年 葬慎陵 廟號穆宗
殤帝 隆 延平一年 和帝少子二歲崩 葬康陵
安帝 祜 廟號恭宗 肅宗之孫 永初七年 清河孝王之子 元初六年 母左姬 永寧一年 葬恭陵
建光一年 延光四年
順帝 保 永建六年 安帝太子 葬憲陵 陽嘉四年 廟號敬宗 永和六年
漢安二年 建康元年

卷端
Beginning

79

書6058
《諸史提要十五卷》
宋　錢端禮撰
清康熙年內府墨格精抄本
開本　縱23.5厘米　橫14.4厘米
版框　縱17.6厘米　橫11.4厘米
五冊

Shu 6058
Summary of Various Histories
Fifteen chapters
Written by Qian Duanli, Song dynasty (960-1279)
Transcribed in black columns by the Qing court, Kangxi period (1662-1722)
Format: 23.5 × 14.4 cm
Frame: 17.6 × 11.4 cm
Five volumes

外觀
Exterior

書6121
《欽定南巡盛典一百卷首二卷》
清　高晉等纂
清乾隆五十六年（1791）内府朱格抄本
開本　縱31.3厘米　橫20.8厘米
版框　縱21.2厘米　橫17厘米
八十册

80

Shu 6121
South China Tours of the Qianlong Emperor
100 chapters as text, two chapters as preliminary remarks
Compiled by imperial order by Gao Jin et. al., Qing dynasty (1644-1911)
Transcribed in red columns by the Qing court in 1791
Format: 31.3 × 20.8 cm
Frame: 21.2 × 17 cm
Eighty volumes

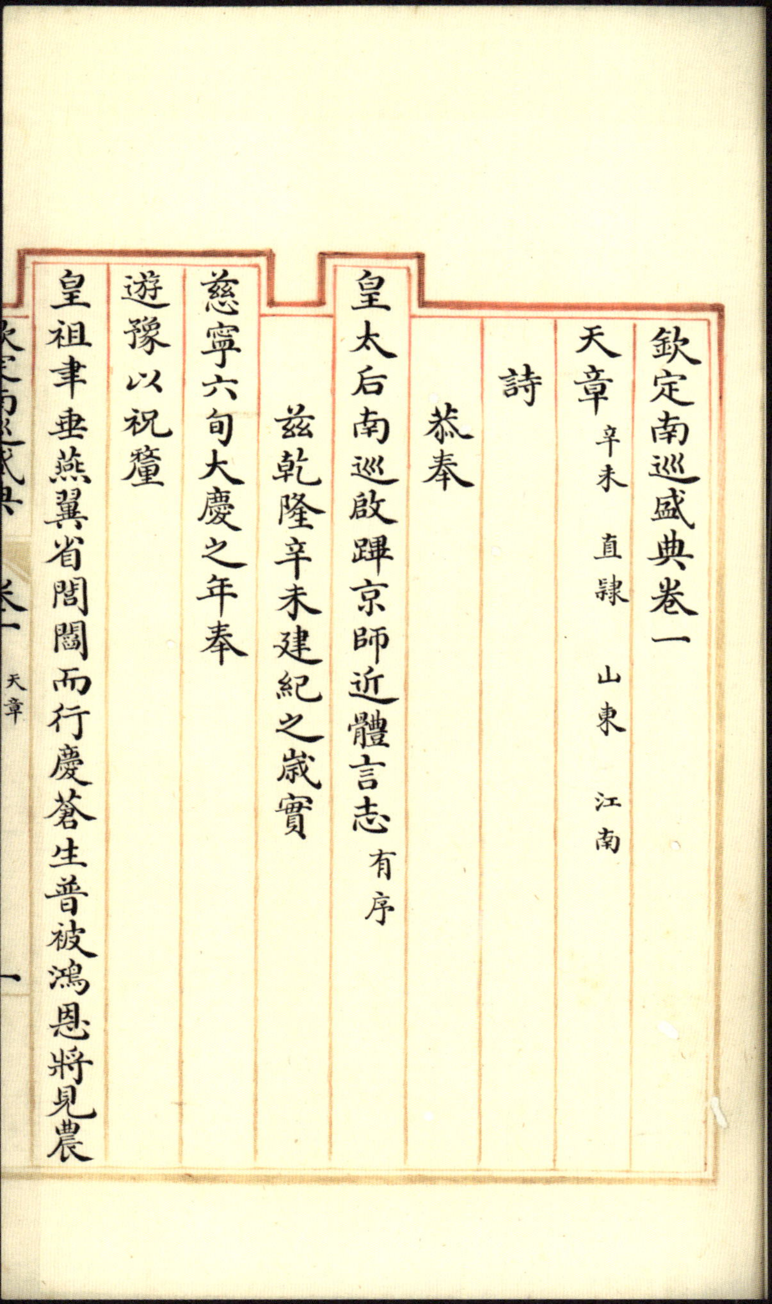

卷端
Beginning

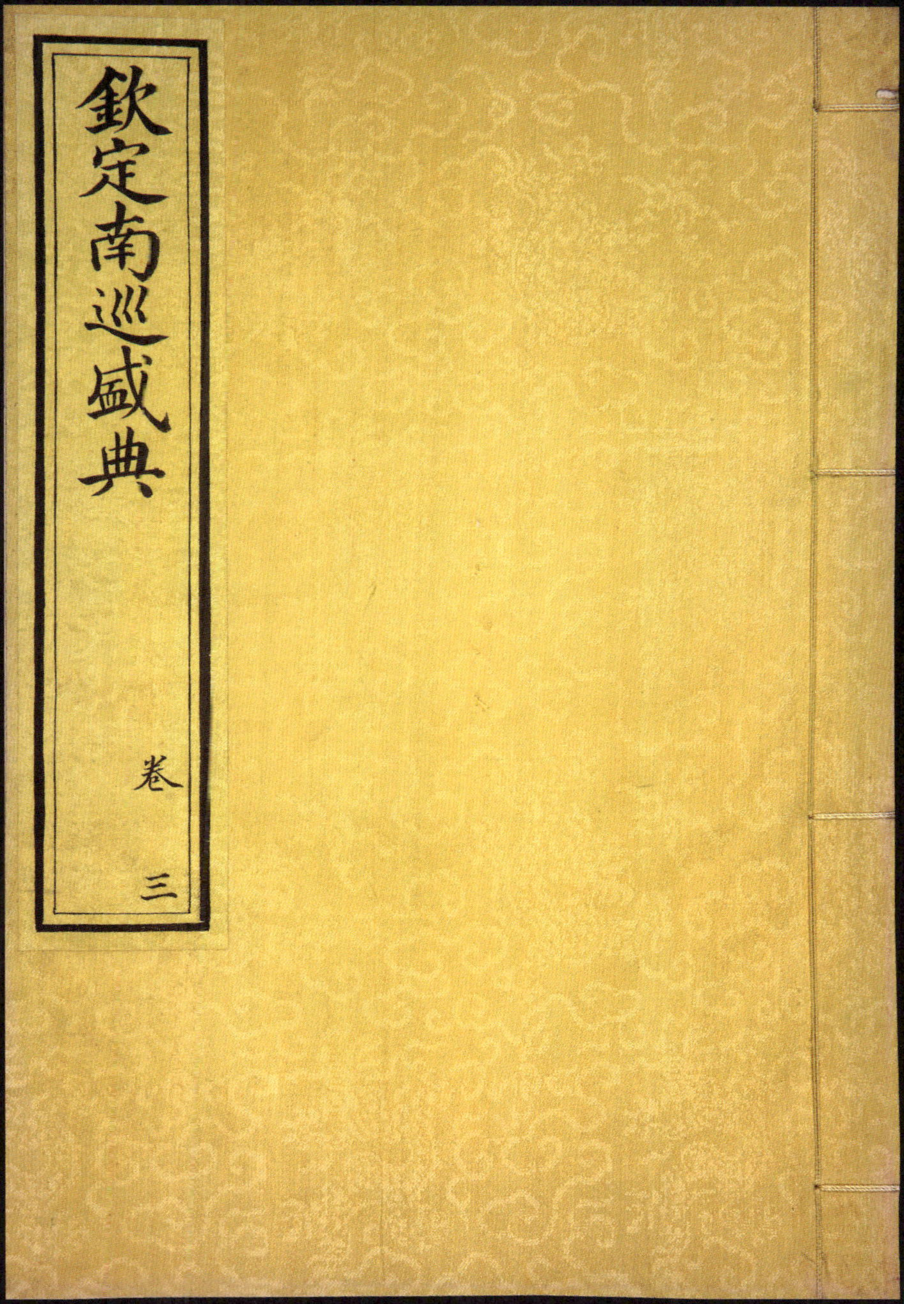

黃綾暗紋封面
Yellow twill-weave silk cover with veiled pattern

磁青書面
Dark blue cover

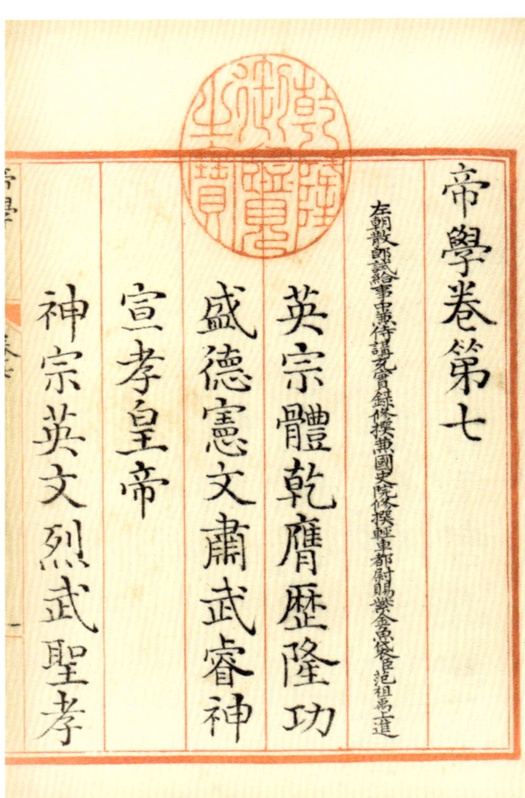

卷端及“乾隆御覽之寶”印
Beginning and impression of “Qianlong yulan zhi bao”
(seal for imperial view of the Qianlong emperor)

書6395
《帝學八卷》
宋　范祖禹著
清乾隆年朱格進呈抄袖珍本
開本　縱16.7厘米　橫11.7厘米
版框　縱12.8厘米　橫10.3厘米
81 一册

Shu 6395
Education of the Emperor
Eight chapters
Written by Fan Zuyu, Song dynasty (960-1279)
Miniature edition
Transcribed in red columns and presented to the Qing court, Qianlong period (1736-1795)
Format: 16.7 × 11.7 cm
Frame: 12.8 × 10.3 cm
One volume

磁青絹面
Dark blue silk covers

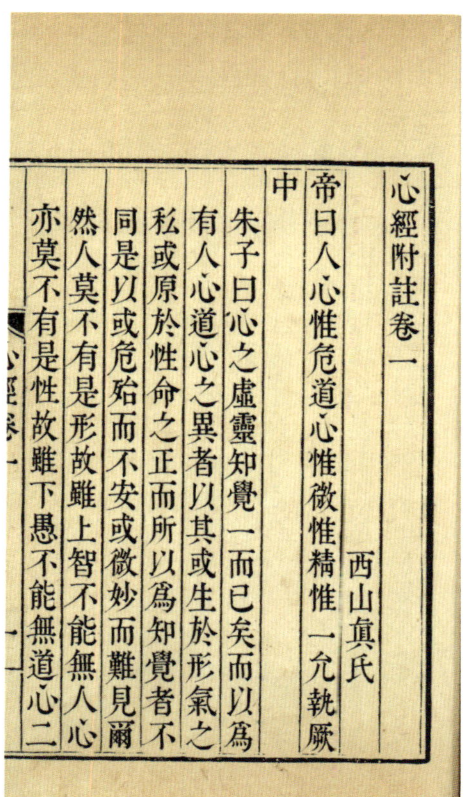
心經附註卷一
西山真氏
帝曰人心惟危道心惟微惟精惟一允執厥
中
朱子曰心之虛靈知覺一而已矣而以爲
有人心道心之異者以其或生於形氣之
私或原於性命之正而所以爲知覺者不
同是以或危殆而不安或微妙而難見爾
然人莫不有是形故雖上智不能無人心
亦莫不有是性故雖下愚不能無道心二

卷端
Beginning

82

書6397
《心經附注四卷》
宋　真德秀等撰　程敏政注
清康熙年內府墨格抄本
開本　縱21.8厘米　橫13.6厘米
版框　縱16.2厘米　橫11.2厘米
一冊

Shu 6397
Heart Classics with Annotations
Four chapters
Written by Zhen Dexiu et. al., annotated by Cheng Minzheng, Song dynasty (960-1279)
Transcribed in black columns by the Qing court, Kangxi period (1662-1722)
Format: 21.8 × 13.6 cm
Frame: 16.2 × 11.2 cm
One volume

磁青書面
Dark blue silk cover

外觀
Exterior

書6399

《童蒙訓三卷》

宋　吕本中撰

清内府抄本

開本　縱23.2厘米　橫14.6厘米

版框　縱7.7厘米　橫12.7厘米

二册

83

Shu 6399

Teachings for Elementary Education

Three chapters

Written by Lü Benzhong, Song dynasty (960-1279)

Transcribed by the Qing court

Format: 23.2 × 14.6 cm

Frame: 7.7 × 12.7 cm

Two volumes

童蒙訓卷上

呂氏　本中　居仁

學問當以孝經論語中庸大學孟子爲本熟味詳究然後通求之詩書易春秋必有得也旣自做得主張則諸子百家長處皆爲吾用矣

孔子已前異端未作雖政有汚隆而敎無他說故詩書所載但說治亂大槩至孔子後邪說並起故聖人與弟子講學皆深切顯明論語大學中庸皆可考也其後孟子又能發明推廣之

磁青書面
Dark blue covers

書6401
《朱子大學講義附補編》
清　何桂珍輯
清咸豐元年（1851）何桂珍進呈寫本
開本　縱28.6厘米　橫16.1厘米
二册

84

Shu 6401
Zhu Xi's Teaching Materials for Great Learning, with Supplement
Compiled by He Guizhen, Qing dynasty (1644-1911)
Transcribed and presented to the Qing court by He Guizhen in 1851
Format: 28.6 × 16.1 cm
Two volumes

朱子大學講義

臣何桂珍恭錄

大學　大學者大人之學也古之為教者有小子之學有大人之學小子之學灑掃應對進退之節詩書禮樂射御書數之文是也大人之學窮理脩身齊家治國平天下之道是也此篇所記皆大人之學故以大學名之

臣又嘗竊謂自天之生此民而莫不賦之以仁義禮智之性敘之以君臣父子兄弟夫婦朋友之倫則天下之理固已無不具於一人之身矣但以人

磁青書面
Blue silk cover

書6402
《御製勸善要言一卷》
清　世祖福臨撰
清內府朱格抄本
開本　縱28.8厘米　橫18.4厘米
版框　縱21.7厘米　橫14.7厘米
一冊

85

Shu 6402
Goodness-advising Epigrams
One chapter
Written by the Shunzhi emperor (r.1644-1661)
Transcribed in red columns by the Qing court
Format: 28.8 × 18.4 cm
Frame: 21.7 × 14.7 cm
One volume

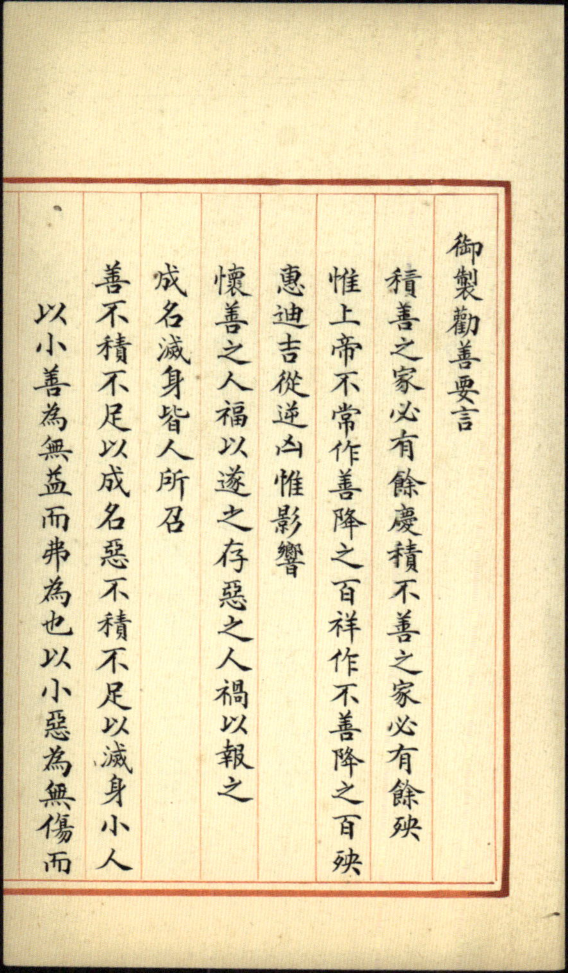

御製勸善要言

積善之家必有餘慶積不善之家必有餘殃

惟上帝不常作善降之百祥作不善降之百殃

惠迪吉從逆凶惟影響

懷善之人福以遂之存惡之人禍以報之

成名滅身皆人所召

善不積不足以成名惡不積不足以滅身小人

以小善為無益而弗為也以小惡為無傷而

卷端
Beginning

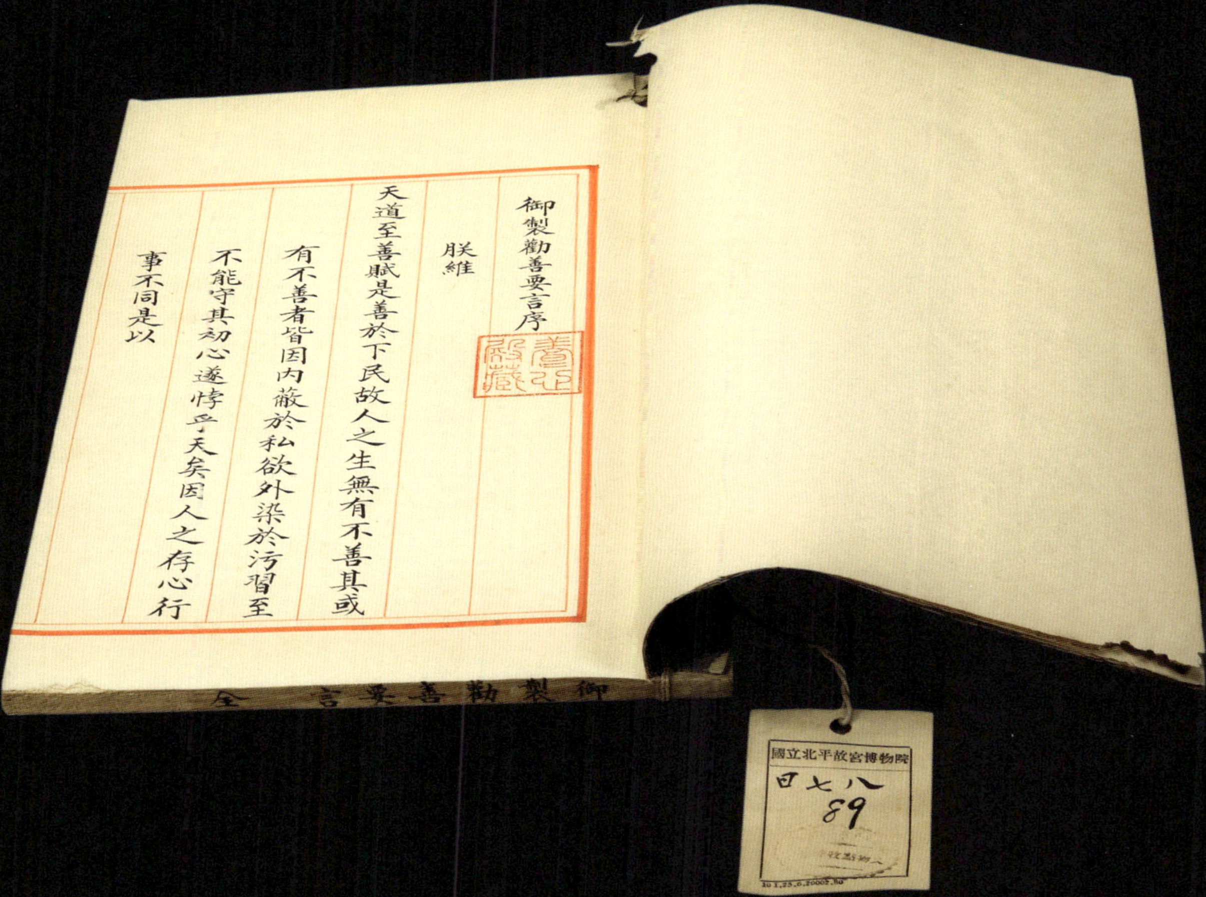

御製勸善要言序

朕維

天道至善賦是善於下民故人之生無有不善其或

有不善者皆因內蔽於私欲外染於污習至

不能守其初心遂悖乎天矣因人之存心行

事不同是以

御製序
Preface by the Shunzhi emperor

外觀
Exterior

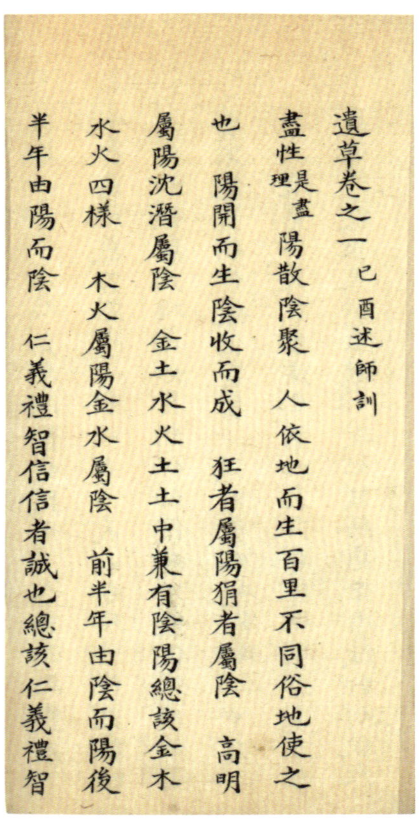

卷端
Beginning

書6404
《遺草十二卷附慕古堂日記一卷詩草一卷》
清　張夢維撰
清光緒二十四年（1898）抄本
開本　縱23.7厘米　橫13.1厘米
五册

86

Shu 6404
Surviving Manuscripts
Twelve chapters as text, one chapter as *Diary of Mugu Hall*, one chapter as *Poetry Draft*
Written by Zhang Mengwei, Qing dynasty (1644-1911)
Transcribed in 1898
Format: 23.7 × 13.1 cm
Five volumes

磁青函套及黄紙書面
Dark blue case and yellow paper covers

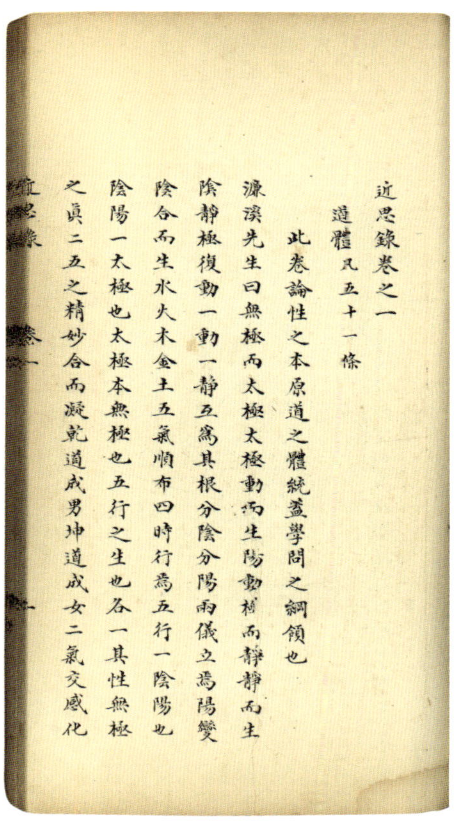

近思錄卷之一
道體凡五十一條
此卷論性之本原道之體統蓋學問之綱領也
濂溪先生曰無極而太極太極動而生陽動極而靜靜而生
陰靜極復動一動一靜互為其根分陰分陽兩儀立焉陽變
陰合而生水火木金土五氣順布四時行焉五行一陰陽也
陰陽一太極也太極本無極也五行之生也各一其性無極
之眞二五之精妙合而凝乾道成男坤道成女二氣交感化

卷端
Beginning

87

書6405

《近思録十四卷附聖諭廣訓二卷》

宋　朱熹等撰
清嘉慶十九年（1814）抄本
開本　縱26.8厘米　橫15.1厘米
六册

Shu 6405

Records of Reflections on Things at Hand

Fourteen chapters as text, two chapters as *Extended Expositions of Imperial Decrees*
Written by Zhu Xi et. al., Song dynasty (960-1279)
Transcribed in 1814
Format: 26.8 × 15.1 cm
Six volumes

黄綾暗紋書面
Yellow twill-weave silk covers

外觀
Exterior

88

書6409
《小學集注六卷》
宋　朱熹輯注
清雍正年內府抄本
開本　縱27.4厘米　橫17.7厘米
版框　縱19.2厘米　橫14.3厘米
四冊

Shu 6409
Annotated Elementary Learning
Six chapters
Annotated by Zhu Xi, Song dynasty (960-1279)
Transcribed by the Qing court, Yongzheng period (1723-1735)
Format: 27.4 × 17.7 cm
Frame: 19.2 × 14.3 cm
Four volumes

小學集註卷之一

內篇

許文正公曰小學之書吾信之如神明敬之如父母夏氏曰上卷爲內篇下卷爲外篇許文正公曰內篇者小學之本源外篇者小學之支流○內篇有四立敎明倫敬身皆述虞夏商周聖賢之言乃小學之綱也稽古摭虞夏商周聖賢之行所以實立敎明倫敬身也外篇有二嘉言述漢以來賢人之言所以廣立敎明倫敬身也善行紀漢以來賢人之行亦所以實立敎明倫敬身也

立敎第一

此篇述古聖人所以立極敎人之法其大目不出乎立明倫之敎立敬身之敎而已篇首胎敎一章則敎之本源也凡十三章

磁青書套、書面
Dark blue cover and envelope

外觀
Exterior

書6412
《二程全書六十四卷》
宋　朱熹輯
清康熙年內府精抄本
開本　縱26.8厘米　橫17.3厘米
版框　縱20.1厘米　橫15厘米
十六冊

89

Shu 6412
Complete Book of Cheng Yi and Cheng Hao
Sixty-four chapters
Compiled by Zhu Xi, Song dynasty (960-1279)
Transcribed by the Qing court, Kangxi period (1662-1722)
Format: 26.8 × 17.3 cm
Frame: 20.1 × 15 cm
Sixteen volumes

明道文集卷之一

銘詩

顏樂亭銘 為孔周翰作

天之生民是為物則非學非師孰覺孰識聖賢之分古難其明有孔之遇有顏之生聖以道化賢以學行萬世心日破昏為醒周爰闕里惟顏舊止巷汙於榛井堙而圮鄉閭蚩蚩弗視弗履有卓其誰師門之嗣追古念今有惻其心良賈善諭發帑出金巷治以闢井渫而深清泉澤物佳木成陰載基載落亭曰顏樂昔人有心予忖予度千載之上

卷端
Beginning

外觀
Exterior

書6413
《日知薈說四卷》
清　高宗弘曆撰
清乾隆元年陸費墀等書進呈袖珍本
開本　縱5.9厘米　橫4.2厘米
版框　縱4.8厘米　橫3.3厘米
四冊

90

Shu 6413
Collection of Daily Knowledge
Four chapters
Written by the Qianlong emperor (r.1736-1795)
Miniature edition
Transcribed and presented to the Qing court by Lubi Chi et. al. in 1736
Format: 5.9 × 4.2 cm
Frame: 4.8 × 3.3 cm
Four volumes

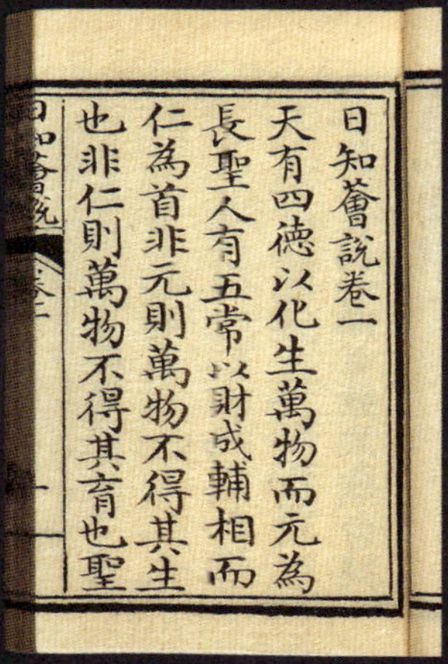
日知薈說卷一
天有四德以化生萬物而元為
長聖人有五常以財成輔相而
仁為首非元則萬物不得其生
也非仁則萬物不得其育也聖

卷端
Beginning

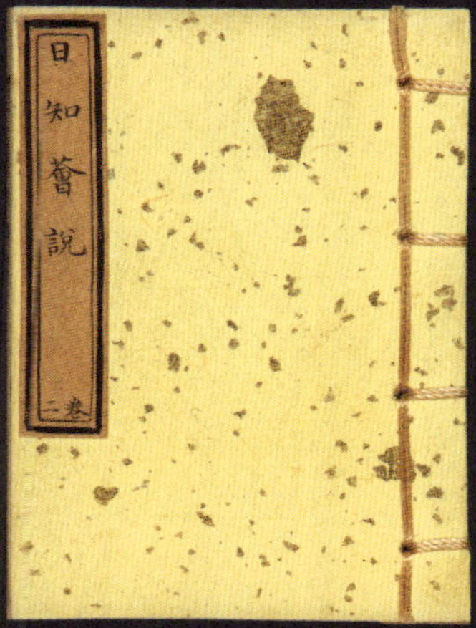

黄紙灑金封面
Yellow paper cover with gold-sprinkled pattern

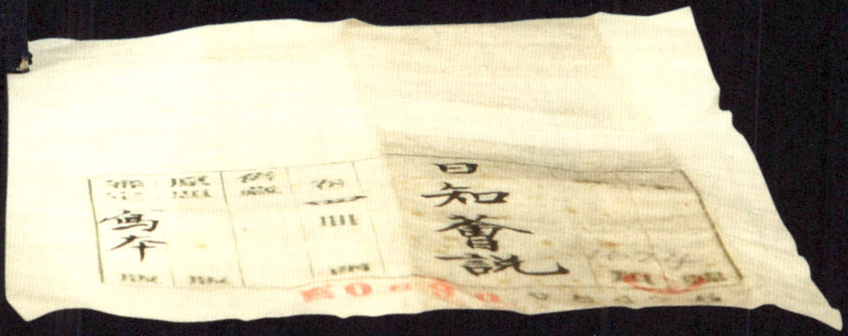

磁青函套
Dark blue case

紫檀書匣
Red sandalwood case

外觀
Exterior

書6414
《御製日知薈說四卷》
清　高宗弘曆撰
清乾隆元年陳邦彥書進呈袖珍本
開本　縱9.5厘米　橫5.6厘米
版框　縱6厘米　橫4.8厘米
函套　縱11.7厘米　橫14.9厘米　高 18.1厘米
十冊

91

Shu 6414
Collection of Daily Knowledge
Four chapters
Written by the Qianlong emperor (r.1736-1795)
Miniature edition
Transcribed and presented to the Qing court by Chen Bangyan in 1736
Format: 9.5 × 5.6 cm
Frame: 6 × 4.8 cm
Case: 11.7 × 14.9 × 18.1 cm
Ten volumes

黄地織錦書面
Yellow brocade cover

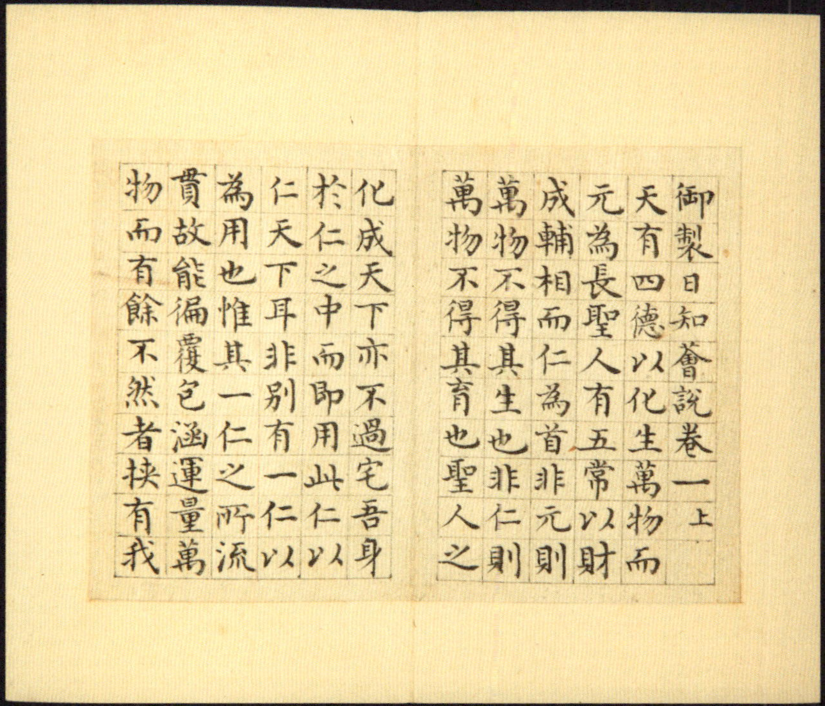
御製日知薈說卷一上
天有四德以化生萬物而
元為長聖人有五常以財
成輔相而仁為首非元則
萬物不得具生也非仁則
萬物不得具育也聖人之
化成天下亦不過宅吾身
於仁之中而即用此仁以
仁天下耳非別有一仁以
為用也惟其一仁之所流
貫故能徧覆包涵運量萬
物而有餘不然者挾有我

卷端
Beginning

"乾隆御覽之寶"印
Impression of "Qianlong yulan zhi bao"
(seal for imperial view of the Qianlong emperor)

外觀
Exterior

92

書6415
《御纂朱子全書六十六卷》
清　李光地等纂修
清咸豐元年墨格精抄進呈袖珍本
開本　縱10.9厘米　橫6.9厘米
版框　縱8.5厘米　橫5.6厘米
函套　縱13厘米　橫8.3厘米　高9.3厘米
三十六册

Shu 6415
Complete Collection of Zhu Xi
Sixty-six chapters
Compiled by imperial order by Li Guangdi et. al., Qing dynasty (1644-1911)
Miniature edition
Transcribed in black columns and presented to the Qing court in 1851
Format: 10.9 × 6.9 cm
Frame: 8.5 × 5.6 cm
Case: 13 × 8.3 × 9.3 cm
Thirty-six volumes

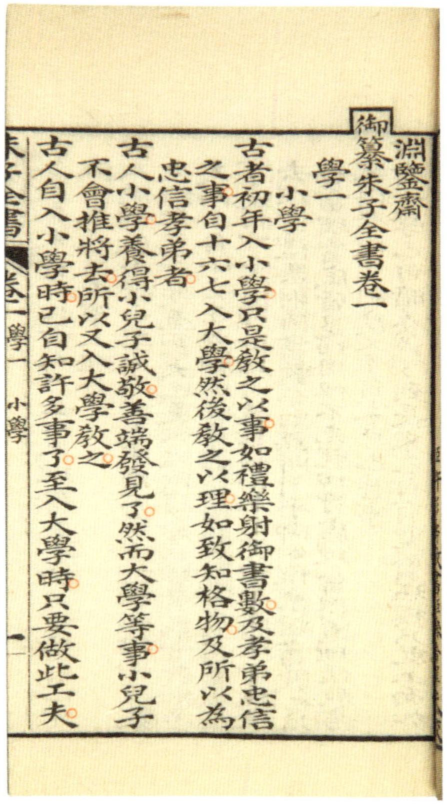
淵鑑齋
御纂朱子全書卷一
學一
小學
古者初年入小學只是教之以事如禮樂射御書數及孝弟忠信之事自十六七入大學然後教之以理如致知格物及所以為忠信孝弟者
古人小學養得小兒子誠敬善端發見了然而大學等事小兒子不會推將去所以又入大學教之
古人自入小學時已自知許多事了至入大學時只要做此工夫

卷端
Beginning

磁青書面
Dark blue cover

紫檀書匣
Red sandalwood case

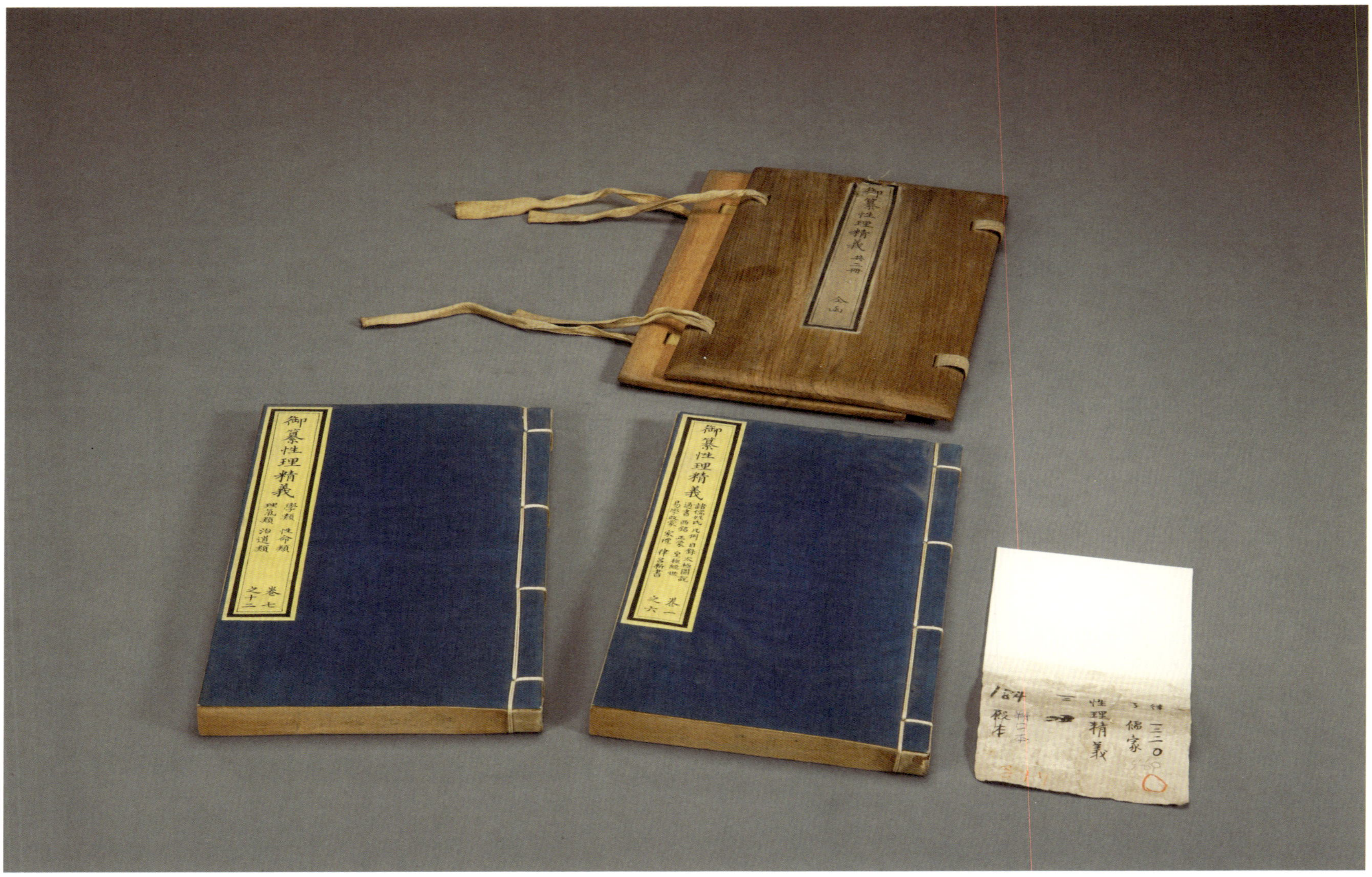

磁青書面
Dark blue covers

外觀
Exterior

93

書6416
《御纂性理精義十二卷》
清　李光地等纂修
清康熙年內府朱墨精抄本
開本　縱24.3厘米　橫15厘米
版框　縱18.3厘米　橫12.3厘米
二冊

Shu 6416
Essence of Nature and Principle, Made by Imperial Order
Twelve chapters
Compiled by Li Guangdi et. al., Qing dynasty (1644-1911)
Transcribed in black and red by the Qing court, Kangxi period (1662-1722)
Format: 24.3 × 15 cm
Frame: 18.3 × 12.3 cm
Two volumes

御纂性理精義卷第一

太極圖

周子作　朱子註

朱子曰河圖出而八卦畫洛書呈而九疇敘而孔子於斯文之興喪亦未嘗不推之於天自周衰孟軻氏沒而此道之傳不屬更秦及漢歷晉隋唐以至於我有宋五星集奎實開文明之運而先生出焉不由師傳默契道體建圖屬書根極領要當時見而知之有程氏者遂擴大而推明之使夫天理之微人倫之著事物之衆鬼神之幽莫不洞然畢貫於一而周公孔子孟氏之傳煥然復明於當世有志之士得以探討服行而不失其正如出於三代之前者嗚呼盛哉非天所畀其孰能與於此○又曰先生之學其妙具於太極一圖通書之言亦皆此圖之蘊而程先生兄弟語及性命之際亦未嘗不因其說觀通書之誠動靜理性命等章及程氏書李仲通

磁青書面
Dark blue cover

書6417
《御纂性理精義十二卷》
清　李光地等纂修
清康熙年内府滿漢文合璧精抄本
開本　縱27厘米　横16.8厘米
版框　縱20.3厘米　横13.7厘米
十二册

94

Shu 6417
Essence of Nature and Principle, Made by Imperial Order
Twelve chapters
Compiled by Li Guangdi et. al., Qing dynasty (1644-1911)
Transcribed in Manchu and Chinese by the Qing court, Kangxi period (1662-1722)
Format: 27 × 16.8 cm
Frame: 20.3 × 13.7 cm
Twelve volumes

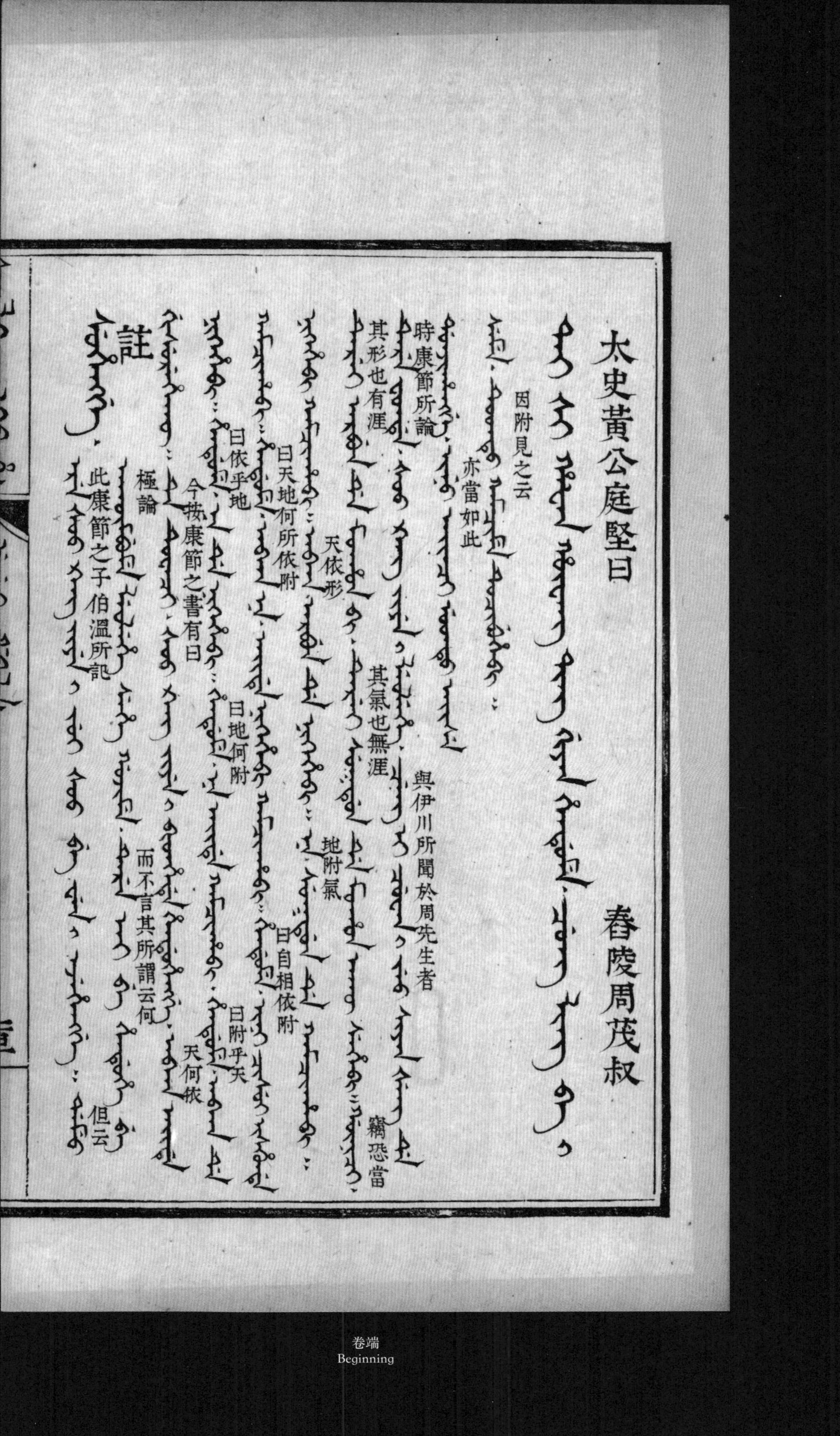

太史黃公庭堅曰　春陵周茂叔

因附見之云

亦當如此

時康節所論

與伊川所聞於周先生者

其形也有涯

其氣也無涯

竊恐當

天依形

地附氣

曰天地何所依附

曰自相依附

曰依乎地

曰地何附

曰附乎天

天何依

今按康節之書有曰

而不言其所謂云何

極論

註

此康節之子伯溫所記

但云

磁青書面
Dark blue covers

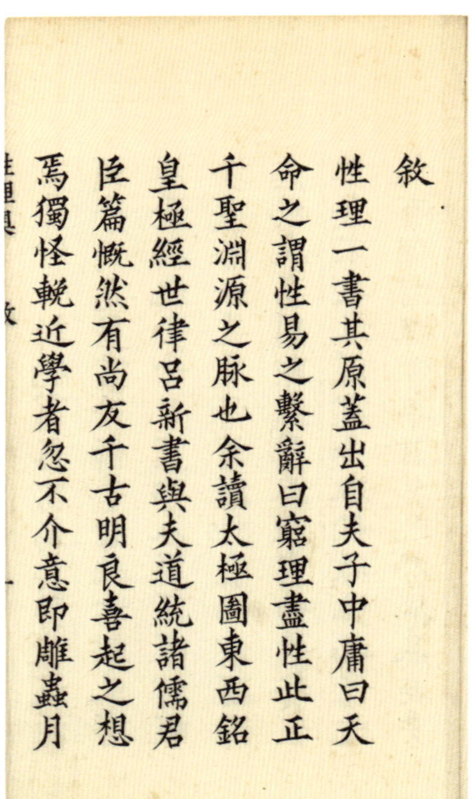
敘
性理一書其原蓋出自夫子中庸曰天
命之謂性易之繫辭曰窮理盡性此正
千聖淵源之脉也余讀太極圖東西銘
皇極經世律呂新書與夫道統諸儒君
臣篇慨然有尚友千古明良喜起之想
焉獨怪輓近學者忽不介意即雕蟲月

卷端
Beginning

書6418
《性理奥十卷》
明　丁進纂修
清康熙年内府進呈精抄本
開本　縱26.7厘米　橫16.5厘米
三册

95

Shu 6418
Mystery behind Nature and Principle
Ten chapters
Compiled by Ding Jin, Ming dynasty (1368-1644)
Transcribed and presented to the Qing court, Kangxi period (1662-1722)
Format: 26.7 × 16.5 cm
Three volumes

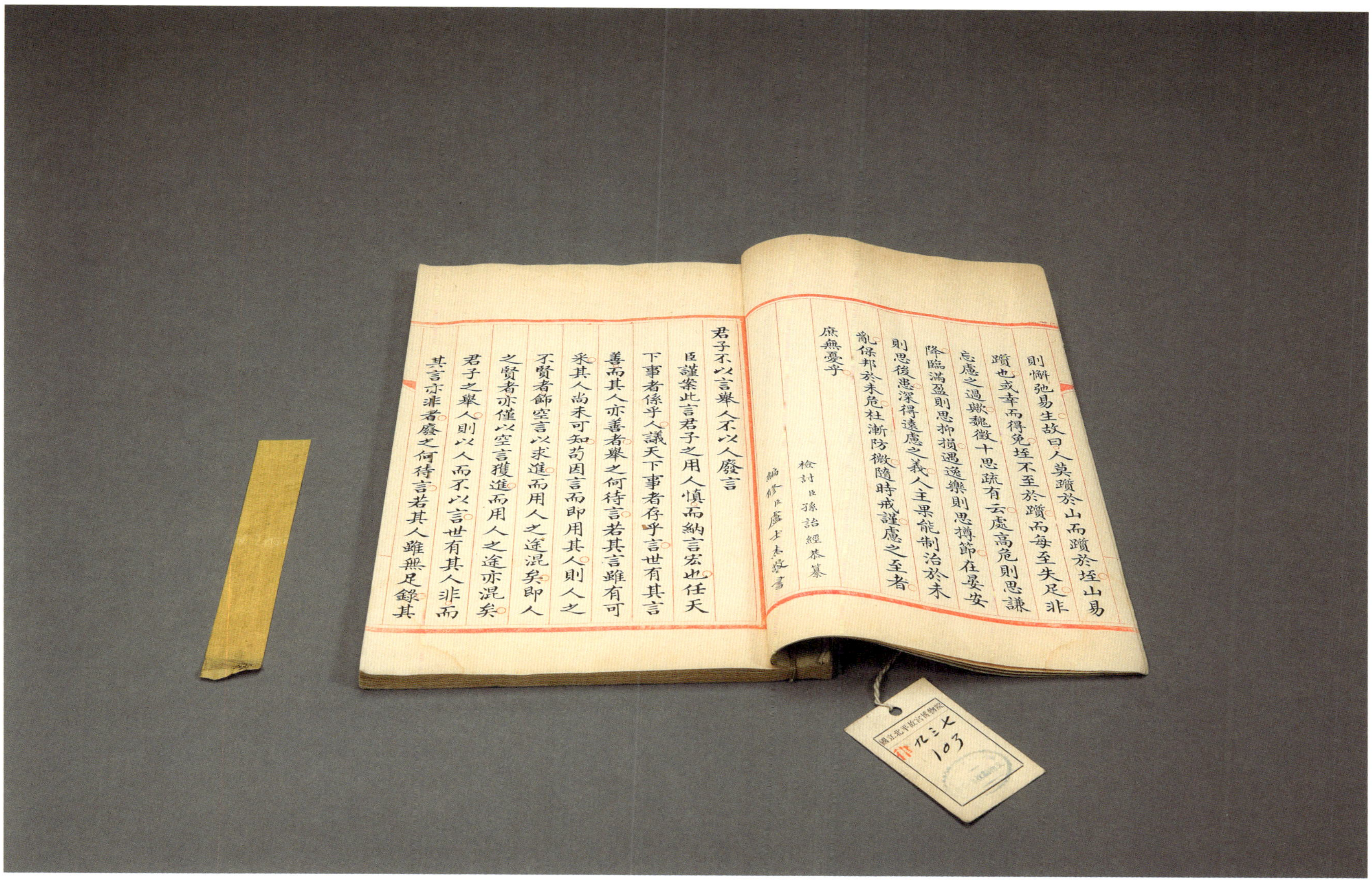

正文
Text

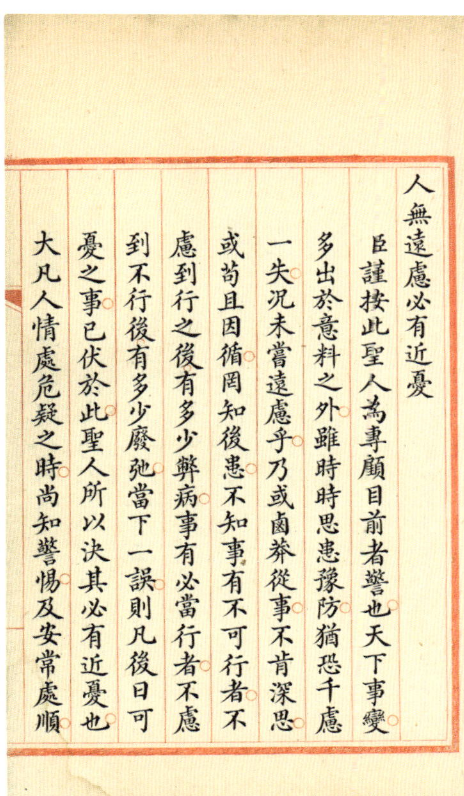

卷端
Beginning

96

書6420
《經書講義》
清　孫詒經等撰
清內府朱格抄本
開本　縱30厘米　橫18.9厘米
版框　縱22.2厘米　橫16.2厘米
一冊

Shu 6420
Teaching Materials of Confucian Classics
Written by Sun Yijing et. al., Qing dynasty (1644-1911)
Transcribed in red columns by the Qing court
Format: 30 × 18.9 cm
Frame: 22.2 × 16.2 cm
One volume

磁青書面
Dark blue cover

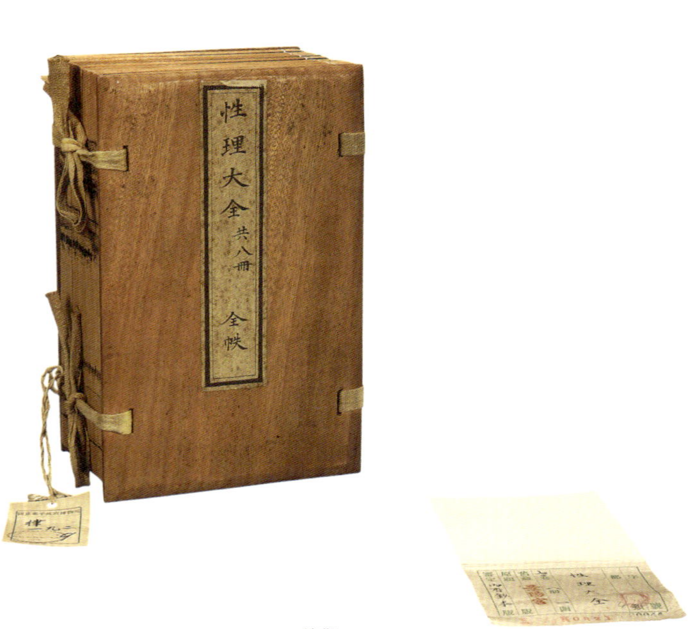

外觀
Exterior

書6421
《性理大全七十卷》
明　胡廣等纂
清康熙年内府精抄本
開本　縱23厘米　橫14.2厘米
版框　縱17.4厘米　橫11.8厘米
八册

97

Shu 6421
Complete Books on Nature and Principle
Seventy chapters
Compiled by Hu Guang et. al., Ming dynasty (1368-1644)
Transcribed by the Qing court, Kangxi period (1662-1722)
Format: 23 × 14.2 cm
Frame: 17.4 × 11.8 cm
Eight volumes

性理大全書卷之一

太極圖

朱子曰太極圖者濂溪先生之所作也先生姓周氏名惇實字茂叔後避英宗舊名改惇頤家世道州營道縣濂溪之上博學力行聞道甚早遇事剛果有古人風爲政精密嚴恕務盡道理嘗作太極圖通書易通數十篇襟懷飄灑雅有高趣尤樂佳山水廬山之麓有溪焉先生濯纓而樂之因寓以濂溪之號而築書堂於其上又曰先生之學其妙具於太極一圖通書之言亦皆此圖之蘊而程先生兄弟語及性命之際亦未嘗不因其說觀通書之誠動靜理性命等章及程氏書李仲通銘程邵公志顏子好學論等篇則可見矣潘清逸誌先生之墓敘所著書特以作太極圖爲稱首然則此圖當爲先生書首不疑也然先生既手以授二程本因附書後傳者見其如此遂誤以圖爲書之卒章不復釐正使先生立象盡意之微指暗而不明而驟讀通書者亦復不知有所總攝此則諸本之失也又嘗讀朱內翰震進易說表謂此圖之傳自陳摶种放穆脩而來而五峯胡氏作序又以爲先生非止爲种穆之學者此特其學之一師耳非其至者也夫以先生之學之妙不出此圖以爲得之於人則决非种穆所及以爲非其至者則先生之學又何以加於此圖哉是以竊嘗疑之及得誌文攷之然後知其果先生所自作而非有受於人者二公蓋有未嘗見此誌而云云耳

黄綾暗紋書面
Pale yellow twill-weave silk cover with veiled pattern

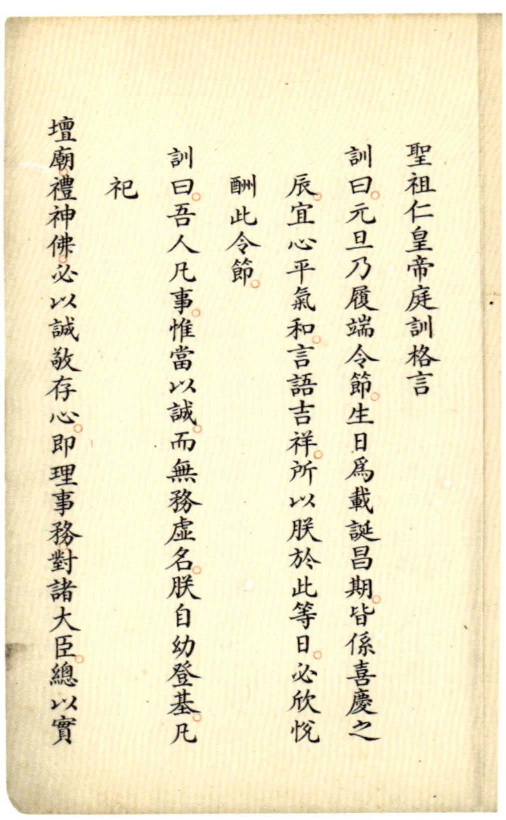
聖祖仁皇帝庭訓格言
訓曰元旦乃履端令節生日爲載誕昌期皆係喜慶之
辰宜心平氣和言語吉祥所以朕於此等日必欣悅
酬此令節
訓曰吾人凡事惟當以誠而無務虛名朕自幼登基凡
祀
壇廟禮神佛必以誠敬存心即理事務對諸大臣總以實

卷端
Beginning

98

書6424

《聖祖仁皇帝庭訓格言一卷》

清　聖祖玄燁撰

清雍正年内府抄本

開本　縱29厘米　橫18.9厘米

一册

Shu 6424

Aphorisms from Court Teachings of the Shengzuren Emperor

One chapter

Written by the Kangxi emperor (r.1662-1722)

Transcribed by the Qing court, Yongzheng period (1722-1735)

Format: 29 × 18.9 cm

One volume

黄綾暗紋書面
Yellow twill-weave silk covers with veiled pattern

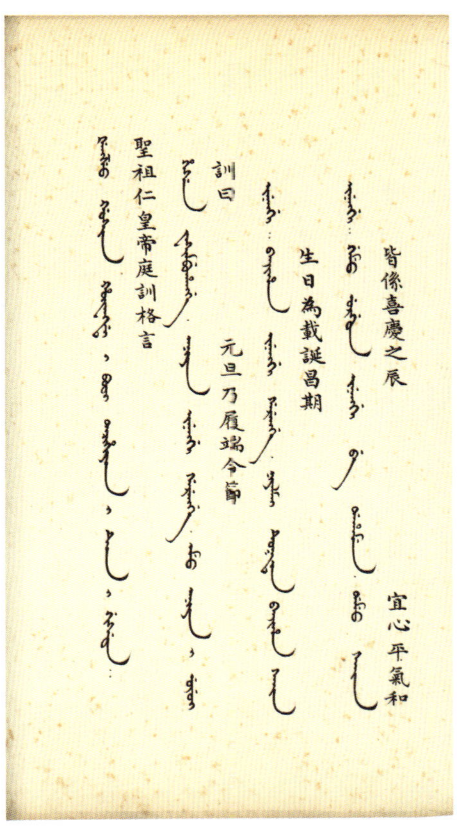
聖祖仁皇帝庭訓格言
訓曰
元旦乃履端令節
生日為載誕昌期
皆係喜慶之辰
宜心平氣和

卷端
Beginning

99

書6425
《聖祖仁皇帝庭訓格言八卷》
清　聖祖玄燁撰
清雍正八年（1730）滿漢文合璧內府抄本
開本　縱32.5厘米　橫20.7厘米
八册

Shu 6425
Aphorisms from Court Teachings of the Shengzuren Emperor
Eight chapters
Written by the Kangxi emperor (r.1662-1722)
Transcribed in Manchu and Chinese by the Qing court in 1730
Format: 32.5 × 20.7 cm
Eight volumes

磁青書面
Dark blue covers

外觀
Exterior

100

書6426
《聖學心法四卷》
明　成祖朱棣撰
舊抄本
開本　縱27厘米　橫17.8厘米
版框　縱19.3厘米　橫14.1厘米
四册

Shu 6426
Mental Ways of Sagely Learning
Four chapters
Written by the Chengzu emperor (r.1403-1424)
Old transcript
Format: 27 × 17.8 cm
Frame: 19.3 × 14.1 cm
Four volumes

聖學心法卷一

君道

易曰首出庶物萬國咸寧聖人在上高出于物則萬國各得其所而咸寧矣乾彖傳飛龍在天乃位乎天德天德即天位也蓋惟有是德乃宜居是位故以言之時乘六龍以御天也雲行雨施天下平也言聖人時行六龍以御天則如天之雲行雨施而天下平也

夫大人者與天地合其德與日月合其明與四時合其序與鬼神合其吉凶先天而天弗違後天而奉天時大人與天地日月四時合者合乎道也天地者道也鬼神者造化之迹也大人無私

磁青書面
Dark blue covers

外觀
Exterior

101 書6429

《啓心金鑒二卷附倭文端公遺書三卷》

清　倭仁輯

清同治元年（1862）內府抄本

開本　縱27.5厘米　橫19.7厘米

版框　縱20.3厘米　橫14.3厘米

三冊

Shu 6429

Golden Mirror for Mental Enlightenment

Two chapters as text, appended with three chapters of *Bequeathed Books by Oron*

Written by Oron, Qing dynasty (1644-1911)

Transcribed by the Qing court in 1862

Format: 27.5 × 19.7 cm

Frame: 20.3 × 14.3 cm

Three volumes

御題啟心金鑑

臣倭仁恭輯

帝王盛軌

帝堯其仁如天其知如神就之如日望之如雲富而不驕貴而不舒

臣謹按聖如帝堯猶必不驕不舒德愈卲心愈下也益贊于禹曰滿招損謙受益時乃天道自古帝王未有不致謹於此者

帝堯置敢諫之鼓使天下得盡其言立誹謗之木使天

卷端
Beginning

磁青書面
Dark blue covers

書6431
《大學衍義四十三卷》
宋　真德秀輯
清抄本
開本　縱28.1厘米　橫15.7厘米
十九册

102

Shu 6431
Exposition of the Great Learning
Forty-three chapters
Compiled by Zhen Dexiu, Song dynasty (960-1279)
Transcribed in the Qing dynasty (1644-1911)
Format: 28.1 × 15.7 cm
Nineteen volumes

大學衍義卷之一

宋臣真德秀彙輯

臣何桂珍恭録

帝王為治之序

臣桂珍謹按帝王統天下以為治則凡天下之一事一物固無不在其運量之中亦無一時而可以暫寬其責備者也然天下之化視乎國國之政視乎家家之教視乎身蓋有序焉故課躬行則由上以及下明禮法則由親以及疏飭綱紀則由尊以及卑謹防維則由中以及外不得其序將紛而難理或務遠略而荒於內治或勤民事而疏於官方或責小廉而寬於大法或嚴朝廷而怠於宮寢即使隨事整飭終於徒

紫檀夾板、磁青書面
Red sandalwood protective board and dark blue cover

外觀
Exterior

103

書6432
《大學衍義體要十六卷》
宋　真德秀编　清　徐桐重輯
清咸豐年内府朱格精抄本
開本　縱30.5厘米　橫19.5厘米
版框　縱21.2厘米　橫14.9厘米
八册

Shu 6432
Summary of the Exposition of the Great Learning
Sixteen chapters
Compiled by Zhen Dexiu, Song dynasty (960-1279)
Recompiled by Xu Tong, Qing dynasty (1644-1911)
Transcribed in red columns by the Qing court, Xianfeng period (1851-1861)
Format: 30.5 × 19.5 cm
Frame: 21.2 × 14.9 cm
Eight volumes

大學衍義體要卷一

宋　真德秀　原編

帝王為治之序

書堯典曰若稽古帝堯曰放勳欽明文思安安允恭克讓光被四表格于上下克明俊德以親九族九族既睦平章百姓百姓昭明協和萬邦黎民於變時雍

真德秀曰此紀堯之功德與其為治之次序也自洪荒以來羲農黃帝數聖人作皆有功於生民而堯之功為尤大故曰放勳欽明文思者衆德之目

黄紙書面
Pale yellow paper cover

104

書6439
《單刀譜》
清　韓于武等撰
清雍正年抄本
開本　縱27厘米　橫20厘米
一册

Shu 6439
Guide on Single Broadsword
Written by Han Yuwu et. al., Qing dynasty (1644-1911)
Transcribed in the Yongzheng period (1723-1735)
Format: 27 × 20 cm
One volume

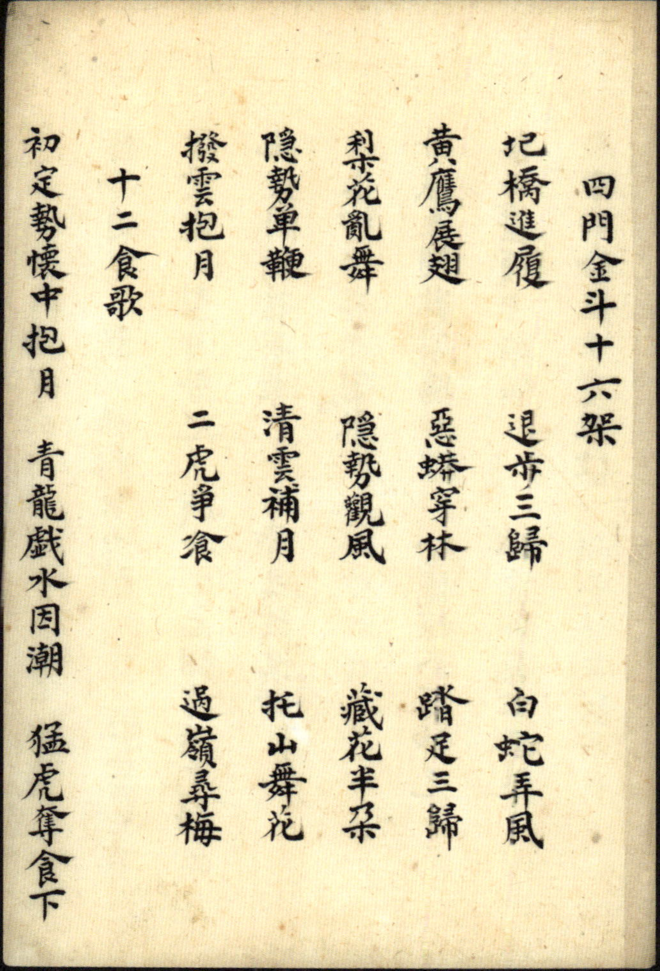

四門金斗十六架

圯橋進履　退步三歸　白蛇弄風
黃鷹展翅　惡蟒穿林　踏足三歸
梨花亂舞　隱勢觀風　藏花半朵
隱勢單鞭　清雲補月　托山舞花
撥雲抱月　二虎爭食　過嶺尋梅

十二食歌

初定勢懷中抱月　青龍戲水因潮　猛虎奪食下

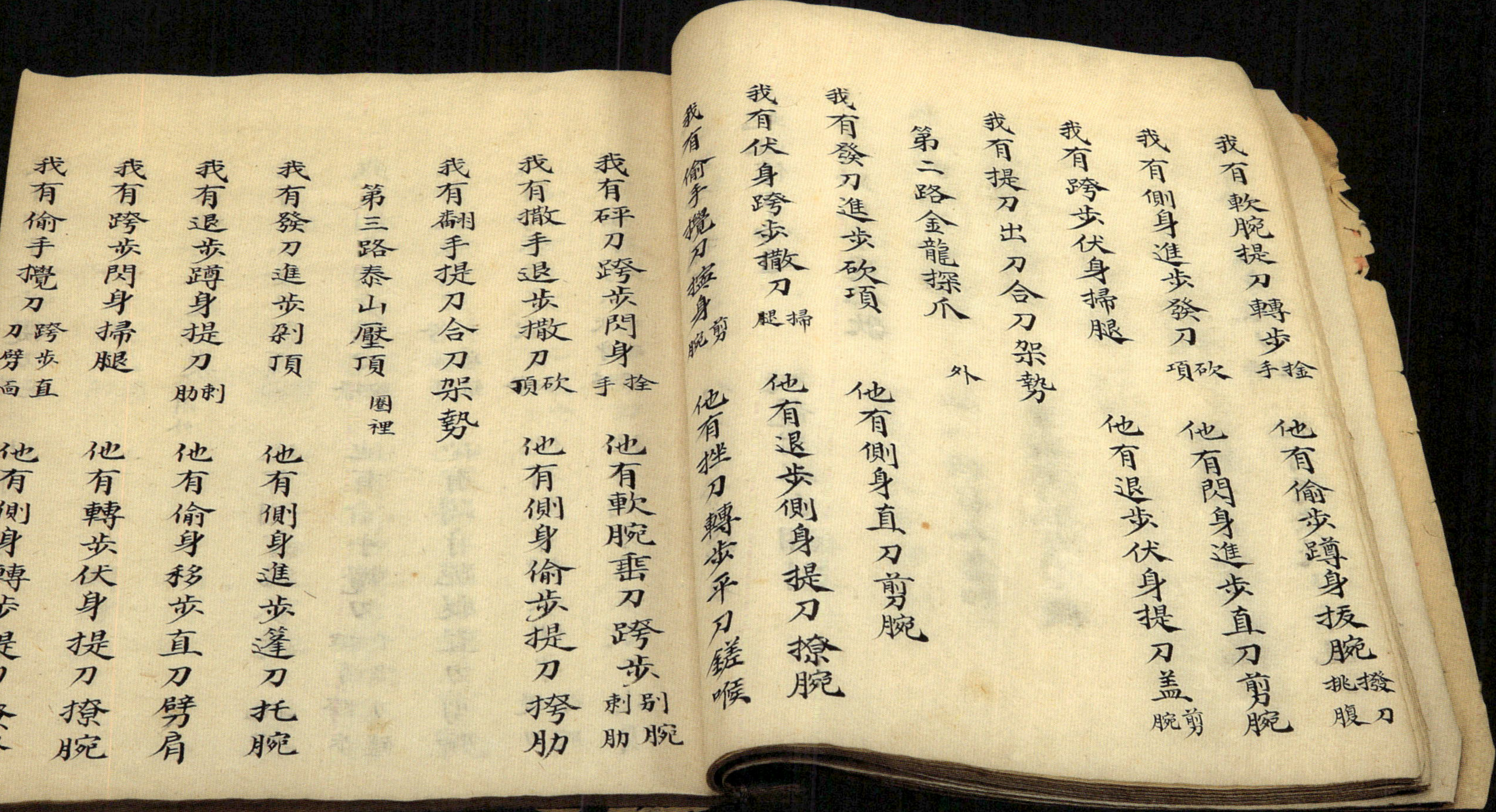

我有軟腕提刀轉步手捻　他有偷步蹲身扳腕撥刀挑腿
我有側身進步發刀砍項　他有閃身進步直刀剪腕
我有跨步伏身掃腿　他有退步伏身提刀盖剪腕

第二路金龍探爪

我有提刀出刀合刀架勢外
我有發刀進步砍項　他有側身直刀剪腕
我有伏身跨步撤刀掃腿　他有退步側身提刀撩腕
我有偷手攬刀按身剪腕　他有挫刀轉步平刀鎈喉
我有砰刀跨步閃身手捻　他有軟腕垂刀跨步別腕刺肋
我有撤手退步撤刀砍項　他有側身偷步提刀撈肋
我有翻手提刀合刀架勢

第三路泰山壓頂圈裡

我有發刀進步剁頂　他有側身進步蓬刀托腕
我有退步蹲身提刀刺肋　他有偷身移步直刀劈肩
我有跨步閃身掃腿　他有轉步伏身提刀撩腕
我有偷手攬刀跨步直劈面　他有側身轉步提刀撩胯

卷端
Beginning

黃綾暗紋書面
Yellow twill-weave silk covers

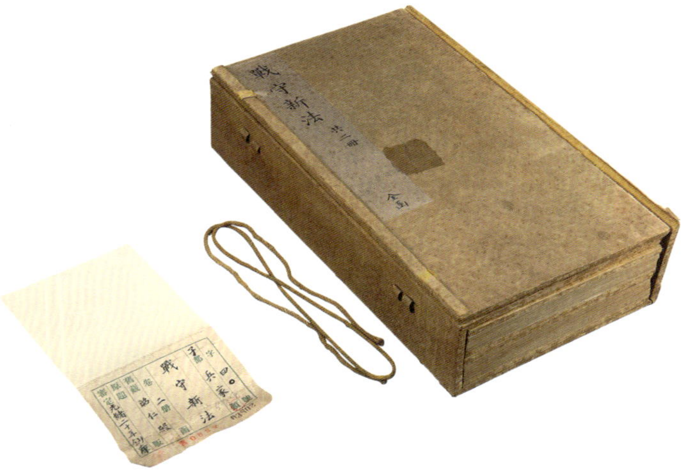

外觀
Exterior

書6440
《戰守新法》
清　袁祖禮撰
清光緒二十年（1894）自寫進呈本
開本　縱28.6厘米　橫14.6厘米
二冊

105

Shu 6440
New Ways for Attack and Defense
Written by Yuan Zuli, Qing dynasty (1644-1911)
Transcribed and presented to the Qing court in 1894
Format: 28.6 ×14.6 cm
Two volumes

行戰礮說

行戰之礮最要者三一要準準者所以勝不準也近觀克虜伯礮最準者也其中稍有不準者非克虜伯礮之不準實因水平太小平小則度數太密度數太密則絲毫難以分清然絲毫既未能分清而彈落遠近又焉能算準是以盤愈太則度數愈稀度數愈稀則礮愈準故用大盤準鍼駕於礮上絲毫可以分清較用水平似乎稍準二要快快者所以勝不快也近觀水平必

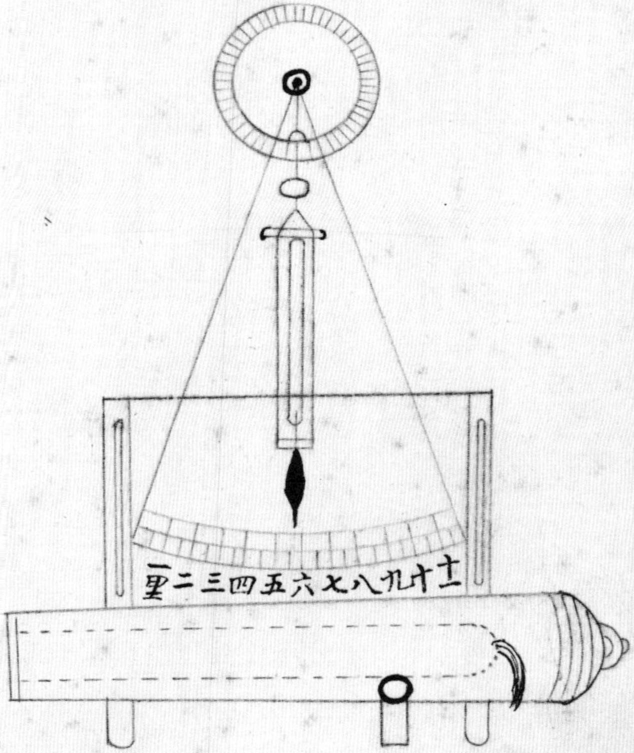

黄紙書面
Yellow paper covers

書6441
《孫子彙徵八卷》
清　鄭端輯
清康熙年藍格抄本
開本　縱28厘米　橫15.6厘米
版框　縱20厘米　橫11厘米
八册

106

Shu 6441
Sunzi with Collected Annotations
Eight chapters
Compiled by Zheng Duan, Qing dynasty (1644-1911)
Transcribed in blue columns, Kangxi period (1662-1722)
Format: 28 ×15.6 cm
Frame: 20 × 11 cm
Eight volumes

孫子十三篇註解

計篇事莫難於慮始計莫善於得情如得其情則審時度勢知明處當此後十二篇之經畫一以貫之矣

孫子曰兵者國之大事死生之地存亡之道不可不察也故經之以五事校之以計而索其情一曰道二曰天三曰地四曰將五曰法道者令民與上同意也故可以與之死可以與之生而不畏危天者陰陽寒暑時制也地者遠近險易廣狹死生也將者智信仁勇嚴也法者曲制官道主用也凡此五者將莫不聞知之者勝不知者不勝故校之以計而索其情曰主孰有道將孰有能天地孰得法令孰行兵衆孰強士卒孰練賞罰孰明吾以此知勝負矣將聽吾計用之必勝留之將不聽吾計用之

袁了凡曰先言經之以五事後言因利制權經權二字一篇眼骨

心口相聞曲盡情事正是多算處

外觀
Exterior

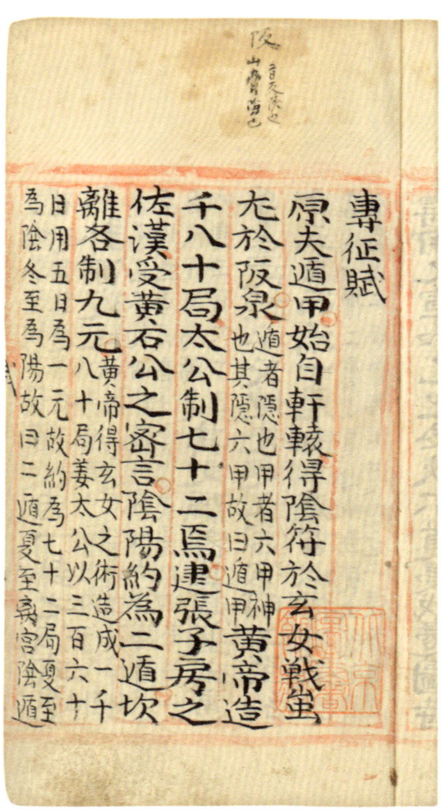

卷端
Beginning

書6442
《兵甲勝要》
宋　李綱撰
清初抄本
開本　縱19.7厘米　橫11.5厘米
版框　縱14.5厘米　橫9.5厘米
五冊

107

Shu 6442
Essence for Military Success
Written by Li Gang, Song dynasty (960-1279)
Transcribed in the early Qing dynasty (1644-1911)
Format: 19.7 × 11.5 cm
Frame: 14.5 × 9.5 cm
Five volumes

黄地雲紋書面
Yellow covers with cloud pattern

书6443
《火攻挈要三卷圖一卷》
明　湯若望授　焦勖纂
清康熙年内府抄本
開本　縱25.2厘米　橫18厘米
四册

108

Shu 6443
Basic Skills of Firearms Attack
Three chapters as text, one chapter as illustration
Taught by Johann Adam Schall von Bell, compiled by Jiao Xu, Ming dynasty (1368-1644)
Transcribed by the Qing court, Kangxi period (1662-1722)
Format: 25.2 ×18 cm
Four volumes

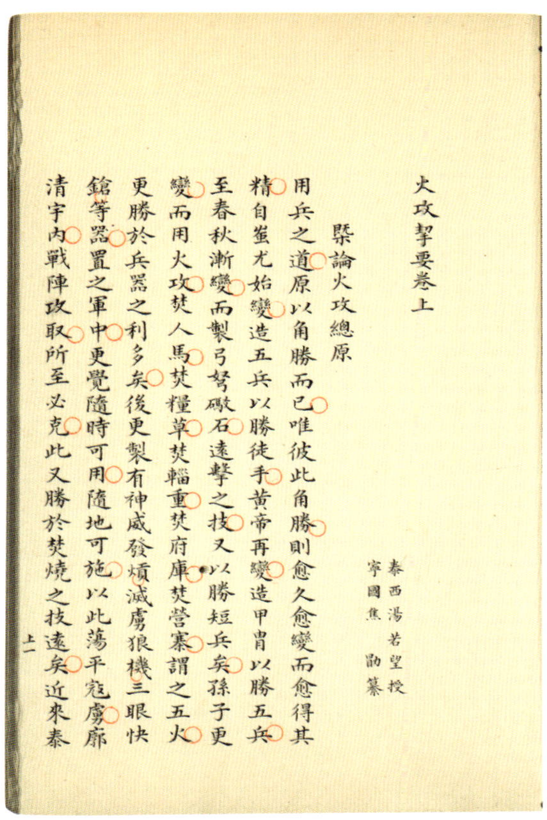
火攻挈要卷上

泰西湯若望授
寧國焦勖纂

槩論火攻總原

用兵之道原以角勝而已唯彼此角勝則愈久愈變而愈得其精自蚩尤始變造五兵以勝徒手黃帝再變造甲胄以勝五兵至春秋漸變而製弓弩礮石遠擊之技又以勝短兵矣孫子更變而用火攻焚人馬焚糧草焚輜重焚府庫焚營寨謂之五火更勝於兵器之利多矣後更製有神威發熕滅虜狼機三眼快鎗等器置之軍中更覺隨時可用隨地可施以此蕩平寇虜廓清宇內戰陣攻取所至必克此又勝於焚燒之技遠矣近來泰

上一

卷端
Beginning

外觀
Exterior

書6447
《本草綱目五十二卷首一卷》
明　李時珍撰
清道光年內府朱格抄大字本
開本　縱43厘米　橫24.7厘米
版框　縱28.4厘米　橫18厘米
一百六冊

109

Shu 6447
Compendium of Materia Medica
Fifty-two chapters as text, one chapter as preliminary remarks
Written by Li Shizhen, Ming dynasty (1368-1644)
Transcribed with big characters in red columns by the Qing court, Daoguang period (1821-1850)
Format: 43 × 24.7 cm
Frame: 28.4 × 18 cm
106 volumes

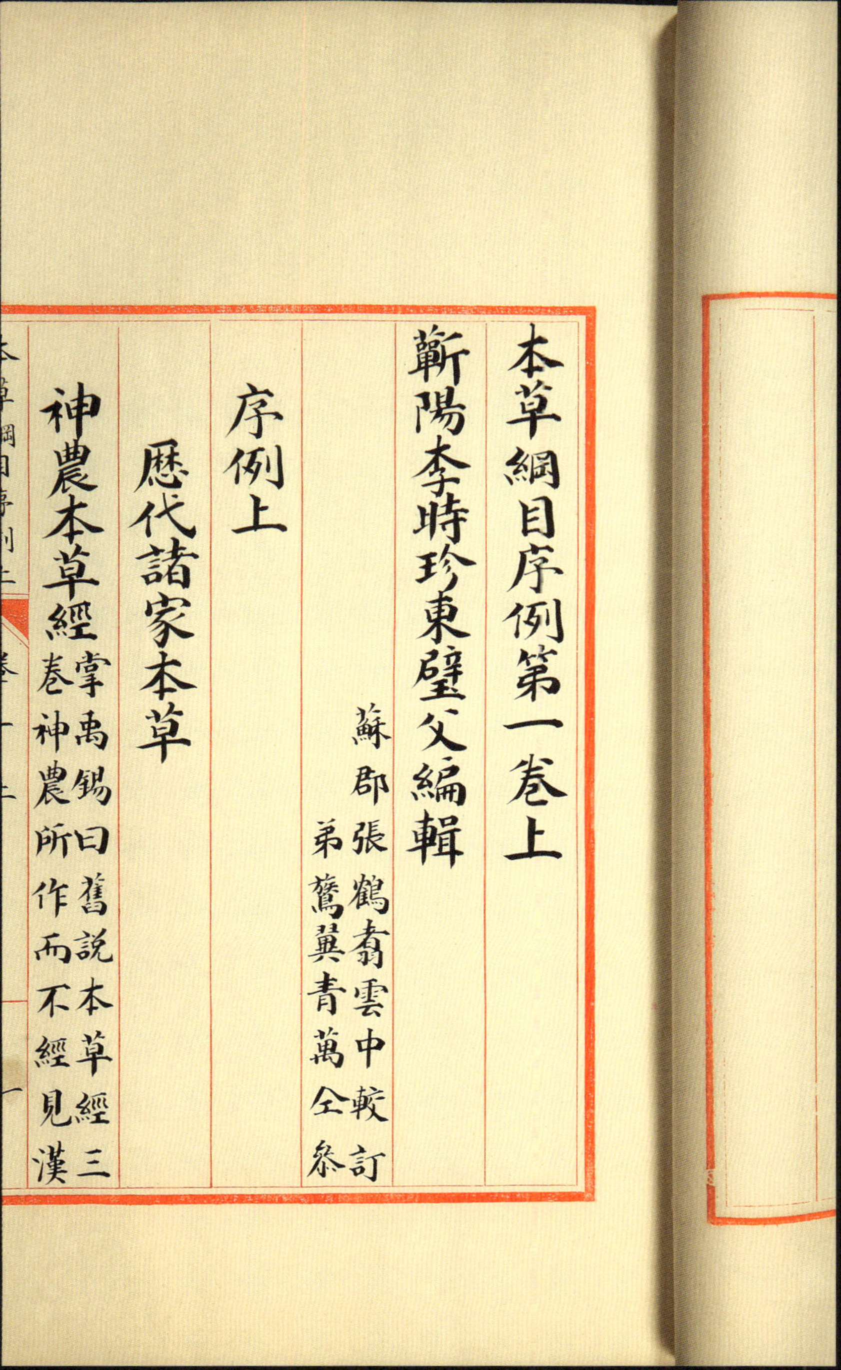

本草綱目序例第一卷上

蘄陽李時珍東璧父編輯

蘇郡張鶴翥雲中較訂

弟鷟蕡青萬仝叅

序例上

歷代諸家本草

神農本草經掌禹錫曰舊說本草經三卷神農所作而不經見漢

卷端
Beginning

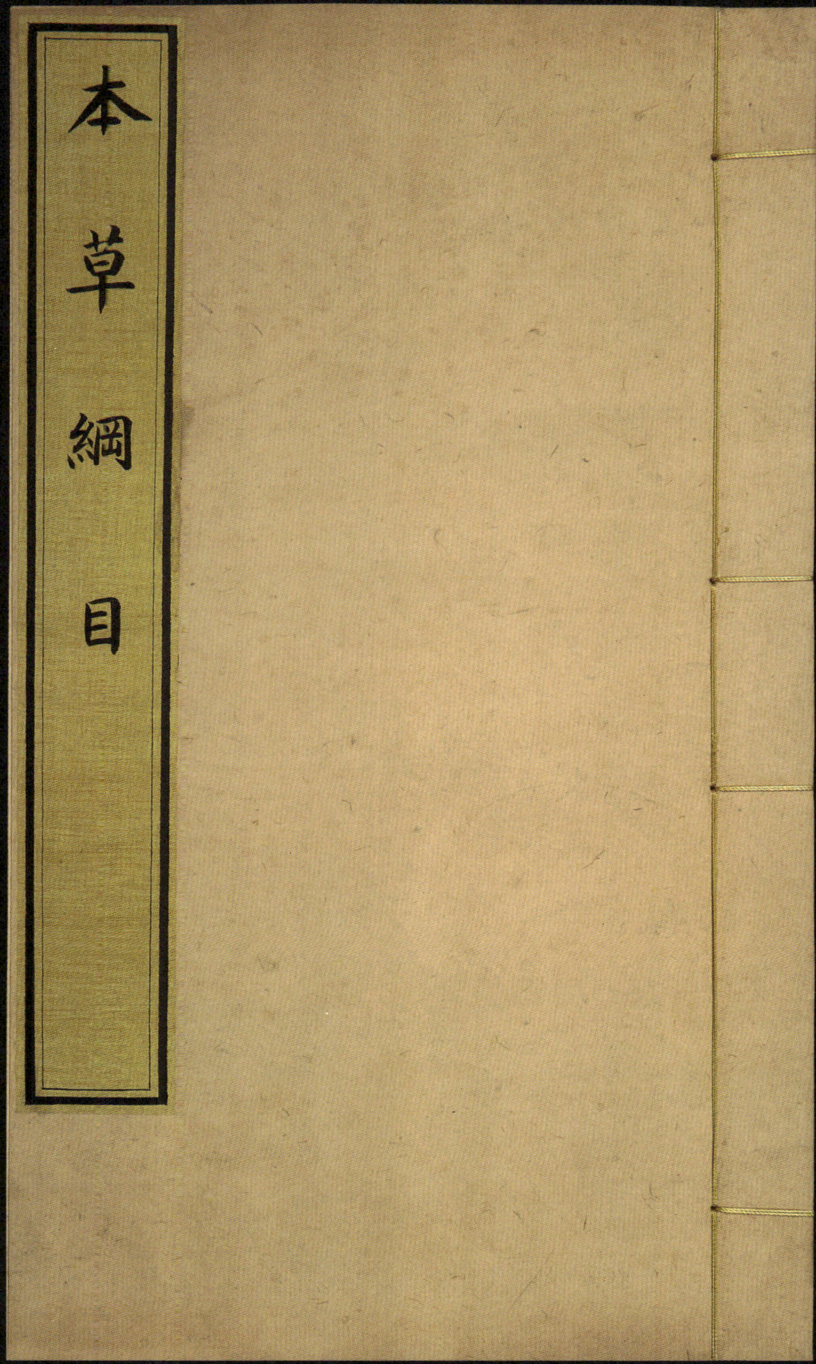

黄紙書面
Pale yellow paper cover

黄紙書面
Yellow paper covers

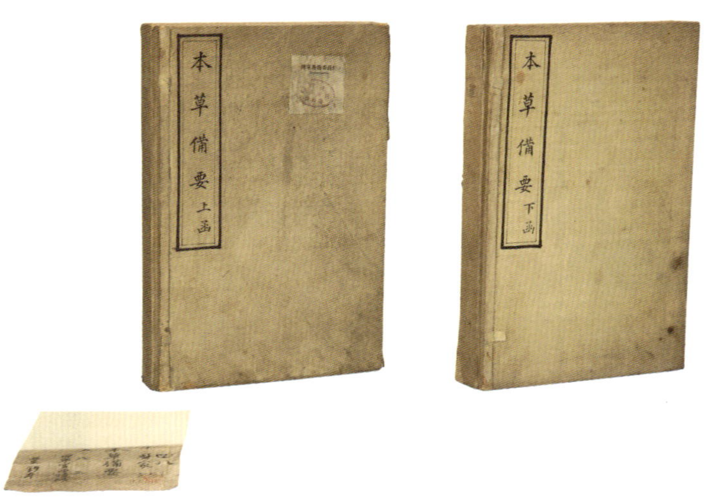

外觀
Exterior

書6448
《增訂本草備要四卷醫方集解二卷》
清　汪昂撰
清康熙年太醫院抄進呈本
開本　縱24.5厘米　橫15.3厘米
版框　縱19.5厘米　橫11.5厘米
八册

110

Shu 6448
Supplemented Essentials of Materia Medica
Four chapters as text, two chapters as *Collected Interpretations of Prescriptions*
Written by Wang Ang, Qing dynasty (1644-1911)
Transcribed and presented to the Qing court by Imperial Academy of Medicine, Kangxi period (1662-1722)
Format: 24.5 × 15.3 cm
Frame: 19.5 × 11.5 cm
Eight volumes

增訂本草備要卷之一

休寧汪　昂訒菴著輯　男汪　端其兩

弟汪　桓殿武參訂　姪汪惟寵子錫同較

同學鄭曾慶贊寰同訂　姪壻仇澐天一

草部

黄耆甘溫生用固表無汗能發有汗能止丹溪云黄耆大補陽虛自汗若表虛有邪發汗不出者服此又能自汗溫分肉實腠理瀉陰火解肌熱炙用補中益元氣溫三焦壯脾胃脾胃一虛土不能生金則肺氣先絕脾胃緩和則肺氣旺而肌表固實補中

卷端
Beginning

外觀
Exterior

書6453
《本草品彙精要四十卷首一卷附本草品彙精要續集十卷脈四言㴋舉要二卷》
明　劉文泰等纂
清康熙年朱墨抄進呈本
開本　縱26.7厘米　橫17厘米
版框　縱20.6厘米　橫14.9厘米
十四册

111

Shu 6453
Essentials of Species of Materia Medica
Forty chapters as text, one chapter as preliminary remarks, ten chapters as sequel, two chapters as *Four-character Rhymed Formulae for Pulse Diagnostics*
Compiled by Liu Wentai et. al., Ming dynasty (1368-1644)
Transcribed in black and red and presented to the Qing court, Kangxi period (1662-1722)
Format: 26.7 × 17 cm
Frame: 20.6 × 14.9 cm
Fourteen volumes

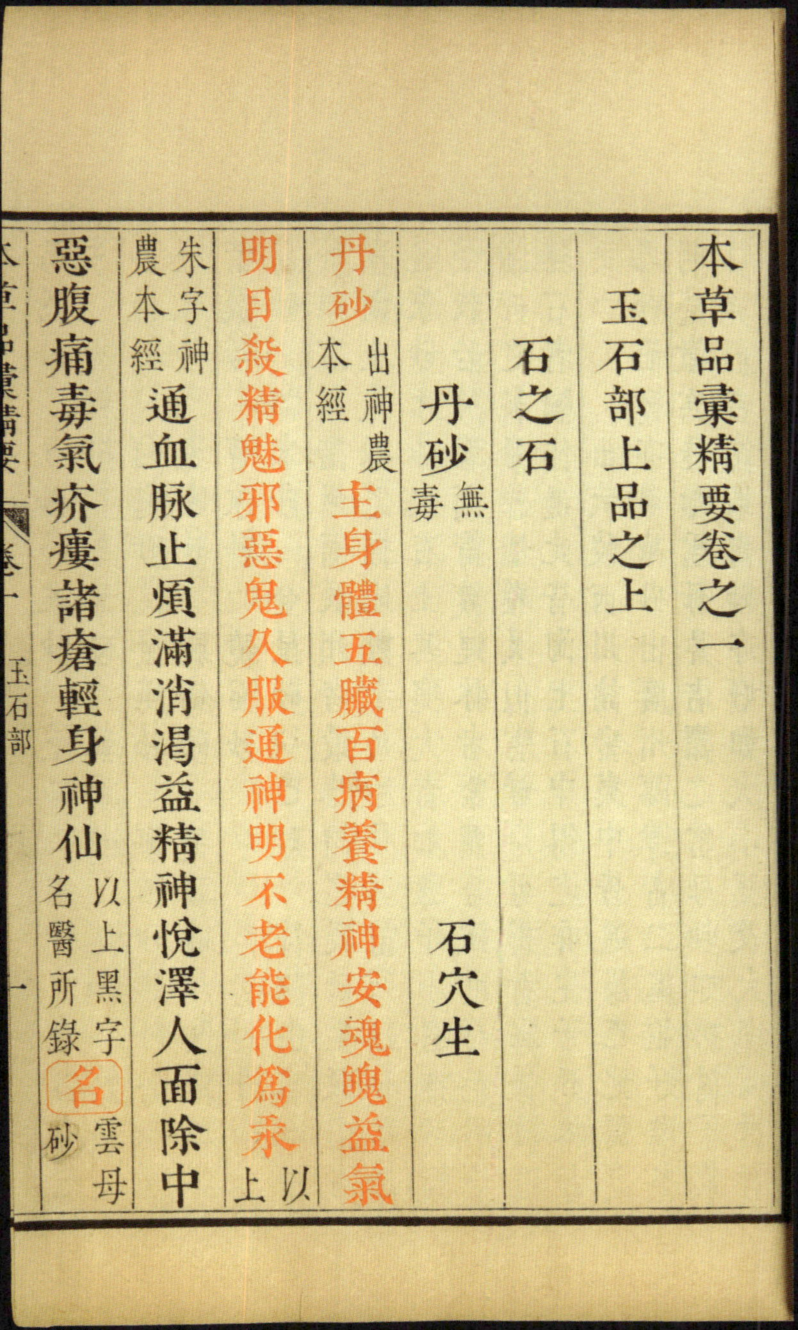
本草品彙精要卷之一

玉石部上品之上

石之石

丹砂無毒　石穴生

丹砂出神農本經　主身體五臟百病養精神安魂魄益氣明目殺精魅邪惡鬼久服通神明不老能化爲汞以上朱字神農本經　通血脉止煩滿消渴益精神悅澤人面除中惡腹痛毒氣疥瘻諸瘡輕身神仙以上黑字名醫所錄【名】雲母砂

本草品彙精要　卷一　玉石部　一

卷端
Beginning

本草品彙精要

玉石部

卷一之六

磁青書面
Dark blue cover

磁青函套及黄紙書面
Dark blue case and yellow paper covers

外觀
Exterior

112

書6460
《增訂馬經二十八卷》
明　俞彦撰
清乾隆年内府抄本
開本　縱24.8厘米　横15.3厘米
版框　縱14.9厘米　横10.8厘米
六册

Shu 6460
Supplemented Horse Classics
Twenty-eight chapters
Written by Yu Yan, Ming dynasty (1368-1644)
Transcribed by the Qing court, Qianlong period (1736-1795)
Format: 24.8 × 15.3 cm
Frame: 14.9 × 10.8 cm
Six volumes

增訂馬經卷一

考證一

總論

馬怒也武也象馬頭髦尾四足之形見說文

乾為馬為良馬為老馬為瘠馬為駁馬震其於馬也為善鳴為馵足為作足為的顙坎其於馬也為美脊為亟心為下首為薄蹄為曳見易說卦

銅器之精見為馬見地鏡圖

地精為馬馬十二月而生應陰紀陽以合功故人駕馬任重致遠以利天下月度疾故馬善走見春秋說題辭

外觀
Exterior

黄地朵花織錦書面
Yellow brocade cover decorated with floral pattern

書6463
《天體儀説》
清　玉輅撰
清乾隆二十五年（1760）泥金精寫進呈本
開本　縱22.6厘米　橫15.5厘米
版框　縱18.7厘米　橫15.5厘米
一册

113

Shu 6463
Astronomical Instruments
Written by Yu Lu, Qing dynasty (1644-1911)
Transcribed with gilded character and presented to the Qing court in 1760
Format: 22.6 × 15.5 cm
Frame: 18.7 × 15.5 cm
One volume

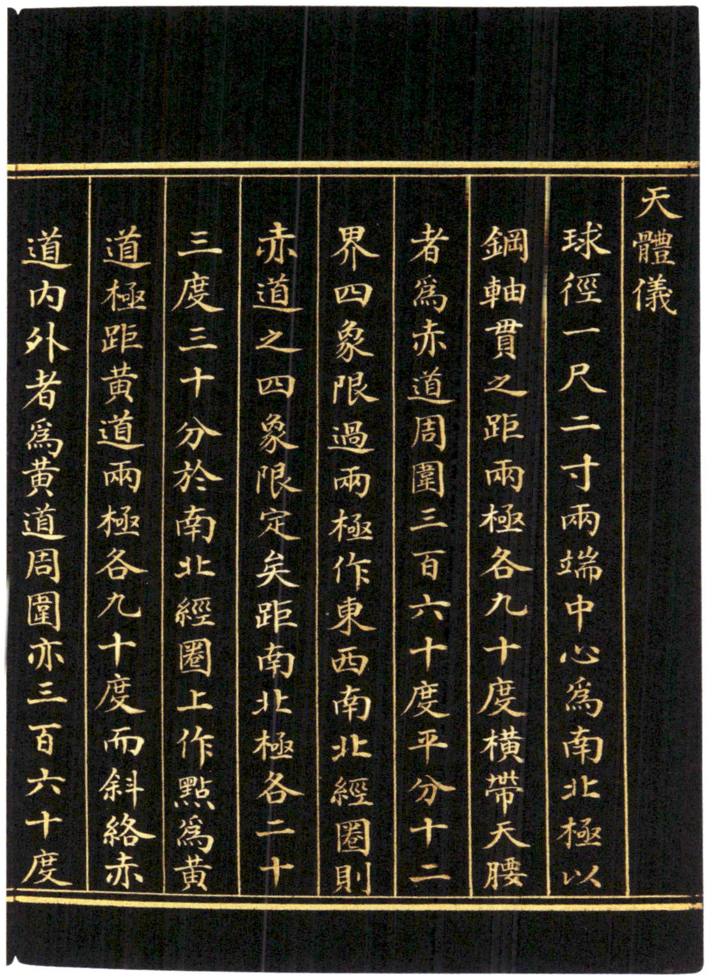

天體儀
球徑一尺二寸兩端中心爲南北極以
鋼軸貫之距兩極各九十度橫帶天腰
者爲赤道周圍三百六十度平分十二
界四象限過兩極作東西南北經圈則
赤道之四象限定矣距南北極各二十
三度三十分於南北經圈上作點爲黃
道極距黃道兩極各九十度而斜絡赤
道内外者爲黃道周圍亦三百六十度

卷端
Beginning

卷首泥金雲龍圖
Gilded dragons in the clouds

黄紙書面
Pale yellow paper covers

正文
Star map

書6465
《欽定儀象考成赤道星圖》
不著撰者名氏
清康熙年內府精繪本
開本　縱83厘米　橫55厘米
三册

114

Shu 6465
Maps of Equator Stars in Complete Studies on Heavenly Bodies, Made by Imperial Order
Anonymous
Transcribed by the Qing court, Kangxi period (1662-1722)
Format: 83 × 55 cm
Three volumes

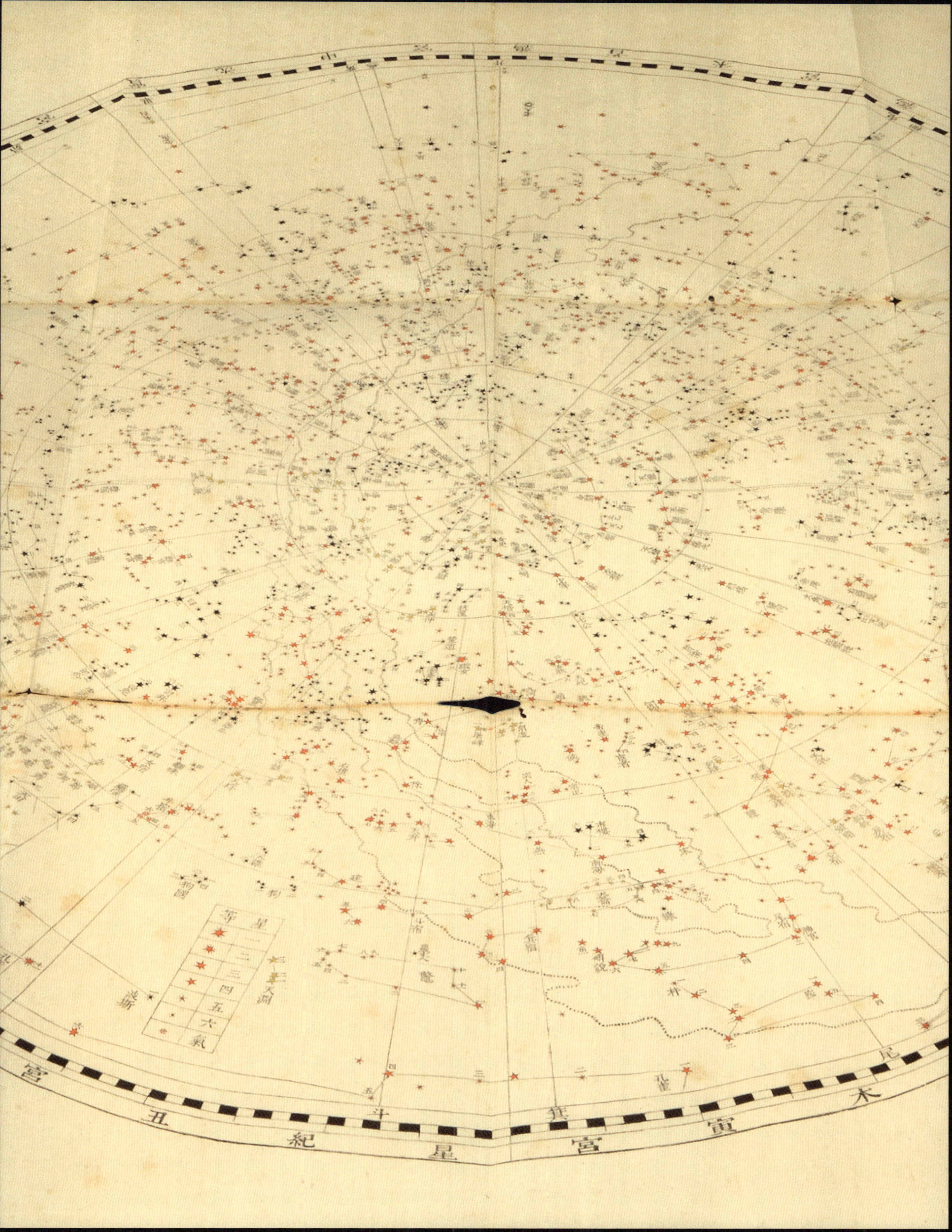

正文
Star map

磁青絹面
Dark blue covers

外觀
Exterior

115

書6494
《御製對數闡微十卷》
清　聖祖玄燁製
清康熙年內府精抄本
開本　縱27厘米　橫17.3厘米
版框　縱21.2厘米　橫14.8厘米
五册

Shu 6494
Interpretation of Logarithm
Ten chapters
Written by the Kangxi emperor (r.1662-1722)
Transcribed by the Qing court, Kangxi period
Format: 27× 17.3 cm
Frame: 21.2 × 14.8 cm
Five volumes

二	○三○一○二九九九五七
三	○四七七一二一二五四七
五	○六九八九七○○○四三
七	○八四五○九八○四○○
一一	一○四一三九二六八五二
一三	一一一三九四三三五二三
一七	一二三○四四八九二一四
一九	一二七八七五三六○一○
二三	一三六一七二七八三六○
二九	一四六二三九七九九七九
三一	一四九一三六一六九三八
三七	一五六八二○一七二四一
四一	一六一二七八三八五六七
四三	一六三三四六八四五五六
四七	一六七二○九七八五七九
五三	一七二四二七五八六九六
五九	一七七○八五二○一一六
六一	一七八五三二九八三五○
六七	一八二六○七四八○二七
七一	一八五一二五八三四八七
七三	一八六三三二二八六○一
七九	一八九七六二七○九一三
八三	一九一九○七八○九二四
八九	一九四九三九○○○六六
九七	一九八六七七一七三四三
一○一	二○○四三二一三七三八
一○三	二○一二八三七二二四七
一○七	二○二九三八三七七七七
一○九	二○三七四二六四九七九
一一三	二○五三○七八四四三五
一二七	二一○三八○三七二一○
一三一	二一一七二七一二九五七
一三七	二一三六七二○五六七二
一三九	二一四三○一四八○○三
一四九	二一七三一八六二六八四
一五一	二一七八九七六九四七三
一五七	二一九五八九九六五二四
一六三	二二一二一八七六○四四
一六七	二二二二七一六四七一一
一七三	二二三八○四六一○三一
一七九	二二五二八五三○三一○
一八一	二二五七六七八五七四九
一九一	二二八一○三三三六七二
一九三	二二八五五五七三○九○
一九七	二二九四四六六二二六二
一九九	二二九八八五三○七六四
二一一	二三二四二八二四五五三
二二三	二三四八三○四八六三○
二二七	二三五六○二五八五七二
二二九	二三五九八三五四八二三

二三三	二三六七三五五九二一○
二三九	二三七八三九七九○○九
二四一	二三八二○一七○四二六
二五一	二三九九六七三七二一五
二五七	二四○九九三三一二三三
二六三	二四一九九五五七四八五
二六九	二四二九七五二二八○○
二七一	二四三二九六九二九○九
二七七	二四四二四七九七六九一
二八一	二四四八七○六三一九九
二八三	二四五一七八六四三五五
二九三	二四六六八六七六二○四
三○七	二四八七一三八三七五五
三一一	二四九二七六○三八九○
三一三	二四九五五四四三三七六
三一七	二五○一○五九二六二二
三三一	二五一九八二七九九三八
三三七	二五二七六二九九○○九
三四七	二五四○三二九四七四八
三四九	二五四二八二五四二七○
三五三	二五四七七七四七○五四
三五九	二五五五○九四四四八六
三六七	二五六四六六六○六四三
三七三	二五七一七○八八三一八
三七九	二五七八六三九二一○○
三八三	二五八三一九八七七四○
三八九	二五八九九四九六○一三
三九七	二五九八七九○五○六八
四○一	二六○三一四四三七二六
四○九	二六一一七二三三○八○
四一九	二六二二二一四○二三○
四二一	二六二四二八二○九五八
四三一	二六三四四七七二七○二
四三三	二六三六四八七八九六四
四三九	二六四二四六四五二○二
四四三	二六四六四○三七二六二
四四九	二六五二二四六三四一○
四五七	二六五九九一六二○○一
四六一	二六六三七○○九二五四
四六三	二六六五五八○九九一○
四六七	二六六九三一六八八○六
四七九	二六八○三三五五一三四
四八七	二六八七五二八九六一二
四九一	二六九一○八一四九二一
四九九	二六九八一○○五四五六
五○三	二七○一五六七九八五一
五○九	二七○六七一七七八二三
五二一	二七一六八三七七二三三
五二三	二七一八五○一六八八九
五四一	二七三三一九七二六五一

磁青絹面
Dark blue silk covers

116

書6495
《幾何原本七卷附演算法原本一卷》
古希腊歐几里得撰　明　徐光啓述
清康熙年内府精寫袖珍本
開本　縱19.6厘米　橫12.2厘米
版框　縱15.5厘米　橫10.2厘米
四册

Shu 6495
Elements of Geometry, seven chapters
Elements of Algorithm, one chapter
Written by Euclid
Narrated by Xu Guangqi, Ming dynasty (1368-1644)
Miniature edition
Transcribed by the Qing court, Kangxi period (1662-1722)
Format: 19.6 × 12.2 cm
Frame: 15.5 × 10.2 cm
Four volumes

幾何原本卷一

敘

幾何原本數源之謂利瑪竇所著因文法不明後先難解故譯乃其數萬[illegible]天文地理之源流也凡習者必始於易而至於難[illegible]而入於微故將顯易之形著於前重雜之形著於後每題中兩相彷彿易學者列於前繁難者繼於後書[illegible]次第以應學者有循序漸進之功由得圖形而明其情理不求講解而得其詳論也

外觀
Exterior

書6500
《御製數理精蘊五十三卷》
清　允祉等纂
清康熙年内府墨格精抄袖珍本
開本　縱17.8厘米　橫12厘米
版框　縱15.5厘米　橫10.2厘米
四十册

117

Shu 6500
Basic Principles of Mathematics, Made by Imperial Order
Fifty-three chapters
Compiled by Yunzhi et al., Qing dynasty (1644-1911)
Miniature edition
Transcribed in black columns by the Qing court, Kangxi period (1662-1722)
Format: 17.8 × 12 cm
Frame: 15.5 × 10.2 cm
Forty volumes

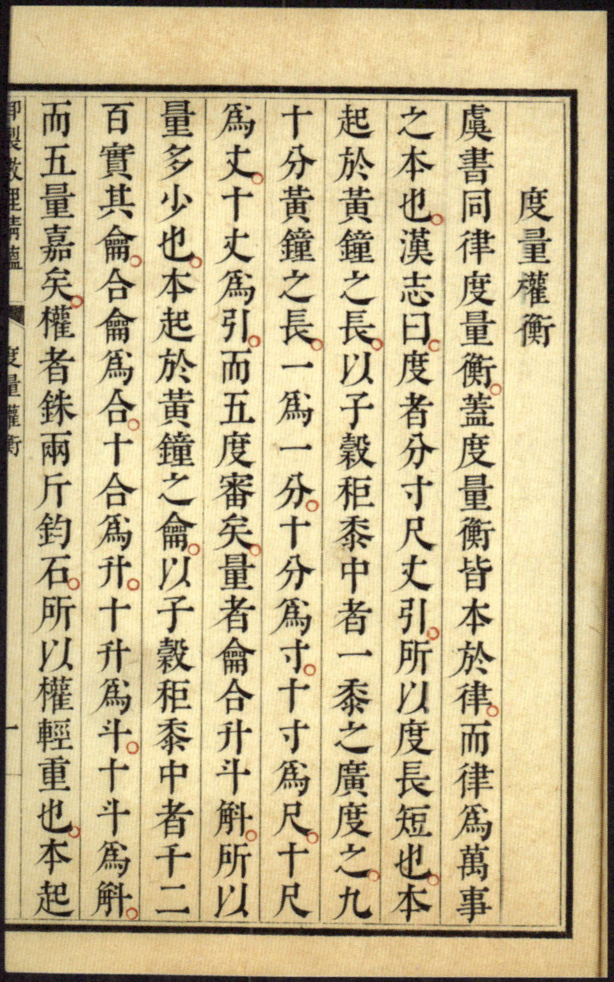

御製數理精蘊　度量權衡

度量權衡

虞書同律度量衡蓋度量衡皆本於律而律爲萬事之本也漢志曰度者分寸尺丈引所以度長短也本起於黃鐘之長以子穀秬黍中者一黍之廣度之九十分黃鐘之長一爲一分十分爲寸十寸爲尺十尺爲丈十丈爲引而五度審矣量者龠合升斗斛所以量多少也本起於黃鐘之龠以子穀秬黍中者千二百實其龠合龠爲合十合爲升十升爲斗十斗爲斛而五量嘉矣權者銖兩斤鈞石所以權輕重也本起

卷端
Beginning

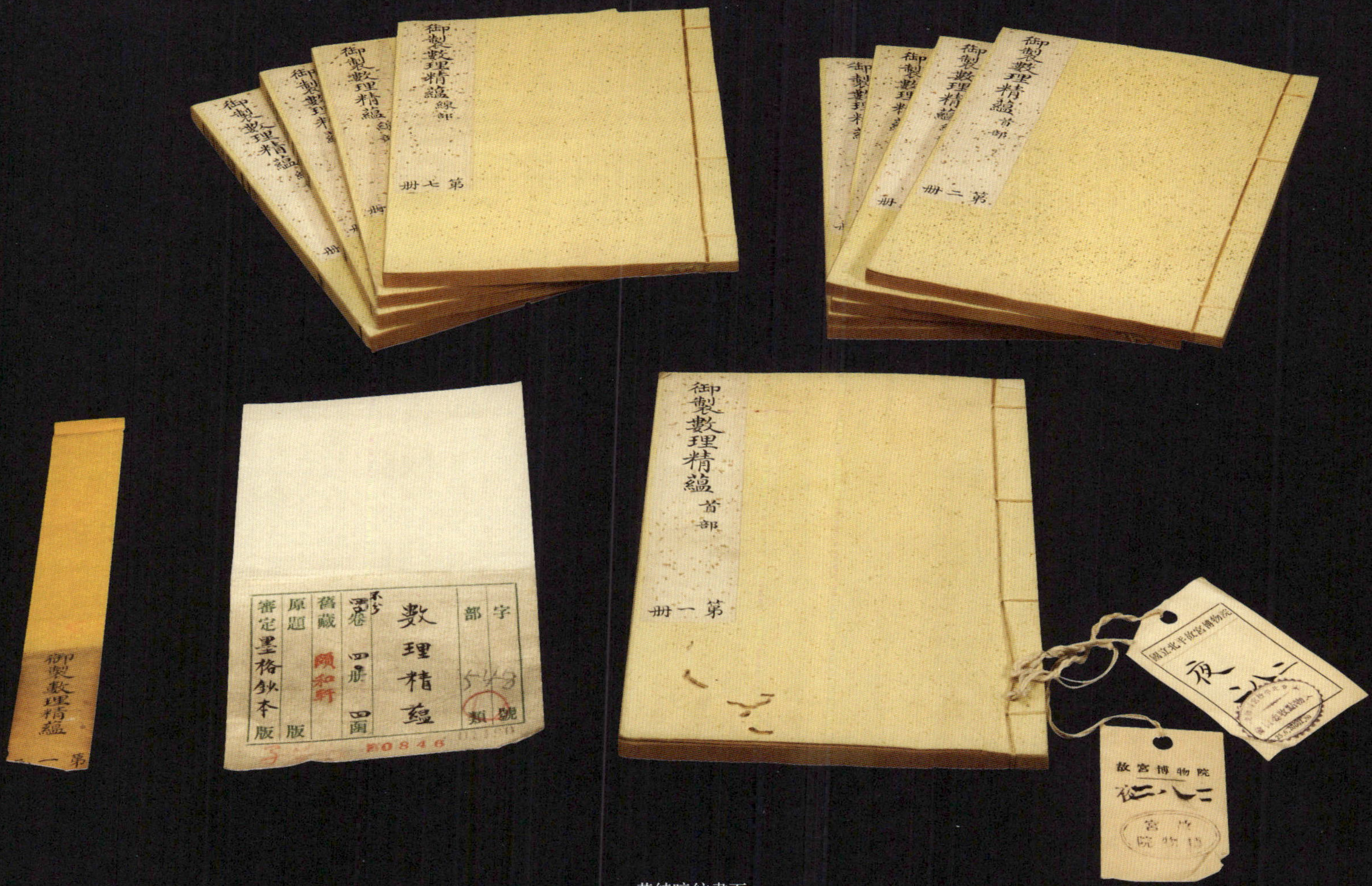

黃綾暗紋書面
Pale yellow twill-weave silk covers

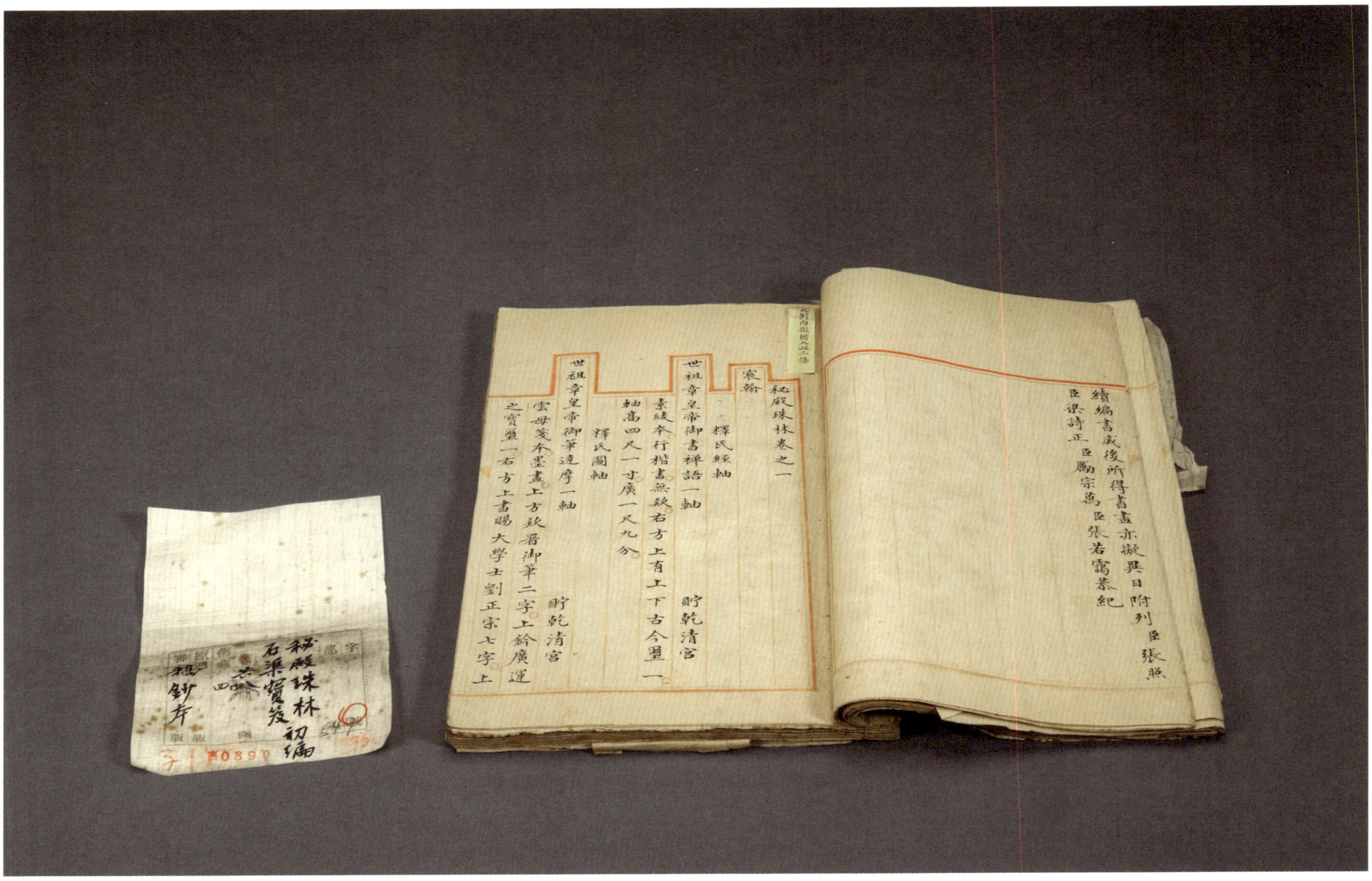

正文
Text

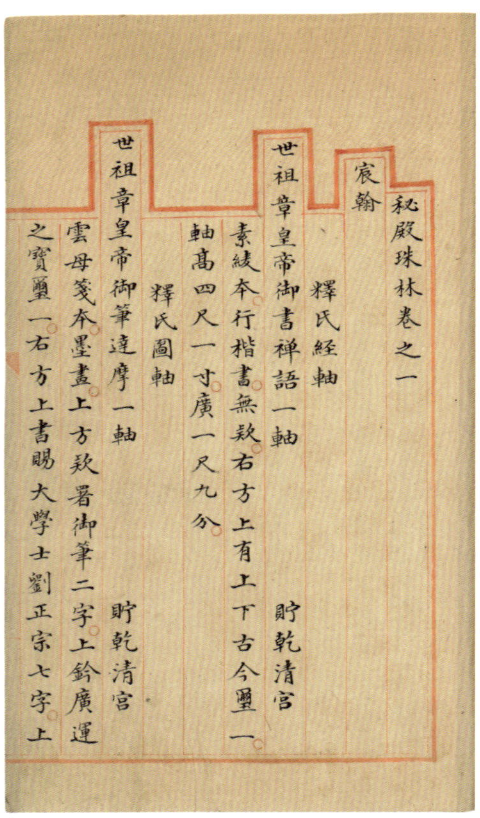

卷端
Beginning

書6514
《秘殿珠林二十四卷》
清　張照等輯
清乾隆九年（1744）内府朱格稿本
開本　縱27厘米　橫17.3厘米
版框　縱18.5厘米　橫14厘米
四册

118

Shu 6514
Mi Dian Zhu Lin (Imperial Collection of Religious Painting and Calligraphy)
Twenty-four chapters
Compiled by Zhang Zhao et al., Qing dynasty (1644-1911)
Draft transcribed in red columns by the Qing court in 1744
Format: 27 × 17.3 cm
Frame: 18.5 × 14 cm
Four volumes

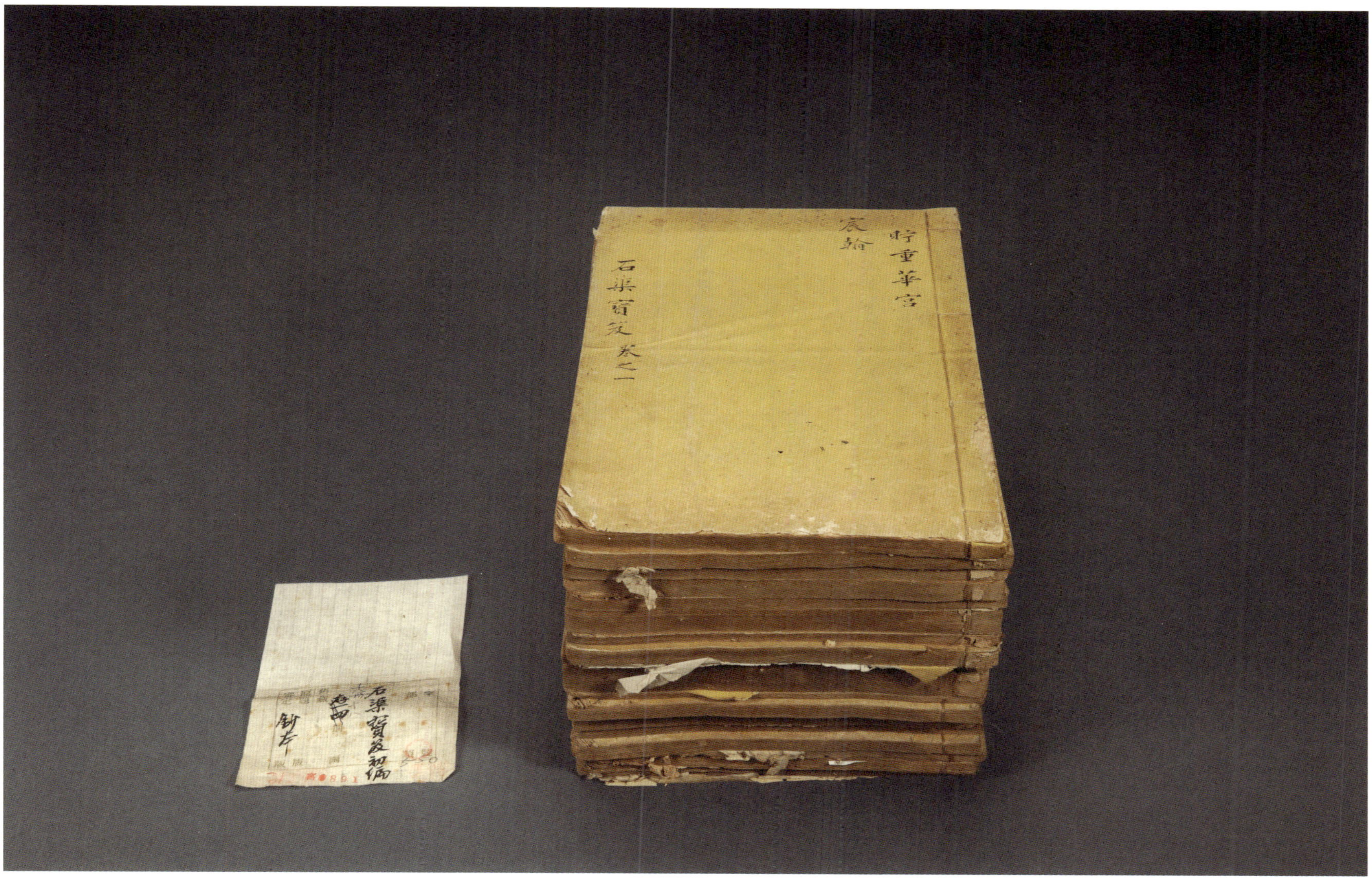

外觀
Exterior

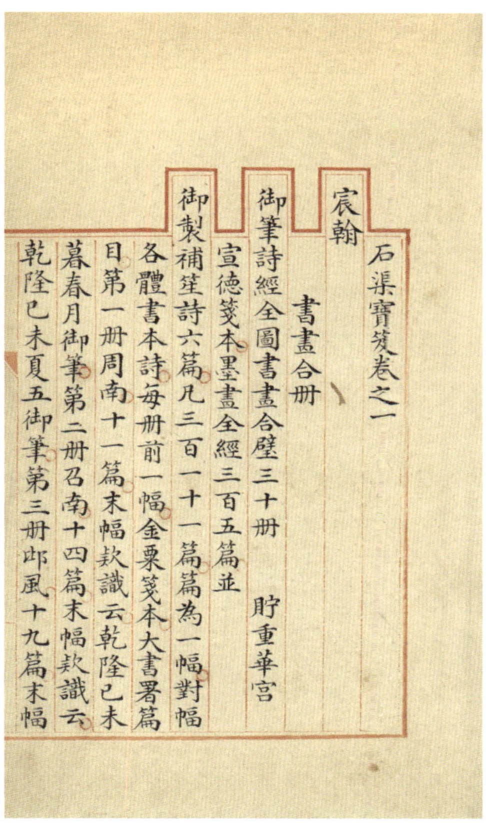

石渠寶笈卷之一
宸翰
御筆詩經全圖書畫合璧三十冊　貯重華宮
書畫合冊
宣德箋本墨畫全經三百五篇並
御製補笙詩六篇凡三百一十一篇篇為一幅對幅
各體書本詩每冊前一幅金粟箋本大書署篇
目第一冊周南十一篇末幅款識云乾隆己未
暮春月御筆第二冊召南十四篇末幅款識云
乾隆己未夏五御筆第三冊邶風十九篇末幅

卷端
Beginning

119

書6515
《石渠寶笈四十四卷》
清　張照等輯
清乾隆年內府稿本
開本　縱28.5厘米　橫18.5厘米
版框　縱18.2厘米　橫13.8厘米
十八冊

Shu 6515
Treasured Artworks of Stone Channel
Forty-four chapters
Compiled by Zhang Zhao et al., Qing dynasty (1644-1911)
Draft transcribed by the Qing court, Qianlong period (1736-1795)
Format: 28.5 × 18.5 cm
Frame: 18.2 × 13.8 cm
Eighteen volumes

磁青書面
Dark blue covers

120

書6533

《大觀録二十卷附元賢詩翰姓氏一卷明賢詩翰姓氏一卷》

明　吴升輯
清乾隆年抄本
開本　縱27.8厘米　橫17.5厘米
版框　縱21.5厘米　橫14.2厘米
函套　縱40厘米　橫31厘米　高 21.5厘米
二十二册

Shu 6533

Records of Grand View

Twenty chapters as text, one chapter on brief biographies of Yuan calligraphers, one chapter on brief biographies of Ming calligraphers
Compiled by Wu Sheng, Ming dynasty (1368-1644)
Transcribed in the Qianlong period (1736-1795)
Format: 27.8 × 17.5 cm
Frame: 21.5 × 14.2 cm
Case: 40 × 31 × 21.5 cm
Twenty-two volumes

外觀
Exterior

大觀録魏晉法書卷一

吴郡吴升子敏彙輯

鍾太傅薦関内侯季直表

白麻紙芾牙色質堅厚墨含光潤筆劍鋒鍔轉折頓挫法度精密淵太傅至今千五百餘禩荐更兵燹完好如故豈非靈異獨怪黄初以還歴两晉六朝若唐若五代即未嘗進御之藏千人間者非一家傳之賞鑒者非一姓何遂無好古之士品藻留題以獲此法寶為快直至劉岑李木陳經許樊僅ヽ識名覽觀又不標題年月及跋語揚抗至正之季陸季衡諸君始起而審定武神物久晦至是而顯欤且米南宮書一代鑒别精當此表乃不著一語将以佛頭為抑同無李論耶即米芾印畫錦堂印前賢每多何况其他蓋此表為唐時高手鈎摹明正嘉之尚風雅魏晉法書一經衡山品題便增聲價二百来相師成風猶未敢異同也第董文敏云鍾書自晉渡江時止傳宣示表妙蹟已絶則知求真蹟于不啻索元珠于象罔矣然唐臨魏帖所謂買王得羊何啻非寶

磁青書面
Dark blue covers

外觀
Exterior

121

書6717
《御選唐宋元明詩附唐宋詞》
清　聖祖玄燁輯
清康熙年內府精抄本
開本　縱19.5厘米　橫12.5厘米
版框　縱15.5厘米　橫10.2厘米
二冊

Shu 6717
Tang, Song, Yuan and Ming Poems, Appended with Tang and Song Ci-poems
Compiled by the Kangxi emperor (r.1662-1722)
Transcribed by the Qing court, Kangxi period
Format: 19.5 × 12.5 cm
Frame: 15.5 × 10.2 cm
Two volumes

五言古詩

唐太宗皇帝 初唐

帝京篇

秦川雄帝宅函谷壯皇居綺殿千尋起離宮百雉餘連甍遥

接漢飛觀迥凌虛雲日隱層闕風煙出綺疏

二

巖廊罷機務崇文聊駐輦玉匣啓龍圖金繩披鳳篆韋編斷

仍續縹帙舒還卷對此乃淹留欹案觀墳典

三

卷端
Beginning

外觀
Exterior

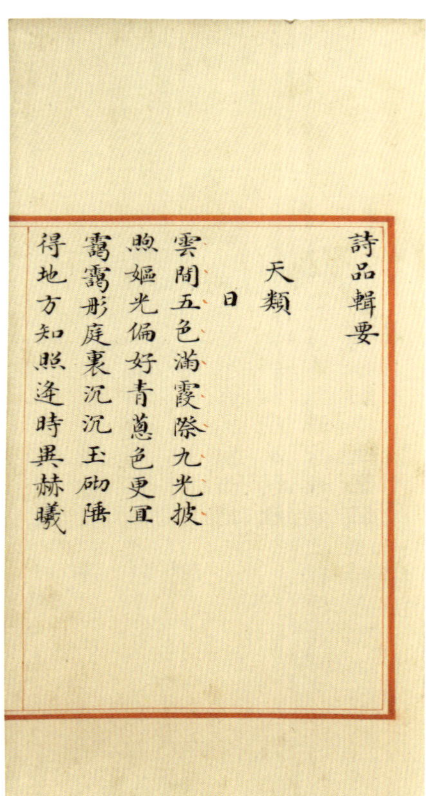

卷端
Beginning

書6718
《詩品輯要三卷》
清　高士奇輯
清康熙年自寫進呈本
開本　縱27.5厘米　橫15.8厘米
版框　縱17.3厘米　橫12.8厘米
三冊

122

Shu 6718
Summary of Poetry Criticism
Three chapters
Compiled by Gao Shiqi, Qing dynasty (1644-1911)
Transcribed and presented to the Qing court by Gao Shiqi, Kangxi period (1662-1722)
Format: 27.5 × 15.8 cm
Frame: 17.3 × 12.8 cm
Three volumes

黄紙書面
Yellow paper covers

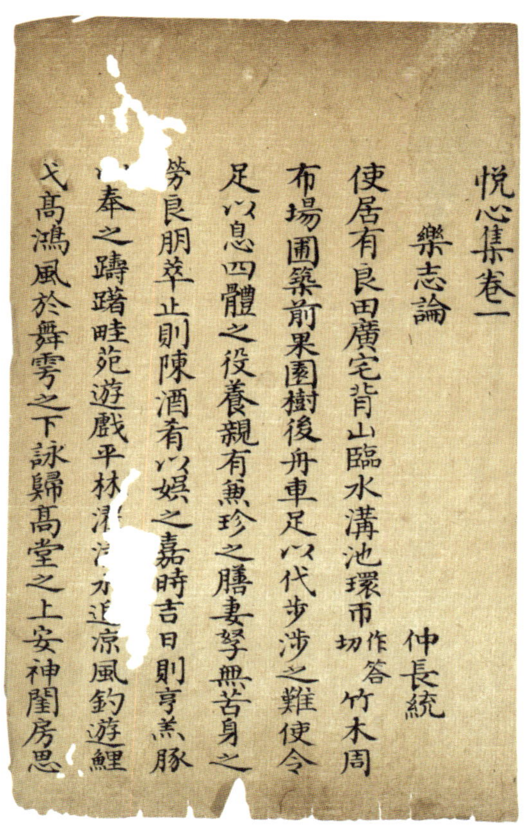
悅心集卷一
樂志論　仲長統
使居有良田廣宅背山臨水溝池環帀作答切竹木周
布場圃築前果園樹後舟車足以代步涉之難使令
足以息四體之役養親有兼珍之膳妻孥無苦身之
勞良朋萃止則陳酒肴以娛之嘉時吉日則亨羔豚
[illegible]奉之躊躇畦苑遊戲平林濯[illegible]追涼風釣遊鯉
弋高鴻風於舞雩之下詠歸高堂之上安神閨房思

卷端
Beginning

123

書6727
《悅心集四卷》
清　世宗胤禛輯
清乾隆年抄本
開本　縱24.5厘米　橫17.5厘米
二册

Shu 6727
Collection for Mental Delight
Four chapters
Compiled by the Yongzheng emperor (r.1723-1735)
Transcribed in the Qianlong period (1736-1795)
Format: 24.5 × 17.5 cm
Two volumes

外觀
Exterior

磁青書面
Dark blue cover

書6729
《斯文精萃》
清　尹繼善編
清道光年內府朱格抄本
開本　縱27.5厘米　橫19.7厘米
版框　縱20.5厘米　橫14.4厘米
二冊

124

Shu 6729
Literary Essence
Compiled by Yin Jishan, Qing dynasty (1644-1911)
Transcribed in red columns by the Qing court, Daoguang period (1821-1850)
Format: 27.5 × 19.7 cm
Frame: 20.5 × 14.4 cm
Two volumes

斯文精萃

漢文

求賢詔

高帝

蓋聞王者莫高於周文伯者莫高於齊桓皆待賢人而成名今天下賢者智能豈特古之人乎患在人主不交故也士奚由進今吾以天之靈賢士大夫定有天下以為一家欲其長久世世奉宗廟亡絕也賢人已與我共平之矣而不與吾共安利之可乎賢士大夫有肯從我遊者吾能尊顯之布告天下使明知朕意御史大夫昌

卷端
Beginning

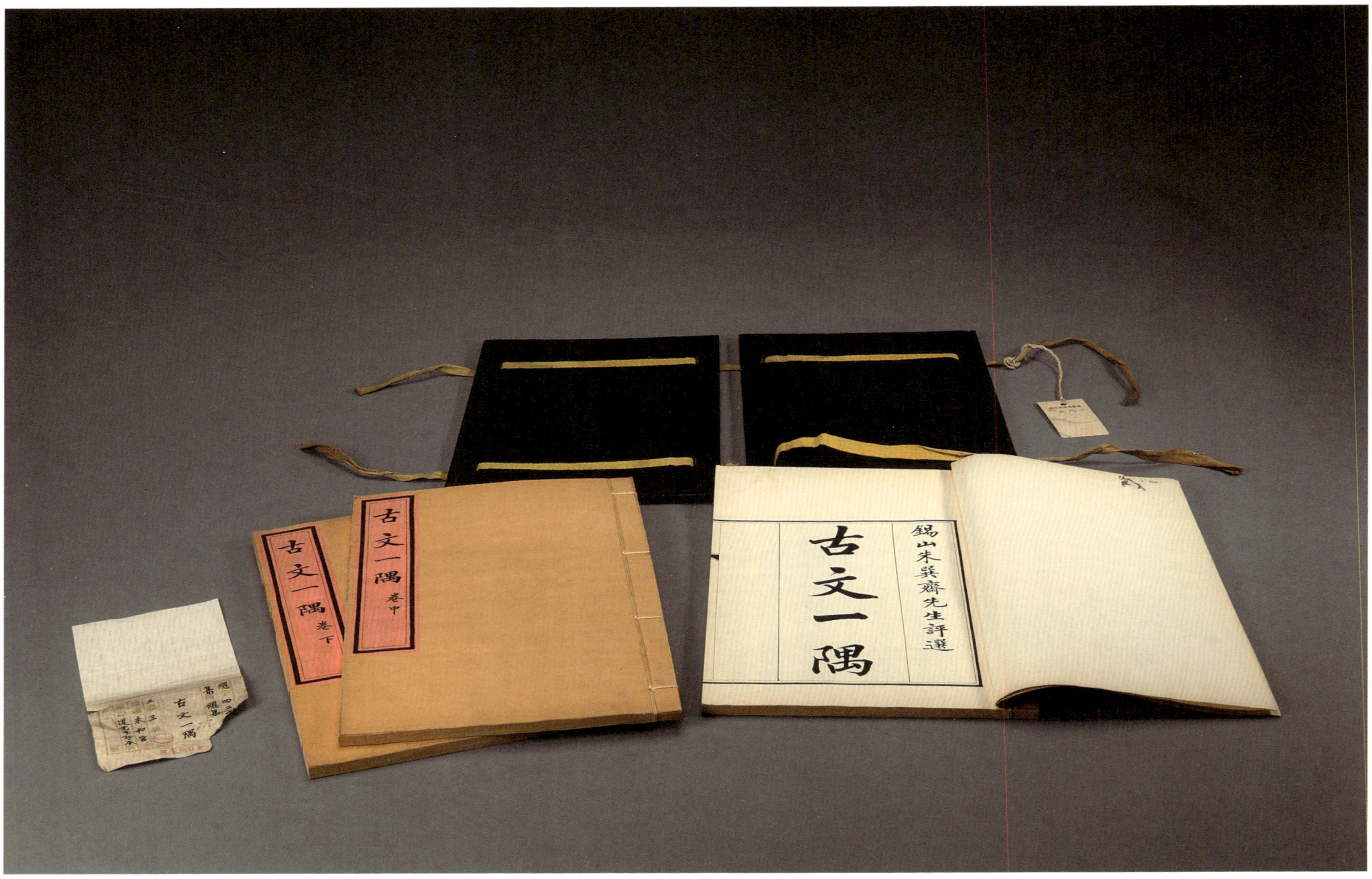

紫檀夾板
Red sandalwood protective boards

外觀
Exterior

書6730
《古文一隅三卷》
清　朱宗洛評選
清道光三十年（1850）墨格三色付雕寫本
開本　縱29.6厘米　橫20厘米
版框　縱20.2厘米　橫16.5厘米
三冊

125

Shu 6730
Selection of Classical Essays
Three chapters
Selected and commented by Zhu Zongluo, Qing dynasty (1644-1911)
Transcribed in three colors in black columns in 1850
Format: 29.6 × 20 cm
Frame: 20.2 × 16.5 cm
Three volumes

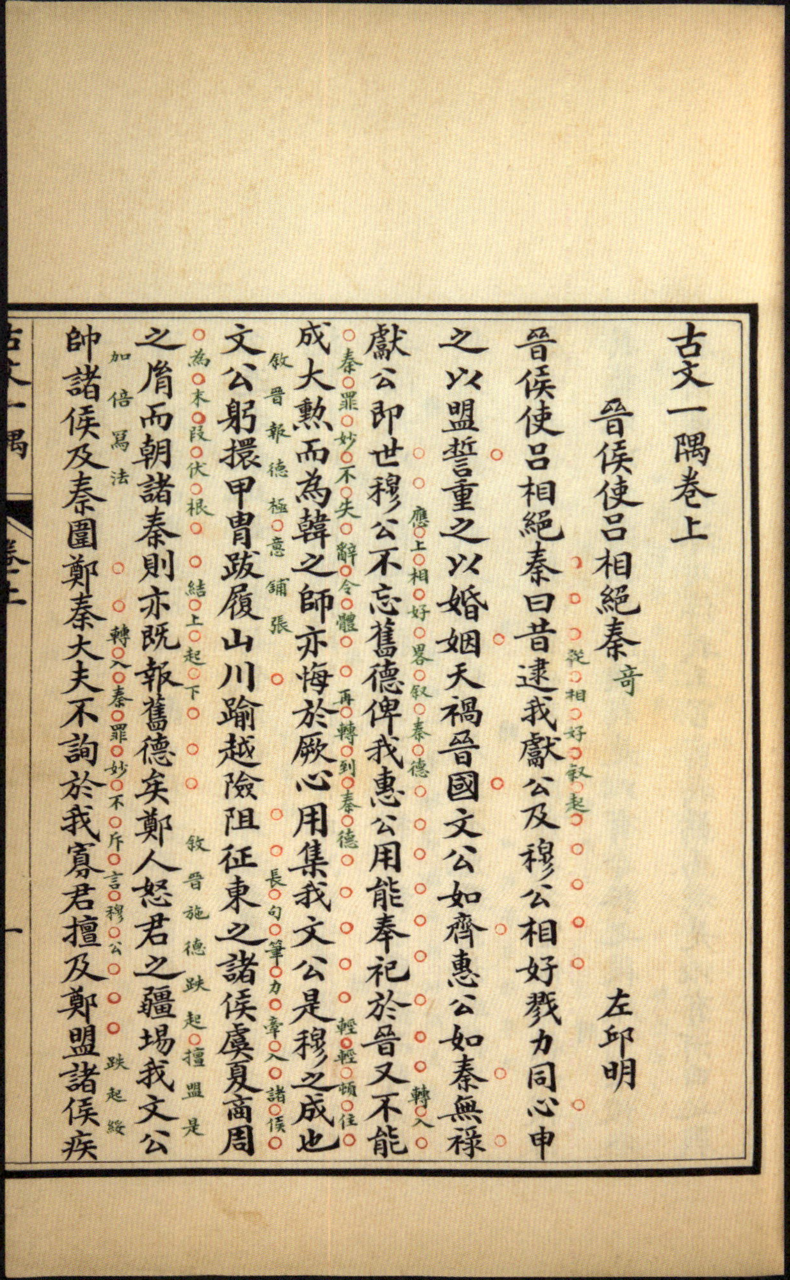
古文一隅卷上

晉侯使呂相絕秦　奇

左邱明

晉侯使呂相絕秦曰昔逮我獻公及穆公相好戮力同心申之以盟誓重之以婚姻天禍晉國文公如齊惠公如秦無祿獻公即世穆公不忘舊德俾我惠公用能奉祀於晉又不能成大勳而為韓之師亦悔於厥心用集我文公是穆之成也文公躬擐甲胄跋履山川踰越險阻征東之諸侯虞夏商周之胤而朝諸秦則亦既報舊德矣鄭人怒君之疆埸我文公帥諸侯及秦圍鄭秦大夫不詢於我寡君擅及鄭盟諸侯疾

卷端
Beginning

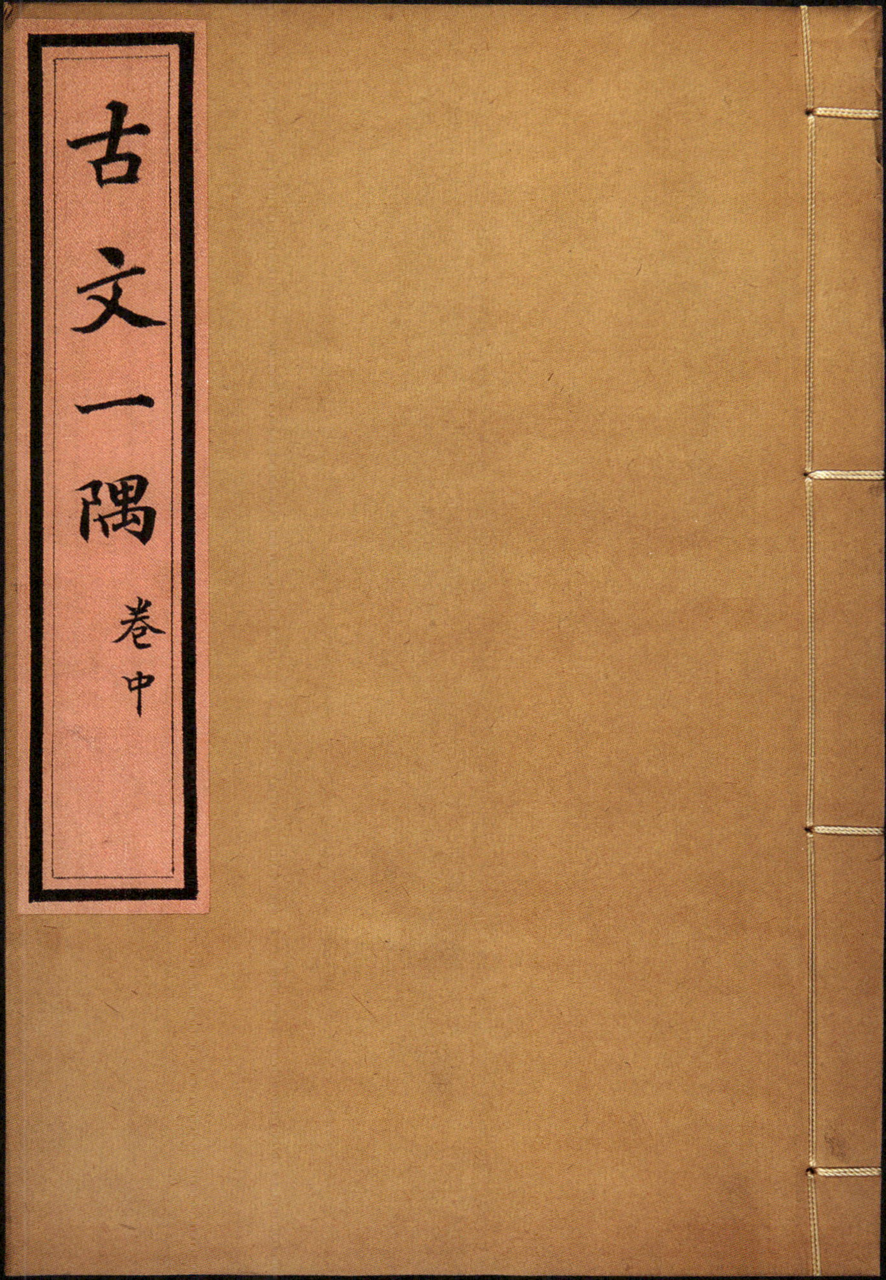

黄紙書面
Yellow paper cover

外觀
Exterior

書6732
《昭明文選六十卷》
梁　蕭統輯　唐　李善注
清乾隆十九年（1754）梁國治等精寫袖珍本
開本　縱15厘米　橫10厘米
版框　縱11厘米　橫7.2厘米
三十册

126

Shu 6732
Literary Selections of Zhaoming
Sixty chapters
Compiled by Xiao Tong, Liang dynasty (502-557)
Annotated by Li Shan, Tang dynasty (618-907)
Miniature edition
Transcribed by Liang Guozhi et. al. in 1754
Format: 15 × 10 cm
Frame: 11 × 7.2 cm
Thirty volumes

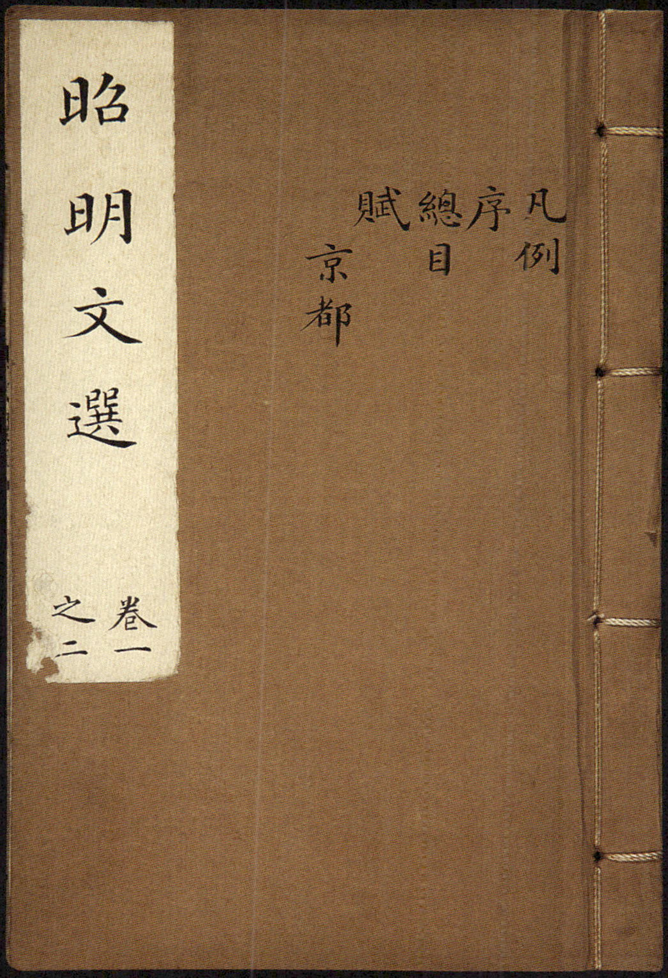

黄紙書面
Yellow paper cover

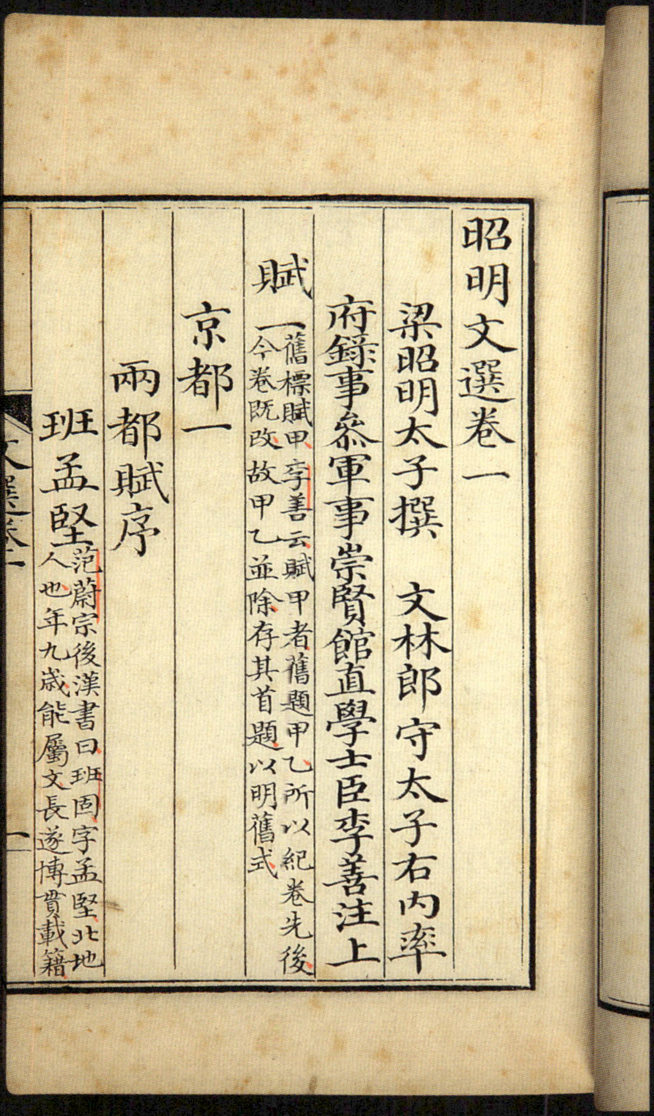

卷端
Beginning

扉頁乾隆像及"乾""隆"印
Portrait of Emperor Qianlong with impressions of seals "Qian" and "long"

外觀
Exterior

書6733
《文選六十卷》
梁　蕭統輯　唐　李善注
清乾隆三十五年（1770）張書勳等寫本
開本　縱24.7厘米　橫14.5厘米
版框　縱16.5厘米　橫11.6厘米
六十冊

127

Shu 6733
Literary Selections
Sixty chapters
Compiled by Xiao Tong, Liang dynasty (502-557)
Annotated by Li Shan, Tang dynasty (618-907)
Transcribed by Zhang Shuxun et. al. in 1770
Format: 24.7 × 14.5 cm
Frame: 16.5 × 11.6 cm
Sixty volumes

扉頁乾隆像及“五福五代堂寶”印
Portrait of Emperor Qianlong with impression of “wu fu wu dai tang bao” (seal for the Hall of Five Blessings and Five Generations)

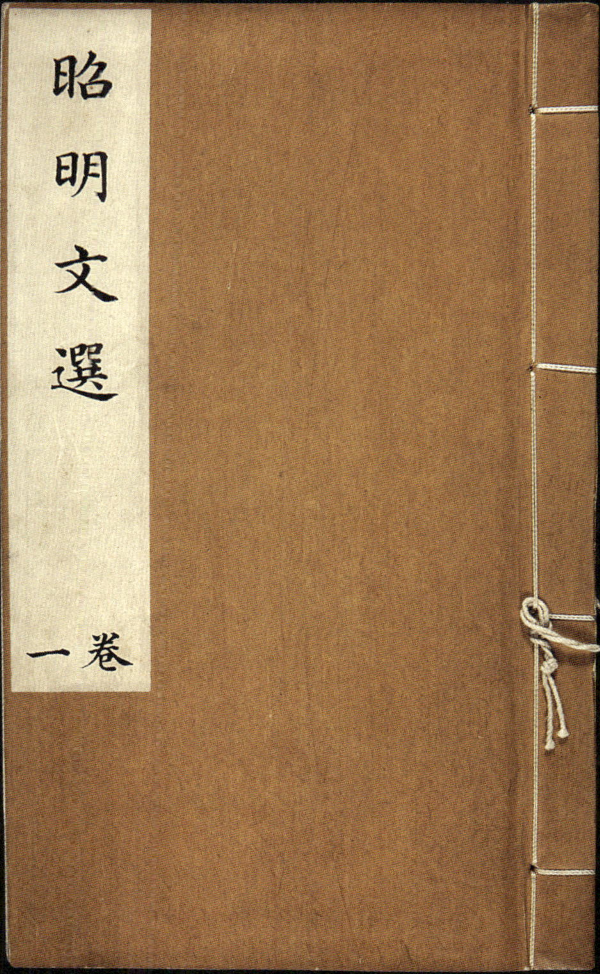

黃紙書面
Yellow paper cover

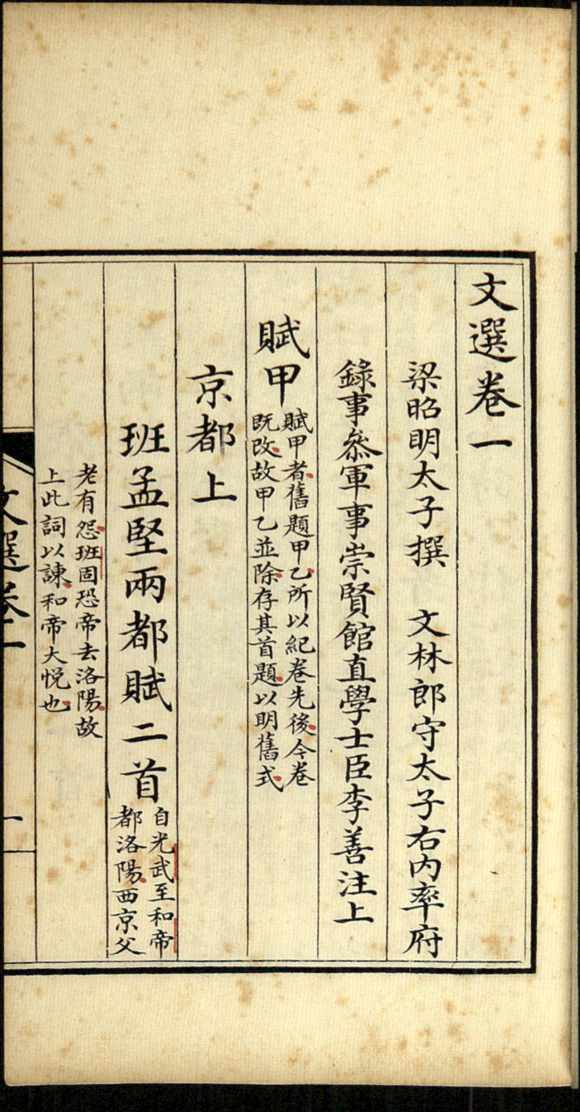
文選卷一

梁昭明太子撰　文林郎守太子右內率府

錄事參軍事崇賢館直學士臣李善注上

賦甲 賦甲者舊題甲乙所以紀卷先後今卷既改故甲乙並除存其首題以明舊式

京都上

班孟堅兩都賦二首 自光武至和帝都洛陽西京父老有怨班固恐帝去洛陽故上此詞以諫和帝大悅也

卷端
Beginning

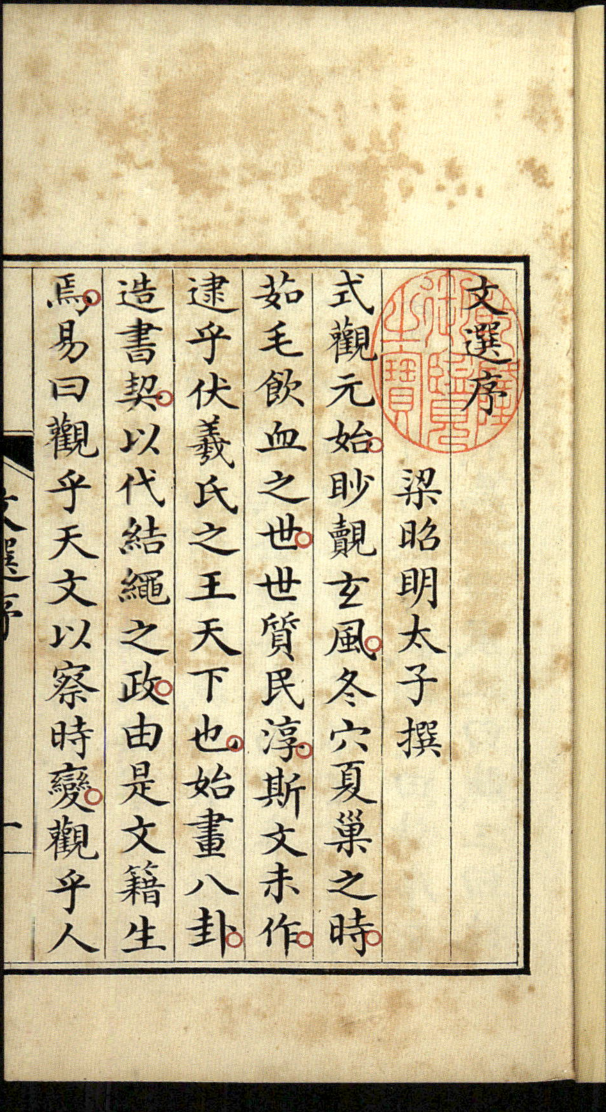
文選序

梁昭明太子撰

式觀元始眇覿玄風冬穴夏巢之時茹毛飲血之世世質民淳斯文未作逮乎伏羲氏之王天下也始畫八卦造書契以代結繩之政由是文籍生焉易曰觀乎天文以察時變觀乎人

文選 序及“乾隆御覽之寶”印
Preface and impression of “Qianlong yulan zhi bao” (seal for imperial view of the Qianlong emperor)

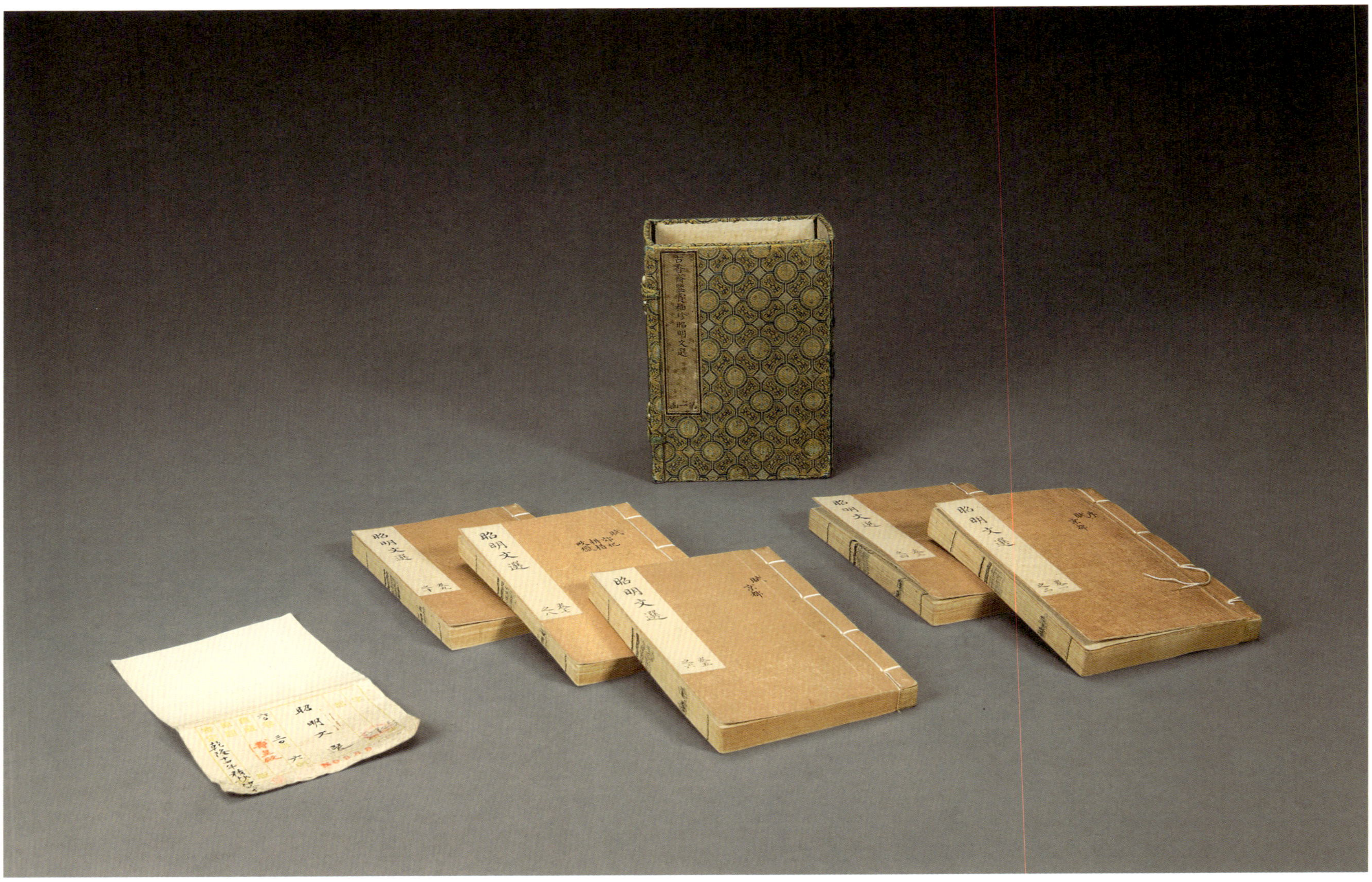

黄地織錦函套
Yellow brocade case

扉頁乾隆像及“乾”“隆”印
Portrait of Emperor Qianlong with impressions of seals “Qian” and “long”

書6735
《古香齋鑒賞校正昭明文選六十卷》
梁　蕭統輯　唐　李善注
清乾隆十四年（1749）王際華等寫袖珍本
開本　縱15厘米　橫10厘米
版框　縱11厘米　橫7厘米
三十册

128

Shu 6735
Appreciation and Proofreading of Literary Selections of Zhaoming in the Lodge of Ancient Fragrance
Sixty chapters
Compiled by Xiao Tong, Liang dynasty (502-557)
Annotated by Li Shan, Tang dynasty (618-907)
Miniature edition
Transcribed by Wang Jihua et. al. in 1749
Format: 15 × 10 cm
Frame: 11 × 7 cm
Thirty volumes

黄紙書面
Pale yellow paper covers

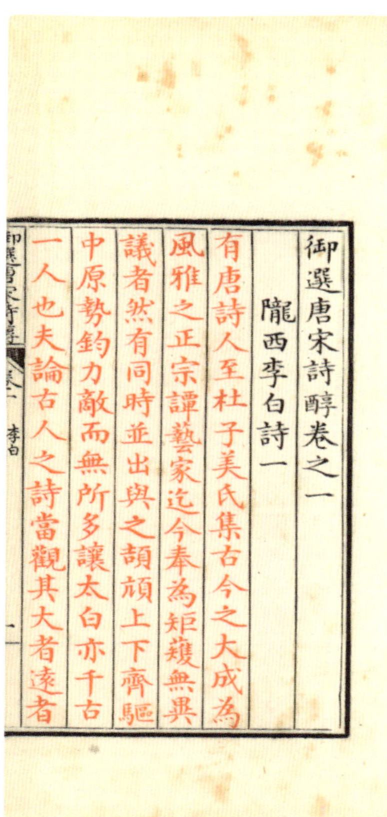

御選唐宋詩醇卷之一
隴西李白詩一
有唐詩人至杜子美氏集古今之大成為
風雅之正宗譚藝家迄今奉為矩矱無異
議者然有同時並出與之頡頏上下齊驅
中原勢鈞力敵而無所多讓太白亦千古
一人也夫論古人之詩當觀其大者遠者

卷端
Beginning

129

書6736

《御選唐宋詩醇四十七卷目録二卷》

清　高宗弘曆撰

清乾隆年勵宗萬抄四色袖珍本

開本　縱17.5厘米　横10.5厘米

版框　縱11.2厘米　横7.1厘米

二十四册

Shu 6736

Poem Essence of the Tang and Song Dynasties

Forty-seven chapters as text, two chapters as contents

Selected by the Qianlong emperor (r.1736-1795)

Miniature edition

Transcribed by Li Zongwan in four colors, Qianlong period

Format: 17.5 × 10.5 cm

Frame: 11.2 × 7.1 cm

Twenty-four volumes

絁紅函套、書面
Red case and book covers

外觀
Exterior

130

書6746

《唐詩掞藻八卷》

清　高士奇輯
清康熙年內府抄本
開本　縱28.2厘米　橫17.7厘米
版框　縱18.5厘米　橫14.3厘米
四册

Shu 6746

Tang Poems of Official Style

Eight chapters
Compiled by Gao Shiqi, Qing dynasty (1644-1911)
Transcribed by the Qing court, Kangxi period (1662-1722)
Format: 28.2 × 17.7 cm
Frame: 18.5 × 14.3 cm
Four volumes

全唐詩卷一

高祖

有隋季年皇圖板蕩荒主燀燎原之焰羣盜發逐鹿之機殄暴無厭橫流靡救高祖審運雄圖未伸龍躍屈已求可汗之援甲辭答李密之書決神機而速若疾雷驅豪傑而從如偃草洎謳謠允屬揖讓受終刑名大剗於煩苛爵位不踰於邁軸繇是攖金有恥伏莽知非然而優柔失斷浸潤得行誅文靜則議法不從酬裴寂則曲恩太過姦佞由之貝錦嬖幸得以掇蜂獻公遂間於申生小白寧懷於召忽一旦兵交愛子矢集申孫匈奴尋犯於便橋京邑咸憂於左衽不有聖子王業殆哉

卷端
Beginning

磁青書面
Dark blue covers

外觀
Exterior

書6747
《全唐詩七百十七卷目錄五卷》
清　季振宜等編撰
清康熙十二年（1673）抄本
開本　縱26.4厘米　橫17.8厘米
版框　縱19.3厘米　橫14.9厘米
一百二十册

131

Shu 6747
Complete Tang Poems
717 chapters as text, five chapters as contents
Compiled by Ji Zhenyi et. al., Qing dynasty (1644-1911)
Transcribed in 1673
Format: 26.4 × 17.8 cm
Frame: 19.3 × 14.9 cm
120 volumes

全唐詩卷一

高祖

有隋季年皇圖板蕩荒主燀燎原之焰羣盜發逐鹿之機殄暴無厭横流靡救高祖審運雄圖未伸龍躍屈己求可汗之援卑辭答李密之書決神機而速若疾雷驅豪傑而從如偃草洎謳謠允屬揖讓受終刑名大剗於煩苛爵位不踰於邁軸繇是攫金有耻伏莽知非然而優柔失斷浸潤得行誅文靜則議法不從酬裴寂則曲恩太過姦佞由之貝錦嬖幸得以掇蜂獻公遂間於申生小白寧懷於召忽一旦兵交愛子矢集申孫囚奴尋犯於便橋京邑咸憂於左衽不有聖子王業殆哉

卷端
Beginning

磁青書面
Dark blue covers

外觀
Exterior

132

書6748
《御選唐詩附對類》
清　聖祖玄燁輯
清康熙年內府寫本
開本　縱24.7厘米　橫15.6厘米
版框　縱19.2厘米　橫12.6厘米
六册

Shu 6748
Imperial Selection of Tang Poems, Appended with Antithetic Couplets
Compiled by the Kangxi emperor (r.1662-1722)
Transcribed by the Qing court, Kangxi period
Format: 24.7 × 15.6 cm
Frame: 19.2 × 12.6 cm
Six volumes

五言絕句

唐太宗皇帝

詠弓

上弦明月半激箭流星遠落雁帶書驚啼猿

應枝轉

賦得臨池柳

岍曲絲陰聚波移帶影疎還將眉裏翠來向

磁青書面
Dark blue cover

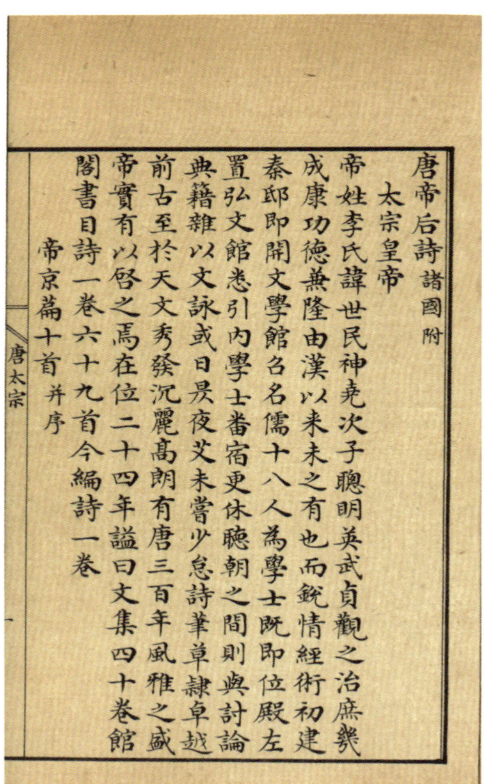

唐帝后詩 諸國附
太宗皇帝
帝姓李氏諱世民神堯次子聰明英武貞觀之治庶幾
成康功德兼隆由漢以來未之有也而銳情經術初建
秦邸即開文學館名名儒十八人為學士既即位殿左
置弘文館悉引內學士番宿更休聽朝之間則與討論
典籍雜以文詠或日昃夜艾未嘗少怠詩筆草隸卓越
前古至於天文秀發沉麗高朗有唐三百年風雅之盛
帝實有以啓之焉在位二十四年謚曰文集四十卷館
閣書目詩一卷六十九首今編詩一卷
帝京篇十首并序
唐太宗

卷端
Beginning

133

書6750
《唐帝后詩七卷諸國詩二卷》
不著編者名氏
清康熙年內府抄本
開本　縱26.5厘米　橫17厘米
版框　縱20.3厘米　橫14.2厘米
一册

Shu 6750
Poems by Tang Emperors and Empresses, seven chapters
Poems of States, two chapters
Compiler unknown
Transcribed by the Qing court, Kangxi period (1662-1722)
Format: 26.5 × 17 cm
Frame: 20.3 × 14.2 cm
One volume

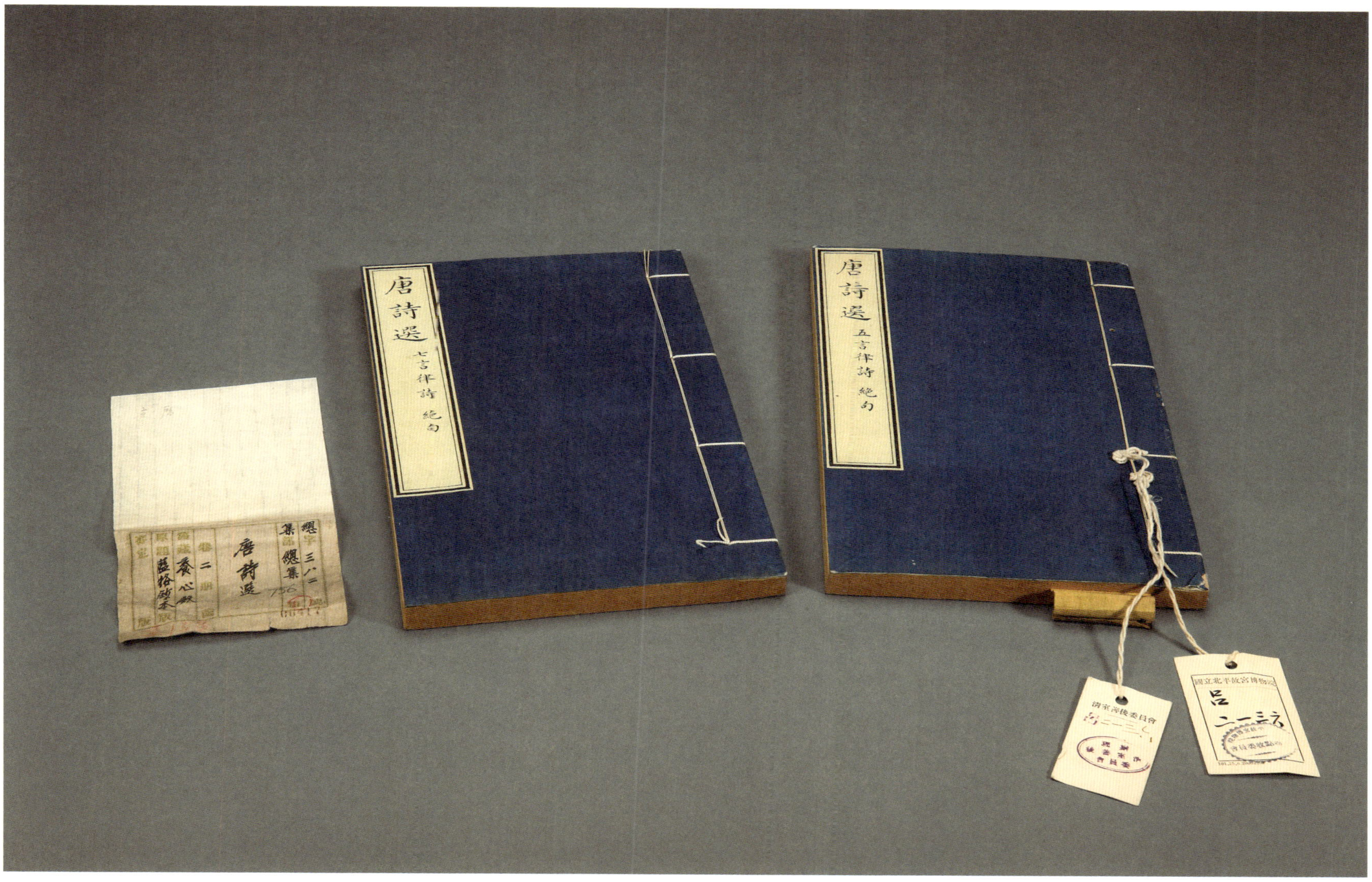

磁青絹面
Dark blue silk covers

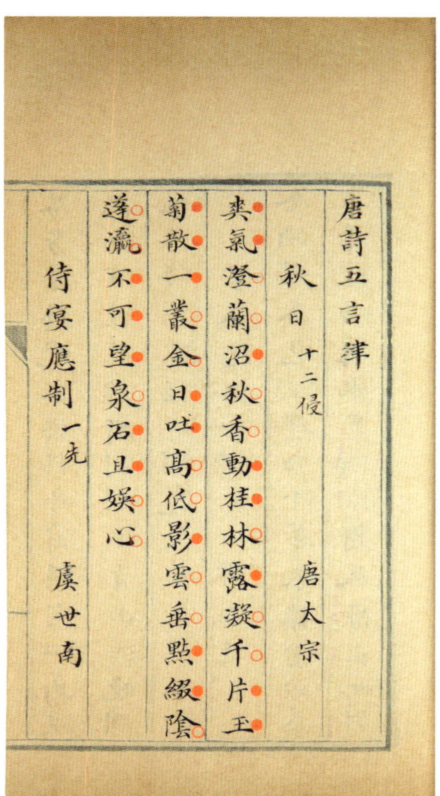

唐詩五言律
秋日 十二侵　唐太宗
爽氣澄蘭沼秋香動桂林露凝千片玉
菊散一叢金日吐高低影雲岳點綴陰
蓬瀛不可望泉石且娛心
侍宴應制 一先　虞世南

卷端
Beginning

134

書6753
《唐詩選》
不著編者名氏
清康熙年內府抄本
開本　縱25.4厘米　橫16.1厘米
版框　縱18厘米　橫11.7厘米
一冊

Shu 6753
Selected Tang Poems
Compiler unknown
Transcribed by the Qing court, Kangxi period (1662-1722)
Format: 25.4 × 16.1 cm
Frame: 18 × 11.7 cm
One volume

黄紙書面
Yellow paper covers

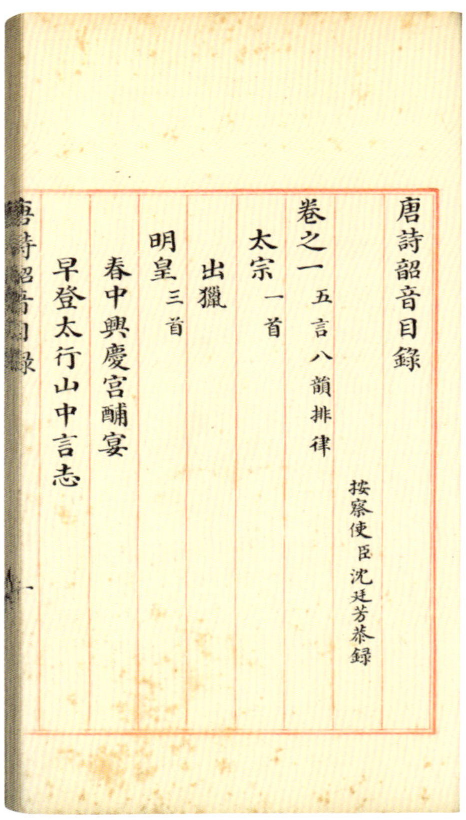

卷端
Beginning

135

書6754
《唐詩韻音五卷》
清　沈廷芳輯
清乾隆二十三年（1758）沈廷芳進呈抄本
開本　縦29厘米　横17.8厘米
版框　縦19.6厘米　横14.3厘米
六册

Shu 6754
Rhymed Sounds of Tang Poems
Five chapters
Compiled by Shen Tingfang, Qing dynasty (1644-1911)
Transcribed and presented to the Qing court by Shen Tingfang in 1758
Format: 29 × 17.8 cm
Frame: 19.6 × 14.3 cm
Six volumes

磁青絹面
Dark blue silk cover

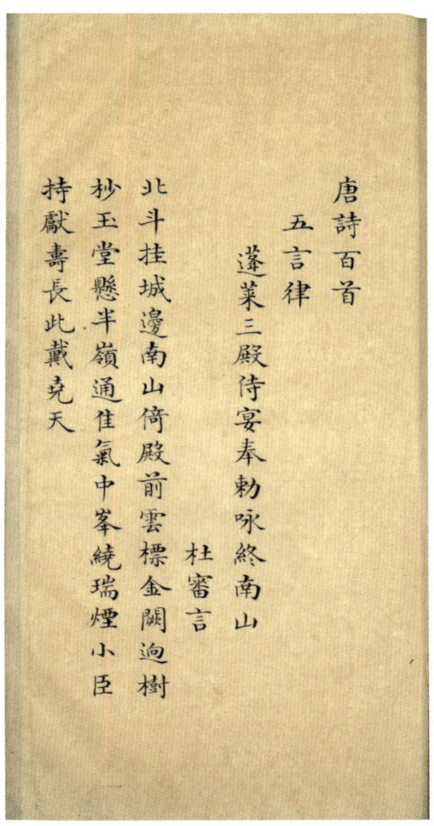

卷端
Beginning

書6755
《唐詩百首一卷》
不著編者名氏
清康熙年內府編選稿本
開本　縱24.6厘米　橫14.3厘米
一冊

136

Shu 6755
Hundred Tang Poems
One chapter
Compiler unknown
Draft transcribed by the Qing court, Kangxi period (1662-1722)
Format: 24.6 × 14.3 cm
One volume

黄紙書面
Yellow paper covers

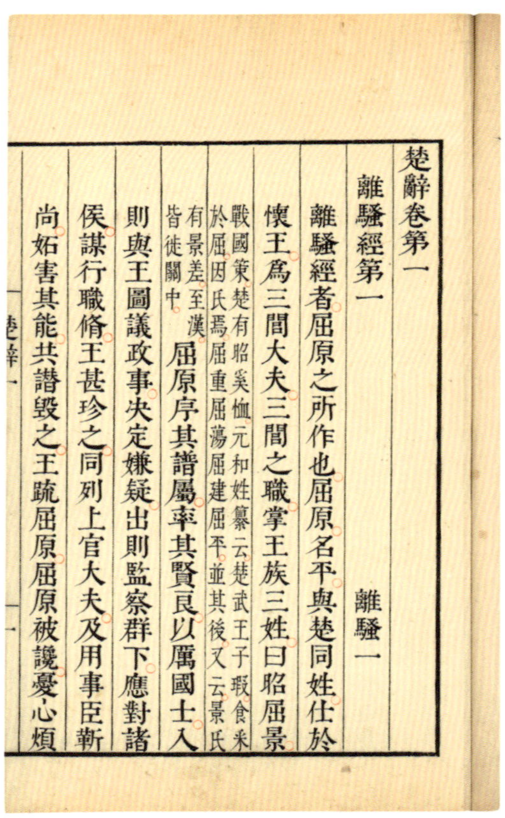

楚辭卷第一

離騷經第一　　離騷一

離騷經者屈原之所作也屈原名平與楚同姓仕於

懷王爲三閭大夫三閭之職掌王族三姓曰昭屈景

戰國策楚有昭奚恤元和姓纂云楚武王子瑕食采於屈因氏焉屈重屈蕩屈建屈平並其後又云景氏有景差至漢皆徙關中屈原序其譜屬率其賢良以厲國士入

則與王圖議政事決定嫌疑出則監察群下應對諸

侯謀行職脩王甚珍之同列上官大夫及用事臣靳

尚妬害其能共譖毀之王疏屈原屈原被讒憂心煩

楚辭一　　一

卷端
Beginning

書6760
《楚辭集注八卷辯證二卷後語六卷》
宋　朱熹撰
清康熙年内府抄本
開本　縱26.3厘米　橫16.9厘米
版框　縱20.2厘米　橫13.7厘米
二册

137

Shu 6760
Collected Commentaries on "Songs of Chu"
Eight chapters as text, two chapters as textual criticism, six chapters as postscripts
Compiled by Zhu Xi, Song dynasty (960-1279)
Transcribed by the Qing court, Kangxi period (1662-1722)
Format: 26.3 × 16.9 cm
Frame: 20.2 × 13.7 cm
Two volumes

黃綾暗紋書面
Yellow twill-weave silk covers with veiled pattern

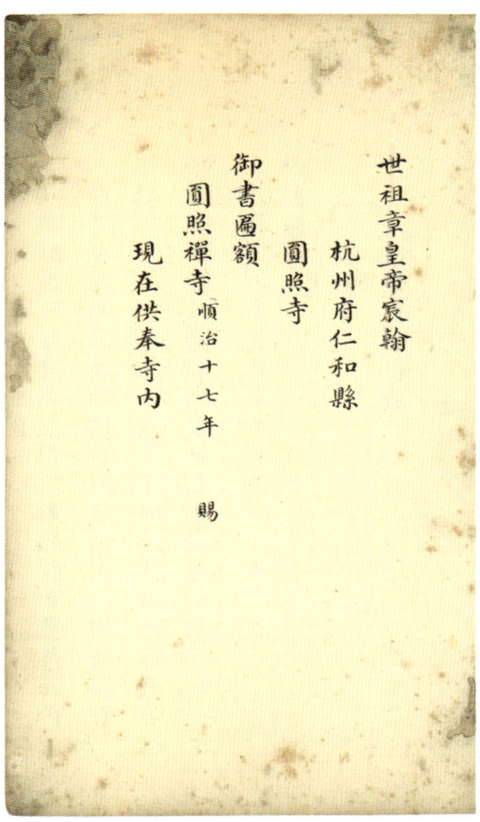

世祖章皇帝宸翰
杭州府仁和縣
圓照寺
御書匾額
圓照禪寺順治十七年賜
現在供奉寺內

卷端
Beginning

138

書6761
《三朝宸翰》
清　世祖福臨等撰
清乾隆年內府寫本
開本　縱29厘米　橫17.9厘米
二册

Shu 6761
Imperial Calligraphy of Three Reigns
Written by the Shunzhi emperor (r.1644-1661) et. al., Qing dynasty (1644-1911)
Transcribed by the Qing court, Qianlong period (1736-1795)
Format: 29 × 17.9 cm
Two volumes

外觀
Exterior

黃綾暗紋書面
Yellow twill-weave silk covers with veiled pattern

書6762
《四朝宸翰》
清　世祖福臨等撰
清乾隆年內府寫本
開本　縱28.9厘米　橫17.9厘米
五册

139

Shu 6762
Imperial Calligraphy of Four Reigns
Written by the Shunzhi emperor (r.1644-1661) et. al., Qing dynasty (1644-1911)
Transcribed by the Qing court, Qianlong period (1736-1795)
Format: 28.9 × 17.9 cm
Five volumes

世祖章皇帝宸翰

杭州府仁和縣

御書匾額

圓照寺

圓照禪寺順治十七年賜

現在供奉寺内

黄地五彩雲龍紋織錦書套
Yellow brocade case and covers with five-colored dragon and cloud pattern

黄地五彩雲龍紋織錦封面
Yellow brocade cover with five-colored dragon and cloud pattern

140

書6764

《聖駕南巡恭紀詩四卷》

清　顧汝修等撰
清乾隆年顏汝修馬燝等自寫進呈本
開本　縱26.5厘米　横16.5厘米
版框　縱19.7厘米　横13厘米
四册

Shu 6764

Poems Respectfully Recording Imperial Tour to South China

Four chapters
Written by Gu Ruzhen et. al., Qing dynasty (1644-1911)
Transcribed and presented to the Qing court by Yan Ruzhen, Ma Jing et. al., Qianlong period (1736-1795)
Format: 26.5 × 16.5 cm
Frame: 19.7 × 13 cm
Four volumes

扉頁：雲蝠圖
Bats in the clouds

聖駕南巡詩 五律十六首
景運重熙日
慈寧萬壽年巡方臨海甸問俗歷江天北闕祥雲合
南州淑氣鮮
九重光孝治膏雨遍山川
丕顯
文謨遠欽承仰
聖皇時和徵累洽歲稔應重光
清問求民莫
宸遊率舊章上辛祈穀後雷動六龍翔
肅奉
慈闈駕春原草色酣風光暄趙北罨畫指江南雲静

卷端
Beginning

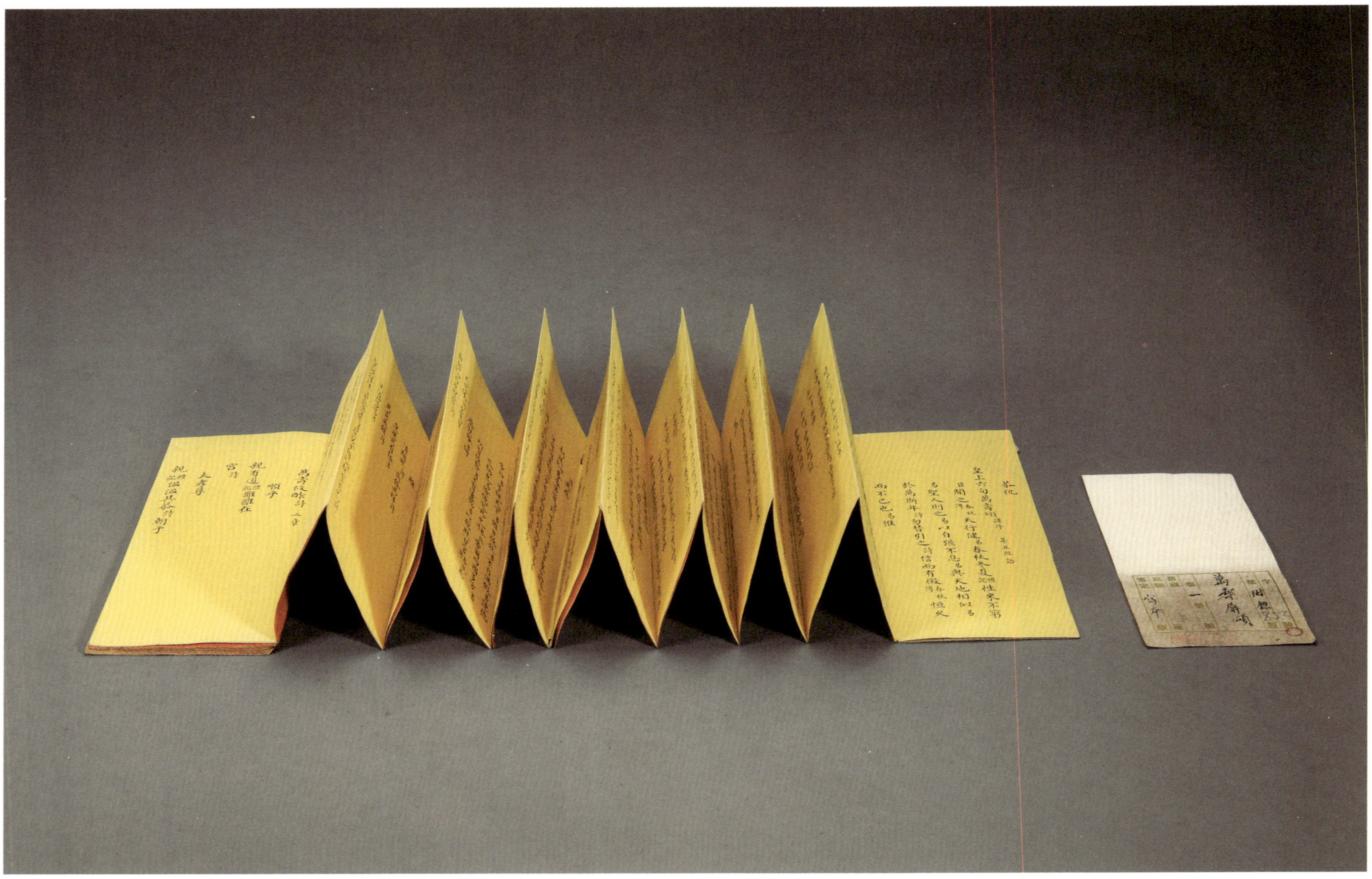

經折裝
Sutra way of mounting

141

書6765
《萬壽屏頌》
清　尹繼善等撰
清乾隆三十八年（1773）進呈寫本
開本　縱22厘米　橫10.2厘米
一冊

Shu 6765
Longevity Odes
Written by Yin Jishan et. al., Qing dynasty (1644-1911)
Transcribed and presented to the Qing court in 1773
Format: 22 × 10.2 cm
One volume

恭祝

皇上六旬萬壽頌謹序集五經語

臣聞之春秋傳天行健易春秋冬夏禮記往來不窮易

聖人則之易以自彊不息易與天地相似易於萬斯年詩勿替引之詩信而有徵春秋傳恒久而不已也易惟

天生聰明時乂書惟

聖時憲書奉三無私以勞天下禮記一日二日萬幾書不敢自暇自逸書發號施令禮記班朝治軍禮記考禮正刑一德禮記無小無大詩罔非在中書能保惠于庶民書思其艱以圖其易書彰善癉惡書閑之以義春秋傳樂事勸功禮記使之以和春秋傳于

卷端
Beginning

紫檀書面
Red sandalwood cover

外觀
Exterior

書6766
《清高宗五旬萬壽詩文》
清　蔣溥等撰
清乾隆二十五年（1760）蔣溥等進呈抄本
開本　縱21.2厘米　橫12.6厘米
版框　縱14厘米　橫9.5厘米
四册

142

Shu 6766
Poems and Essays on the Fiftieth Birthday of the Qianlong Emperor
Written by Jiang Pu et. al., Qing dynasty (1644-1911)
Transcribed and presented to the Qing court by Jiang Pu et. al. in 1760
Format: 21.2 × 12.6 cm
Frame: 14 × 9.5 cm
Four volumes

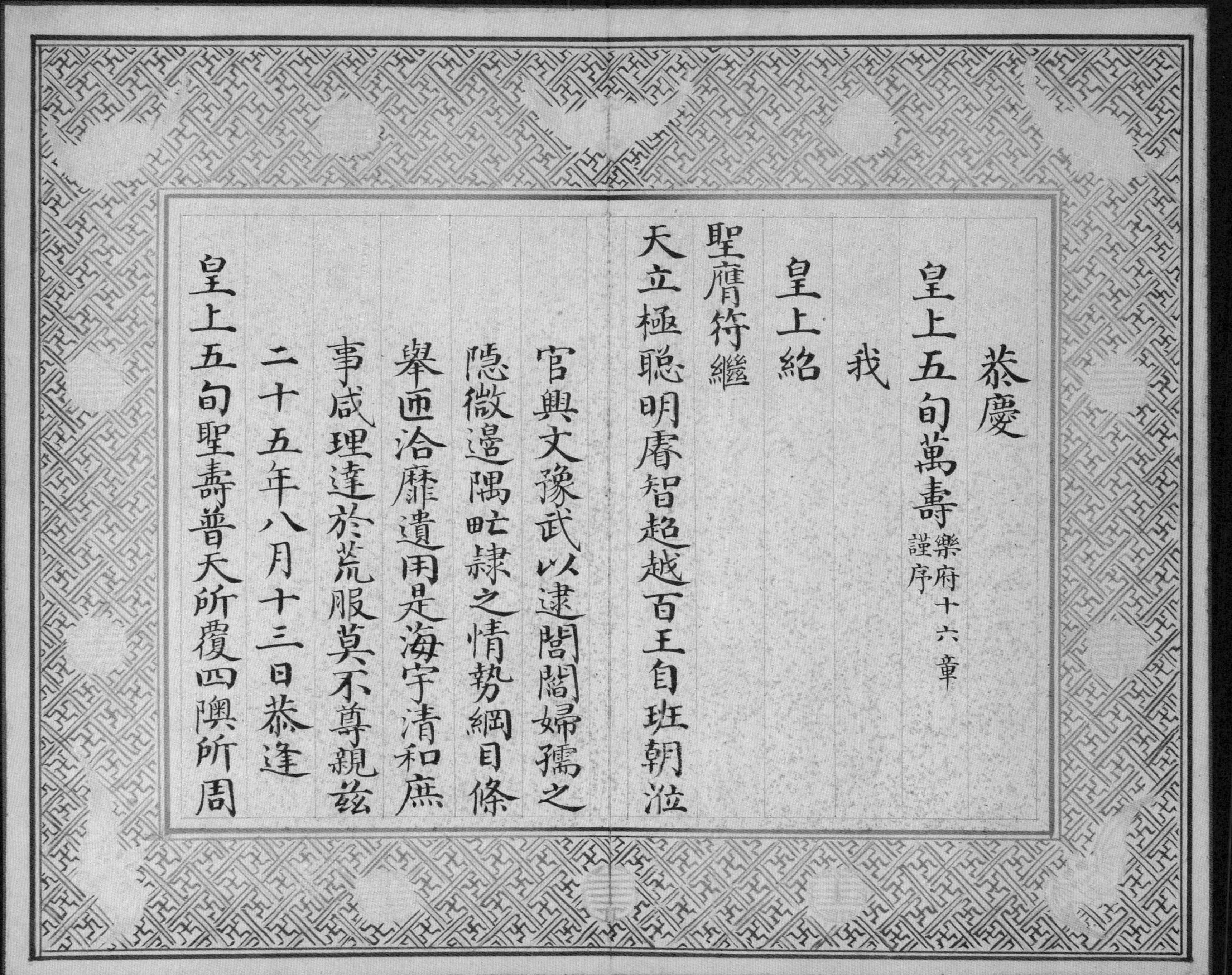

恭慶

皇上五旬萬壽樂府十六章謹序

我

皇上紹

聖膺符繼

天立極聰明睿智超越百王自班朝涖

官興文豫武以逮閭閻婦孺之

隱微邊隅甿隸之情勢綱目條

舉函洽靡遺用是海宇清和庶

事咸理達於荒服莫不尊親茲

二十五年八月十三日恭逢

皇上五旬聖壽普天所覆四隩所周

卷端
Beginning

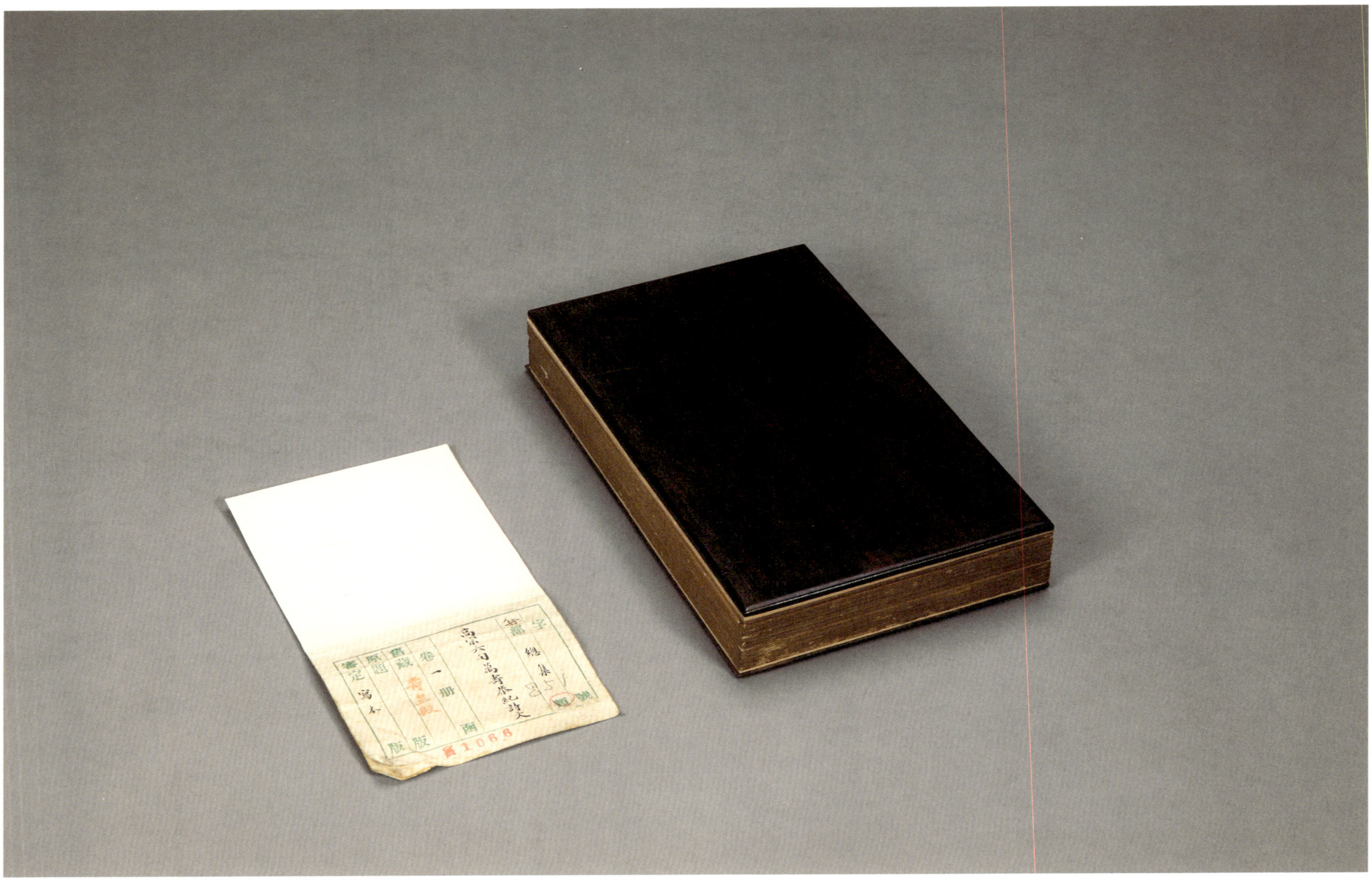

紫檀書面
Red sandalwood cover

書6767
《清高宗六旬萬壽詩》
清　于敏中撰
清乾隆三十五年（1770）于敏中進呈抄本
開本　縱20.8厘米　橫12.4厘米
版框　縱14.6厘米　橫9.5厘米
143 一冊

Shu 6767
Poems on the Sixtieth Birthday of the Qianlong Emperor
Written by Yu Minzhong, Qing dynasty (1644-1911)
Transcribed and presented to the Qing court by Yu Minzhong in 1770
Format: 20.8 × 12.4 cm
Frame: 14.6 × 9.5 cm
One volume

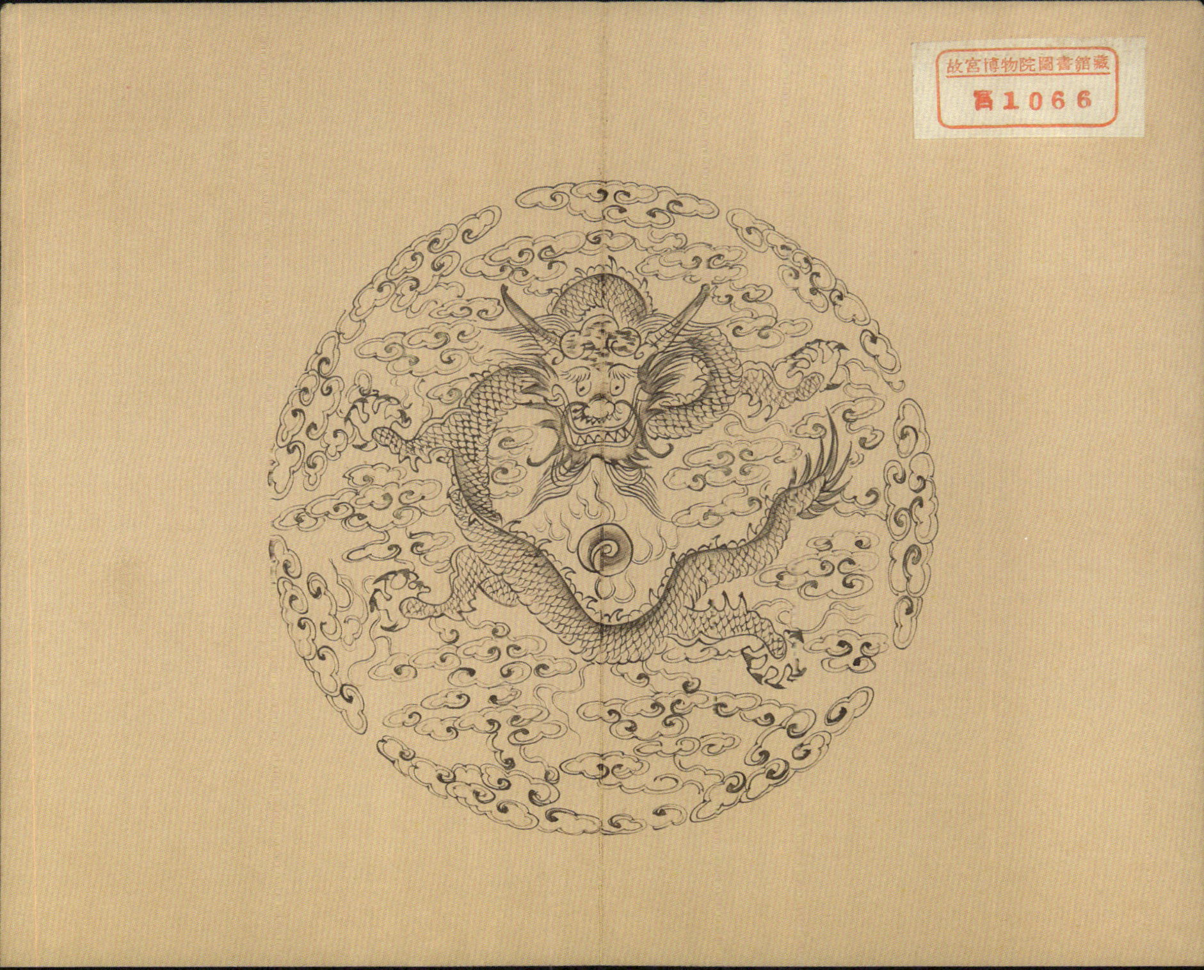

扉頁：雲龍圖
Dragon in the clouds

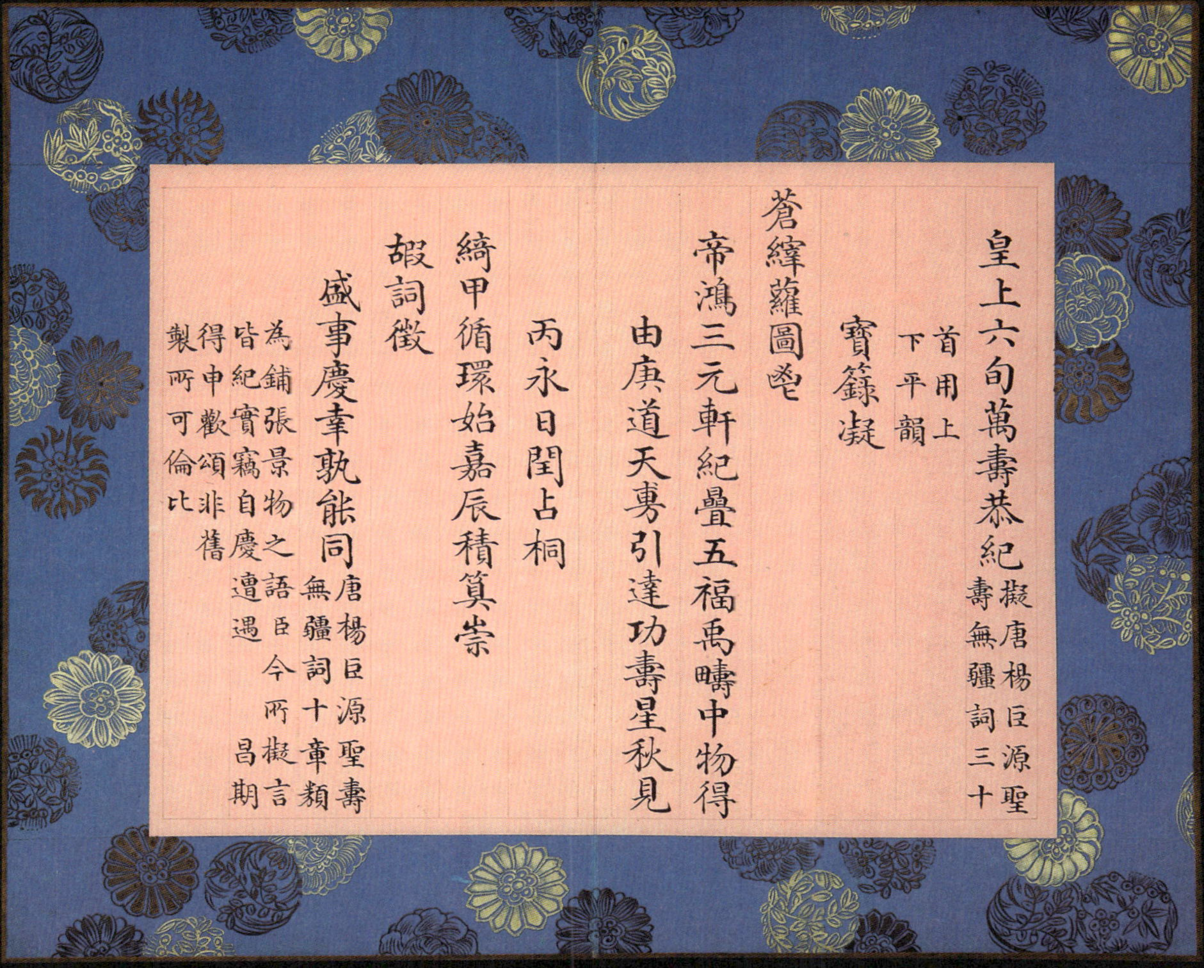

皇上六旬萬壽恭紀擬唐楊巨源聖壽無疆詞三十首用上下平韻

寶籙凝
蒼緯蘿圖鬯
帝鴻三元軒紀疊五福禹疇中物得
由庚道天專引達功壽星秋見
丙永日閏占桐
綺甲循環始嘉辰積算崇
嘏詞徵
盛事慶幸孰能同唐楊巨源聖壽無疆詞十章類為鋪張景物之語臣今所擬言皆紀實竊自慶遭遇昌期得申歡頌非舊製所可倫比

卷端
Beginning

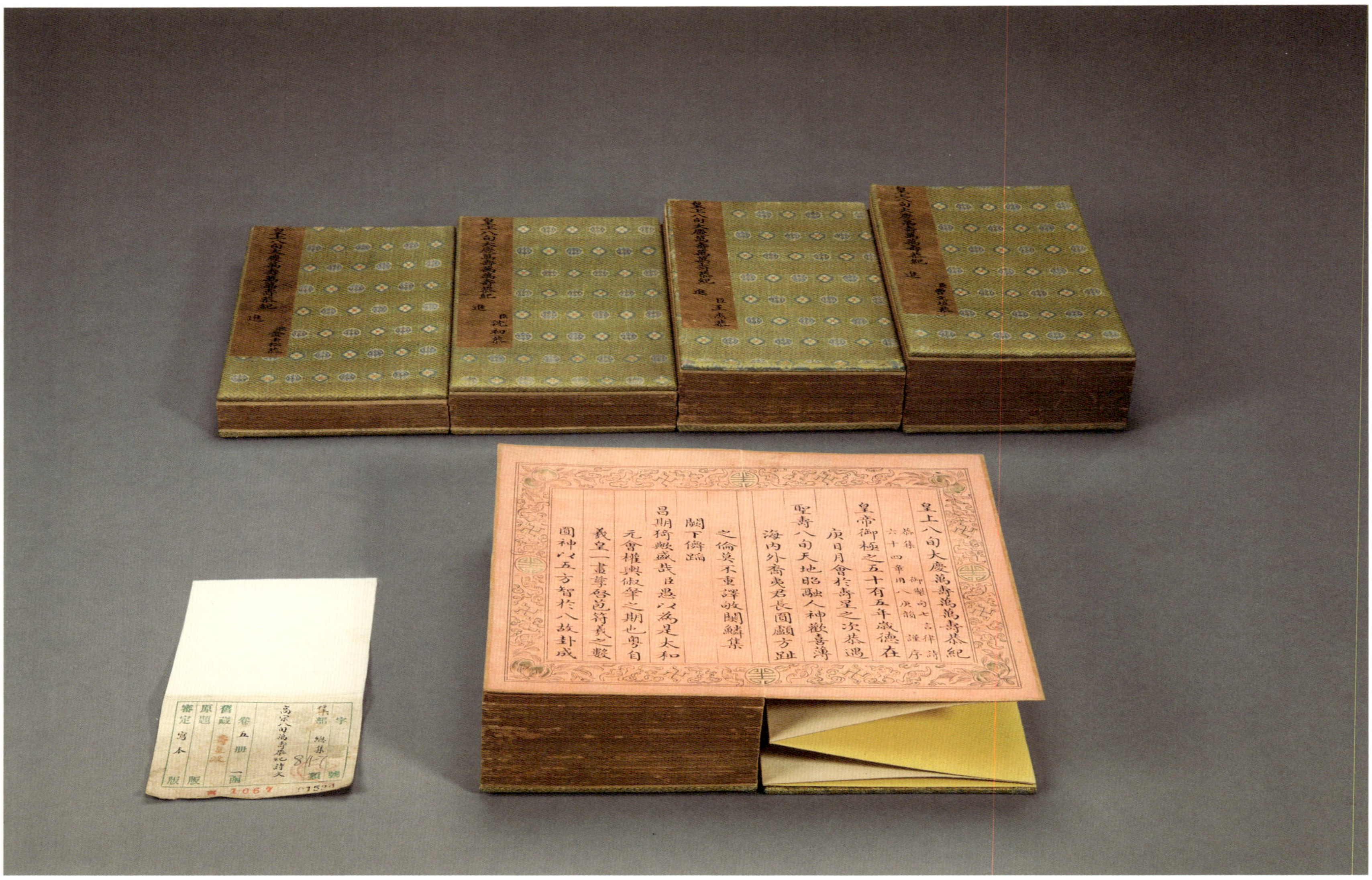

書册、正文
Book covers and text

外觀
Exterior

書6768
《清高宗八旬萬壽詩文》
清　董誥等撰
清乾隆五十五年（1790）董誥等進呈抄本
開本　縱20.9厘米　橫12.2厘米
版框　縱14.7厘米　橫9.5厘米
五册

144

Shu 6768
Poems and Essays on the Eightieth Birthday of the Qianlong Emperor
Written by Dong Gao et. al., Qing dynasty (1644-1911)
Transcribed and presented to the Qing court by Dong Gao et. al. in 1790
Format: 20.9 × 12.2 cm
Frame: 14.7 × 9.5 cm
Five volumes

扉頁：雲龍圖
Dragon in the clouds

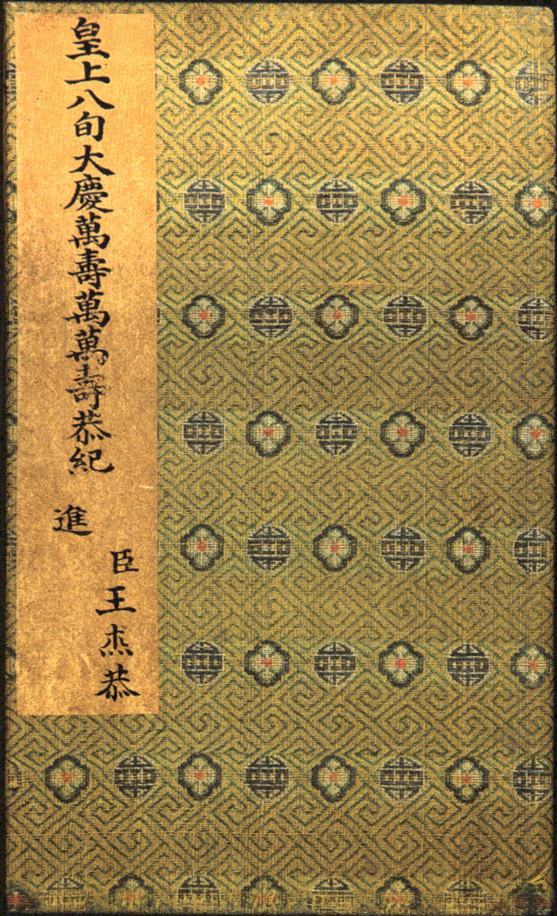

绿地萬壽字朵花織錦書面
Green brocade cover with longevity medallions and floral pattern

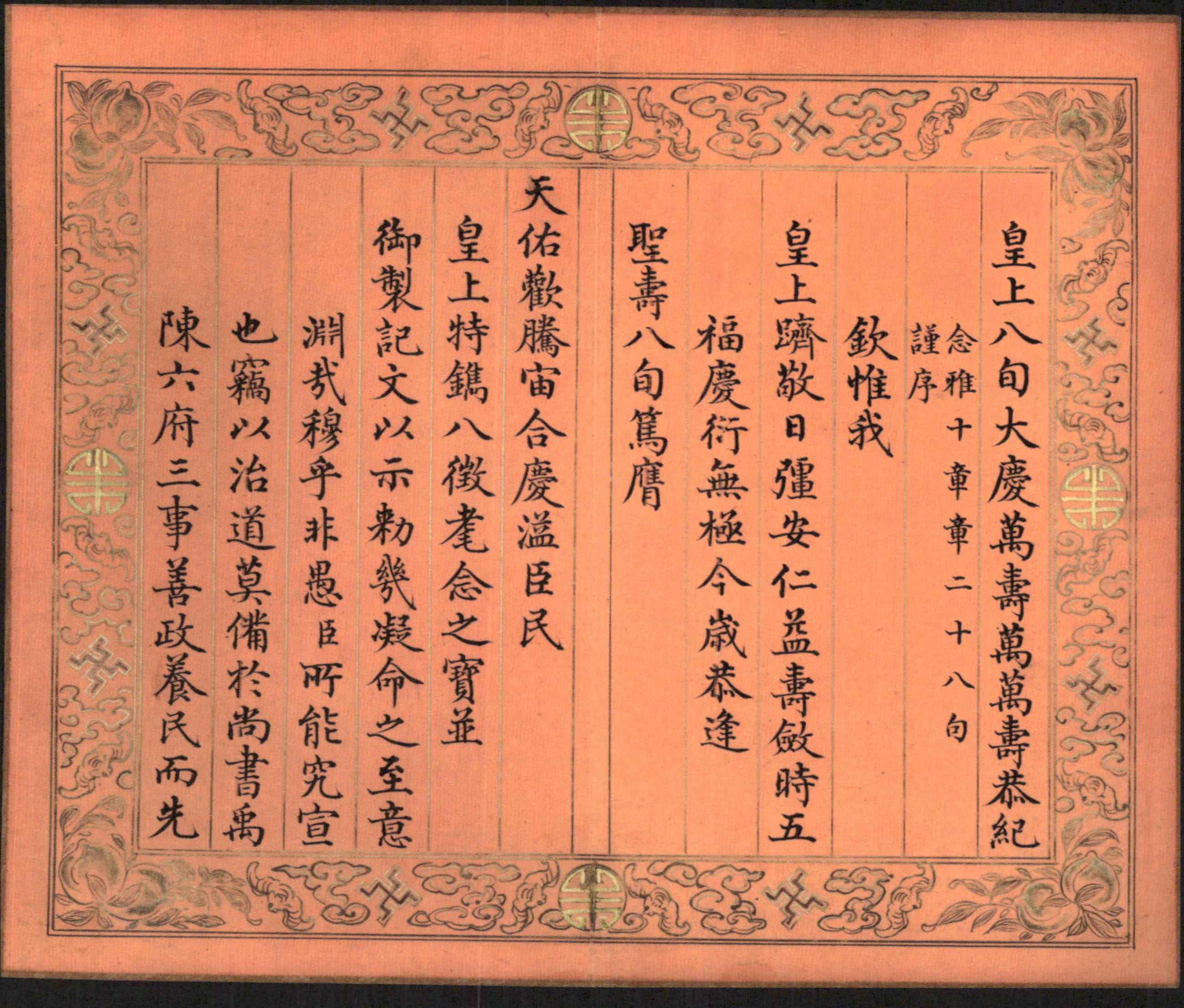

皇上八旬大慶萬壽萬萬壽恭紀

念雅十章章二十八句

謹序

欽惟我

皇上躋敬日彊安仁益壽斂時五

福慶衍無極今歲恭逢

聖壽八旬篤膺

天佑歡騰宙合慶溢臣民

皇上特鐫八徵耄念之寶並

御製記文以示勅幾凝命之至意

淵哉穆乎非愚臣所能究宣

也竊以治道莫備於尚書禹

陳六府三事善政養民而先

卷端
Beginning

綠地朵花織錦函套及木書盒
Green brocade cover with floral pattern and wood case

外觀
Exterior

書6769
《萬壽無疆賦》
清　陸潤庠等撰
清光緒三十年（1904）陸潤庠等進呈寫本
開本　縱4.8厘米　橫14.4厘米
版框　縱17.5厘米　橫10.8厘米
函套　縱29厘米　橫19厘米　高 9.3厘米
五册

145

Shu 6769
Longevity Rhapsody
Written by Lu Runxiang et. al., Qing dynasty (1644-1911)
Transcribed and presented to the Qing court by Lu Runxiang et. al. in 1904
Format: 4.8 × 14.4 cm
Frame: 17.5 × 10.8 cm
Case: 29 × 19 × 9.3 cm
Five volumes

雲頭書套
Cloud-shaped envelope

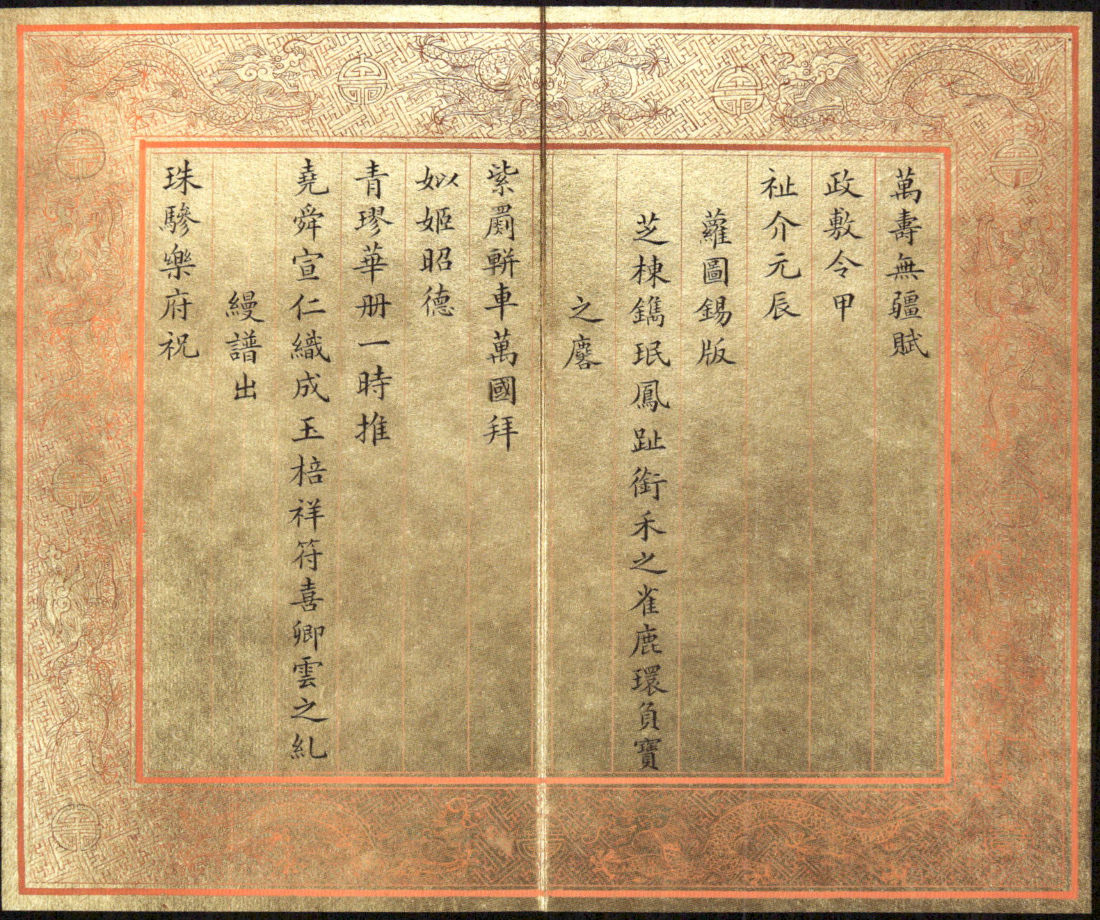

卷端
Beginning

绿地朵花織錦函套
Green brocade cover with floral pattern

外觀
Exterior

綠地織錦書面
Green brocade cover

書6770
《孝聖憲皇后七旬萬壽詩文》
清　錢大昕等撰
清乾隆二十六年（1761）錢大昕等進呈寫本
開本　縱20.6厘米　橫12.6厘米
版框　縱14.6厘米　橫9.6厘米
二百九十五冊

146

Shu 6770
Poems and Essays on the Seventieth Birthday of the Xiaoshengxian Empress
Written by Qian Daxin et. al., Qing dynasty (1644-1911)
Transcribed and presented to the Qing court by Qian Daxin et. al. in 1761
Format: 20.6 × 12.6 cm
Frame: 14.6 × 9.6 cm
295 volumes

扉頁：雲龍圖
Dragon in the clouds

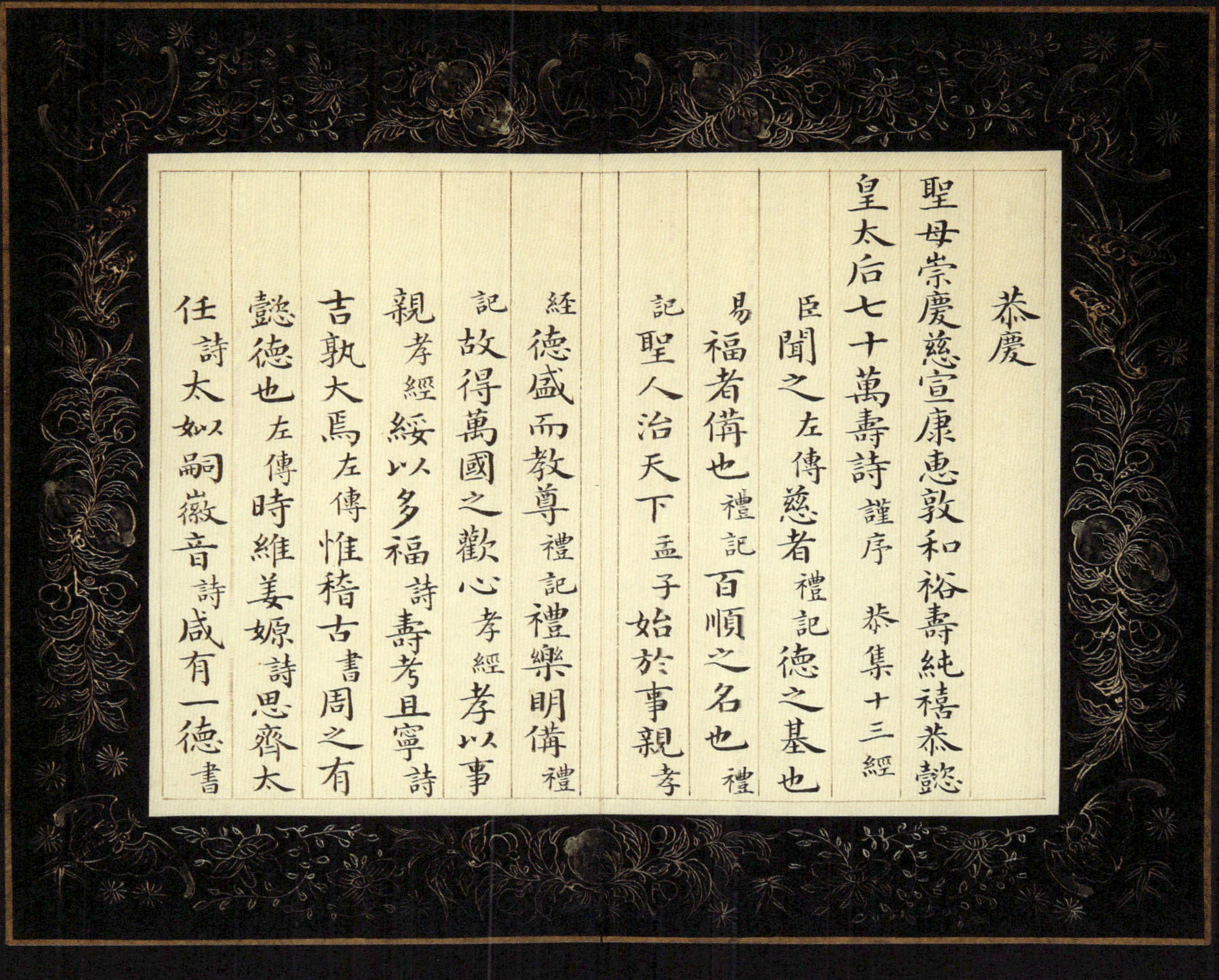

恭慶
聖母崇慶慈宣康惠敦和裕壽純禧恭懿
皇太后七十萬壽詩謹序 恭集十三經
臣聞之左傳慈者禮記德之基也
易福者備也禮記百順之名也禮
記聖人治天下孟子始於事親孝
經德盛而教尊禮記禮樂明備禮
記故得萬國之歡心孝經孝以事
親孝經綏以多福詩壽考且寧詩
吉孰大焉左傳惟稽古書周之有
懿德也左傳時維姜嫄詩思齊太
任詩太姒嗣徽音詩咸有一德書

卷端
Beginning

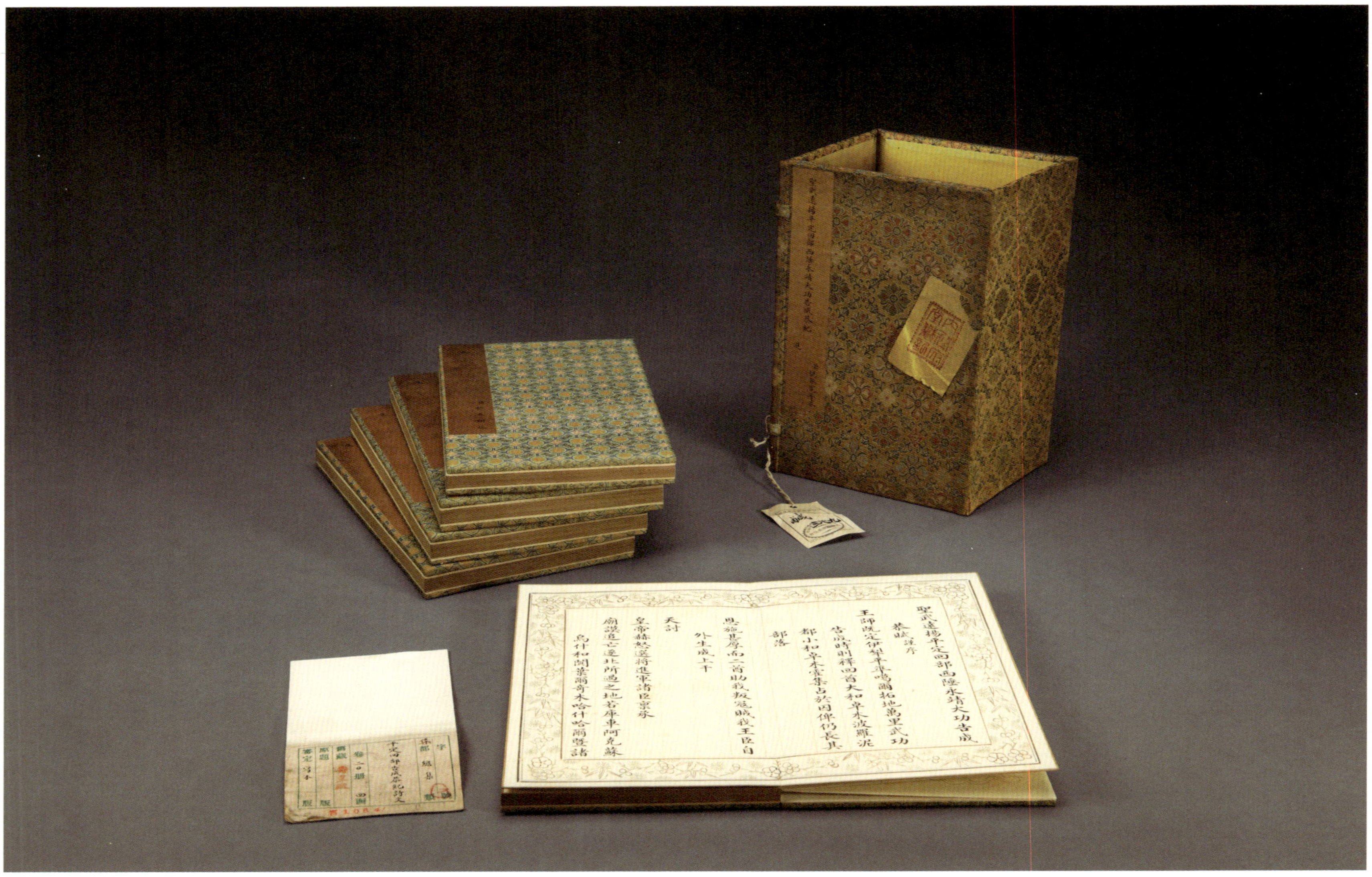

書套、書冊、正文
Case, books and text

黄地朵花錦函
Yellow brocade case with floral pattern

147

書6773
《聖武遠揚平定回部西陲永靖大功告成恭紀詩文》
清　倪承寛等撰
清乾隆二十四年（1759）進呈寫本
開本　縱23厘米　橫14厘米
版框　縱17.2厘米　橫11.3厘米
二十册

Shu 6773
Poems and Essays on Celebrating the Complete Success in Pacifying Western Frontiers
Written by Ni Chengkuan et. al., Qing dynasty (1644-1911)
Transcribed and presented to the Qing court in 1759
Format: 23 × 14 cm
Frame: 17.2 × 11.3 cm
Twenty volumes

聖武遠揚平定回部西陲永靖大功告成

恭賦謹序

王師既定伊犁平準噶爾拓地萬里武功
告成時則釋回酋大和卓木波羅泥
都小和卓木霍集占於囚俾仍長其
部落

恩施甚厚而二酋助我叛寇賊我王臣自
外生成上干
天討
皇帝赫怒選將進軍諸臣稟承
廟謨追亡逐北所過之地若庫車阿克蘇
烏什和闐葉爾奇木哈什哈爾暨諸

卷端
Beginning

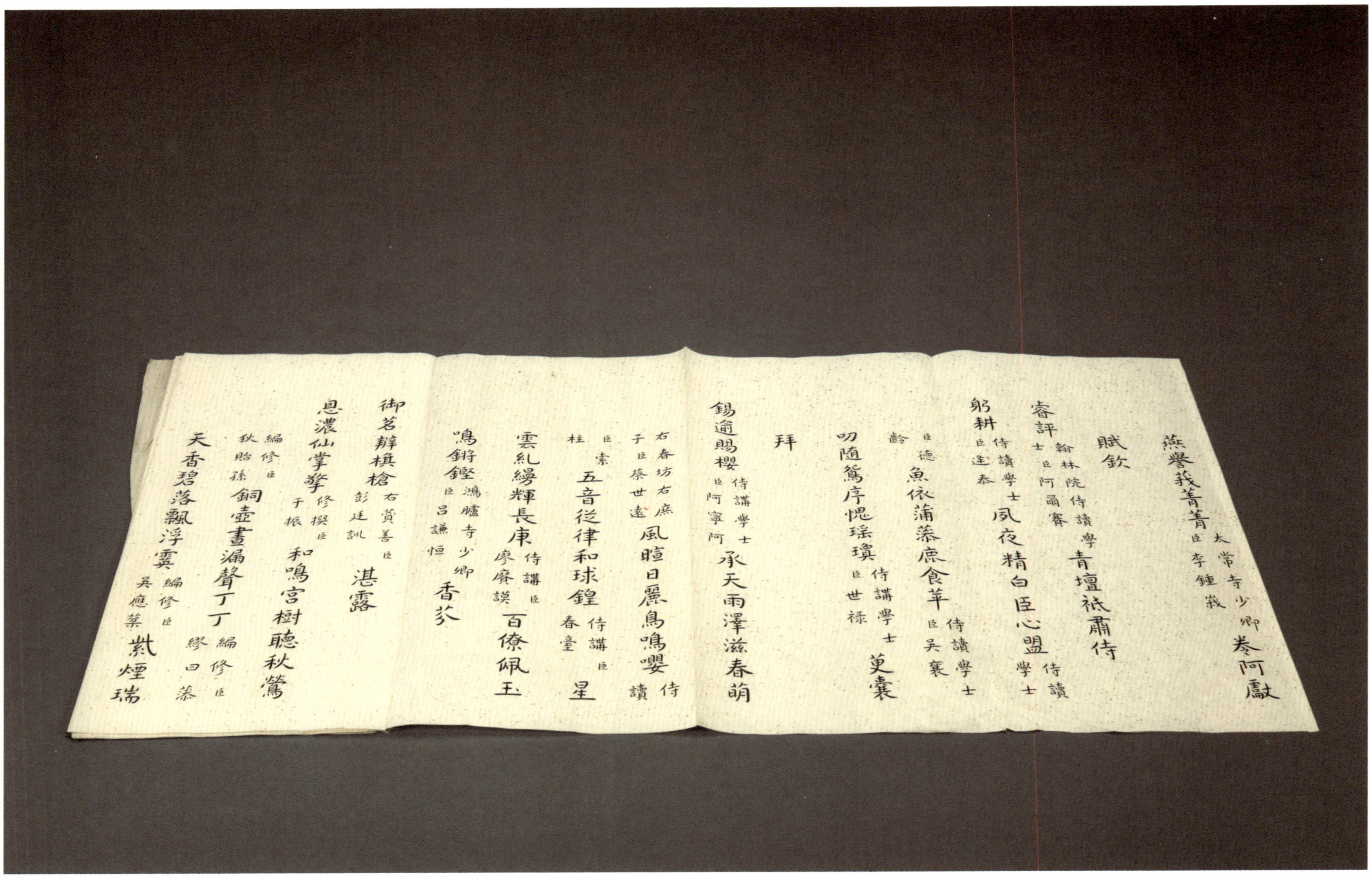

紙本全卷
Paper sheet

書6774
《和雍正帝天清地寧四序詩》
清　世宗胤禛撰　允祉等和
清雍正年允禮奉敕寫本
一冊

148

Shu 6774
Poems of Four Seasons on Heavenly Purity and Earthly Tranquility
Written by the Yongzheng emperor (r.1723-1735)
Accompanied by Yunzhi et. al.
Transcribed by imperial order by Yunli, Yongzheng period
One volume

御製

天清地寧四序成

賡歌拜手頌昇平 和碩誠親王臣允祉 卿雲

旭日暎金英 和碩恆親王臣允祺

息覃九有仰文明 和碩怡親王臣允祥 普天率土

慶時亨 和碩莊親王臣允祿 頒抒愚忱體維

城 多羅果郡王臣允禮

皇四子

卷端
Beginning

外觀
Exterior

黑漆描金雲龍紋立式書匣
Black lacquer case traced with gold dragons in the clouds

書6775
《樂善堂文鈔序》
清　張廷玉等撰
清雍正年戴臨寫本
開本　縱21.6厘米　橫13.2厘米
版框　縱16.1厘米　橫9.3厘米
函套　縱43.8厘米　橫24.6厘米　高 17.6厘米
十四冊

149

Shu 6775
Preface to Prose Anthology of Leshan Hall
Written by Zhang Tingyu et. al., Qing dynasty (1644-1911)
Transcribed by Dai Lin, Yongzheng period (1723-1735)
Format: 21.6 × 13.2 cm
Frame: 16.1 × 9.3 cm
Case: 43.8 × 24.6 × 17.6 cm
Fourteen volumes

“重華宮寶”印
Impression of “Chonghuagong bao”
(seal for the Palace of Double Brilliance)

“五福五代堂古稀天子寶”及“八徵耄念之寶”印
Impressions of “wu fu wu dai tang guxi tianzi bao”
(seal for seventy-year-old Son of Heaven with five blessings and five generations)
and “ba zheng mao nian zhi bao”
(seal in memory of the eightieth birthday)

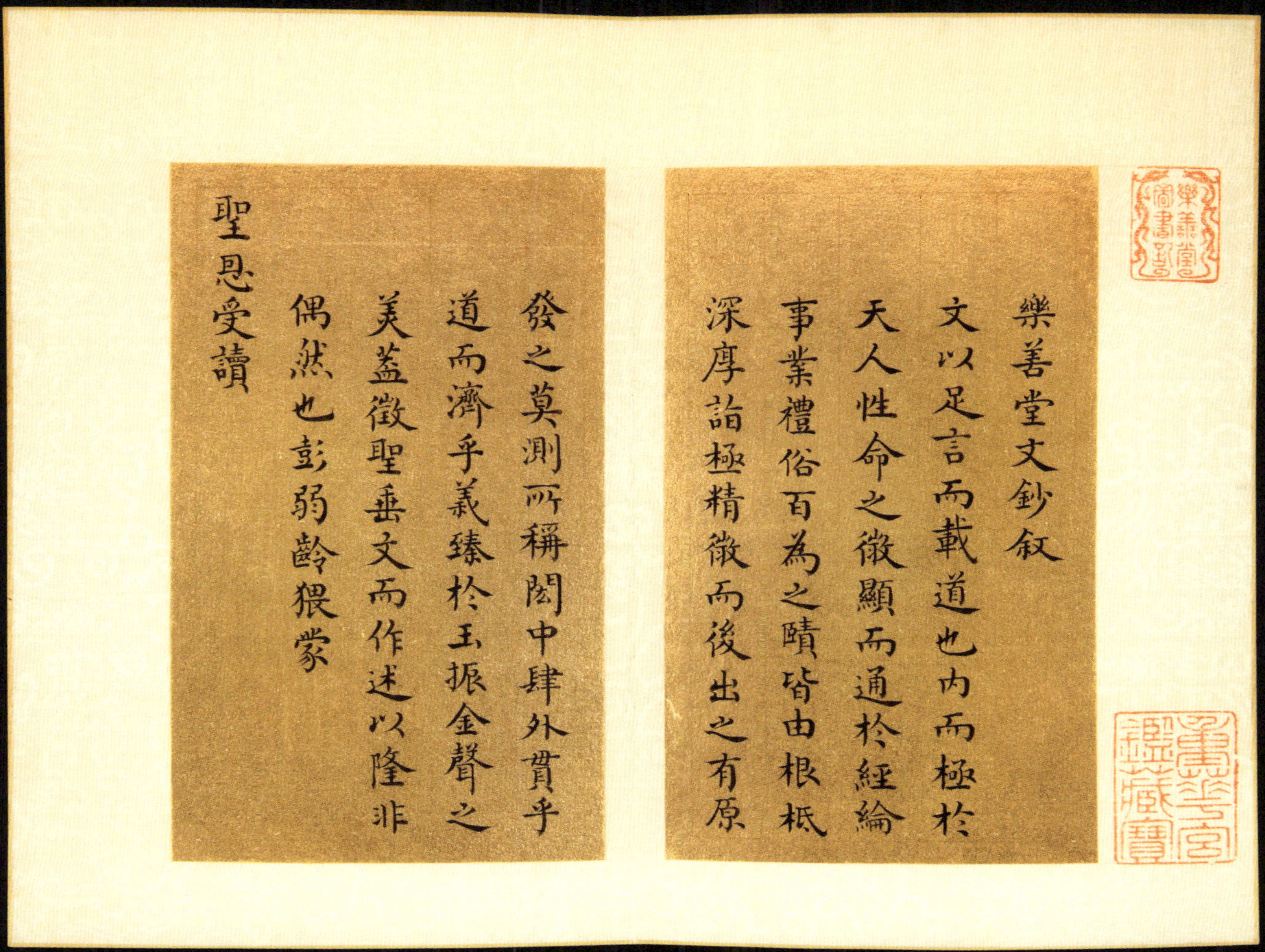

樂善堂文鈔叙

文以足言而載道也內而極於
天人性命之微顯而通於經綸
事業禮俗百為之蹟皆由根柢
深厚詣極精微而後出之有原
發之莫測所稱閎中肆外貫乎
道而濟乎義臻於玉振金聲之
美蓋徵聖垂文而作述以隆非
偶然也彭弱齡猥蒙
聖恩受讀

卷端
Beginning

絁紅書套、書面
Red case and book covers

外觀
Exterior

150

書6776
《諸葛丞相集四卷》
漢　諸葛亮撰
清抄本
開本　縱22.4厘米　橫13.2厘米
四册

Shu 6776
Collection of Prime Minister Zhuge
Four chapters
Written by Zhuge Liang (181-234)
Transcribed in the Qing dynasty (1644-1911)
Format: 22.4 × 13.2 cm
Four volumes

諸葛丞相集卷一

古虞朱璘纂緝

漢丞相諸葛亮著

吟

梁甫吟

步出齊城門遙望蕩陰里里中有三墳纍纍正相似

問是誰家墓田疆古冶氏力能排南山文能絕地紀

一朝被讒言二桃殺三士誰能為此謀相國齊晏子

磁青書面
Dark blue covers

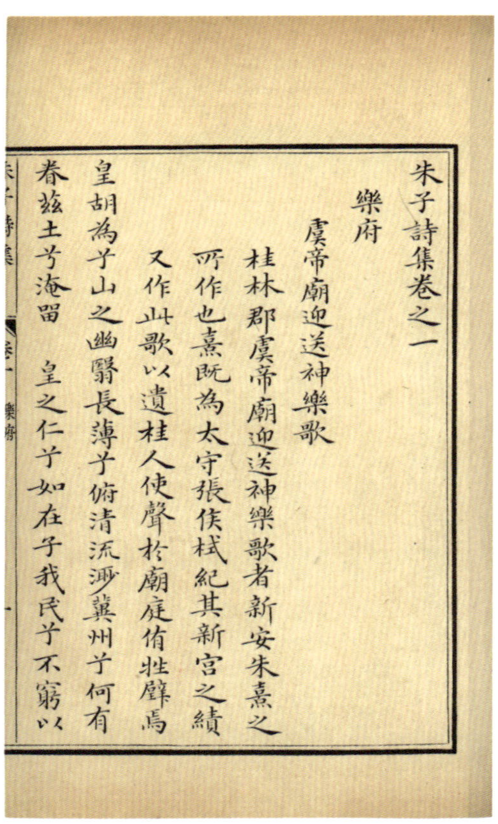

朱子詩集卷之一

樂府

虞帝廟迎送神樂歌

桂林郡虞帝廟迎送神樂歌者新安朱熹之所作也熹既為太守張侯栻紀其新宮之績又作此歌以遺桂人使聲於廟庭侑牲薦焉

皇胡為兮山之幽翳長薄兮俯清流涉冀州兮何有眷茲土兮淹留　皇之仁兮如在子我民兮不窮以

卷端
Beginning

151

書6784

《朱子詩集十卷附考异》

宋　朱熹撰
清康熙年內府精抄本
開本　縱27.4厘米　橫18厘米
版框　縱20.7厘米　橫14.9厘米
四冊

Shu 6784

Poetry Anthology of Zhu Xi

Ten chapters, appended with study of differences
Written by Zhu Xi, Song dynasty (960-1279)
Transcribed by the Qing court, Kangxi period (1662-1722)
Format: 27.4 × 18 cm
Frame: 20.7 × 14.9 cm
Four volumes

磁青書面
Dark blue cover

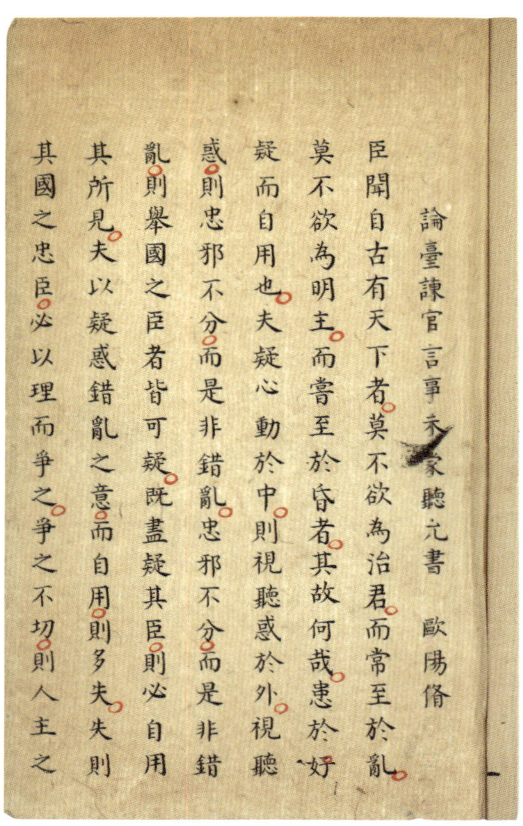
論臺諫官言事未蒙聽允書　歐陽脩
臣聞自古有天下者莫不欲為治君而常至於亂
莫不欲為明主而嘗至於昏者其故何哉患於好
疑而自用也夫疑心動於中則視聽惑於外視聽
惑則忠邪不分而是非錯亂忠邪不分而是非錯
亂則舉國之臣者皆可疑既盡疑其臣則必自用
其所見夫以疑惑錯亂之意而自用則多失失則
其國之忠臣必以理而爭之爭之不切則人主之

卷端
Beginning

152

書6786
《歐陽文式一卷》
宋　歐陽修撰
清抄本
開本　縱25.1厘米　橫16.2厘米
一冊

Shu 6786
Ouyang Essays
One chapter
Written by Ouyang Xiu, Song dynasty (960-1279)
Transcribed by the Qing dynasty (1644-1911)
Format: 25.1 × 15.2 cm
One volume

黄綾雲龍紋書面
Yellow twill-weave silk cover with dragon and cloud pattern

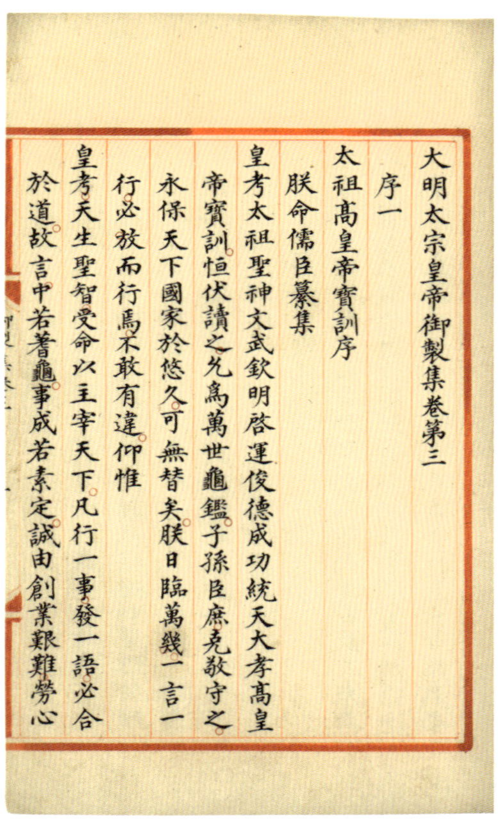

大明太宗皇帝御製集卷第三
序一
太祖高皇帝寶訓序
朕命儒臣纂集
皇考太祖聖神文武欽明啓運俊德成功統天大孝高皇
帝寶訓恒伏讀之允為萬世龜鑑子孫臣庶克敬守之
永保天下國家於悠久可無替矣朕日臨萬幾一言一
行必放而行焉不敢有違仰惟
皇考天生聖智受命以主宰天下凡行一事發一語必合
於道故言中若蓍龜事成若素定誠由創業艱難勞心

卷端
Beginning

153

書6789
《大明太宗皇帝御製集》
明　成祖朱棣撰
明內府朱格抄本
開本　縱34.1厘米　橫23.2厘米
版框　縱26.4厘米　橫19厘米
二册

Shu 6789
Collection of the Taizong Emperor of the Great Ming
Written by the Taizong emperor (r.1403-1424)
Transcribed in red columns by the Ming court
Format: 34.1 × 23.2 cm
Frame: 26.4 × 19 cm
Two volumes

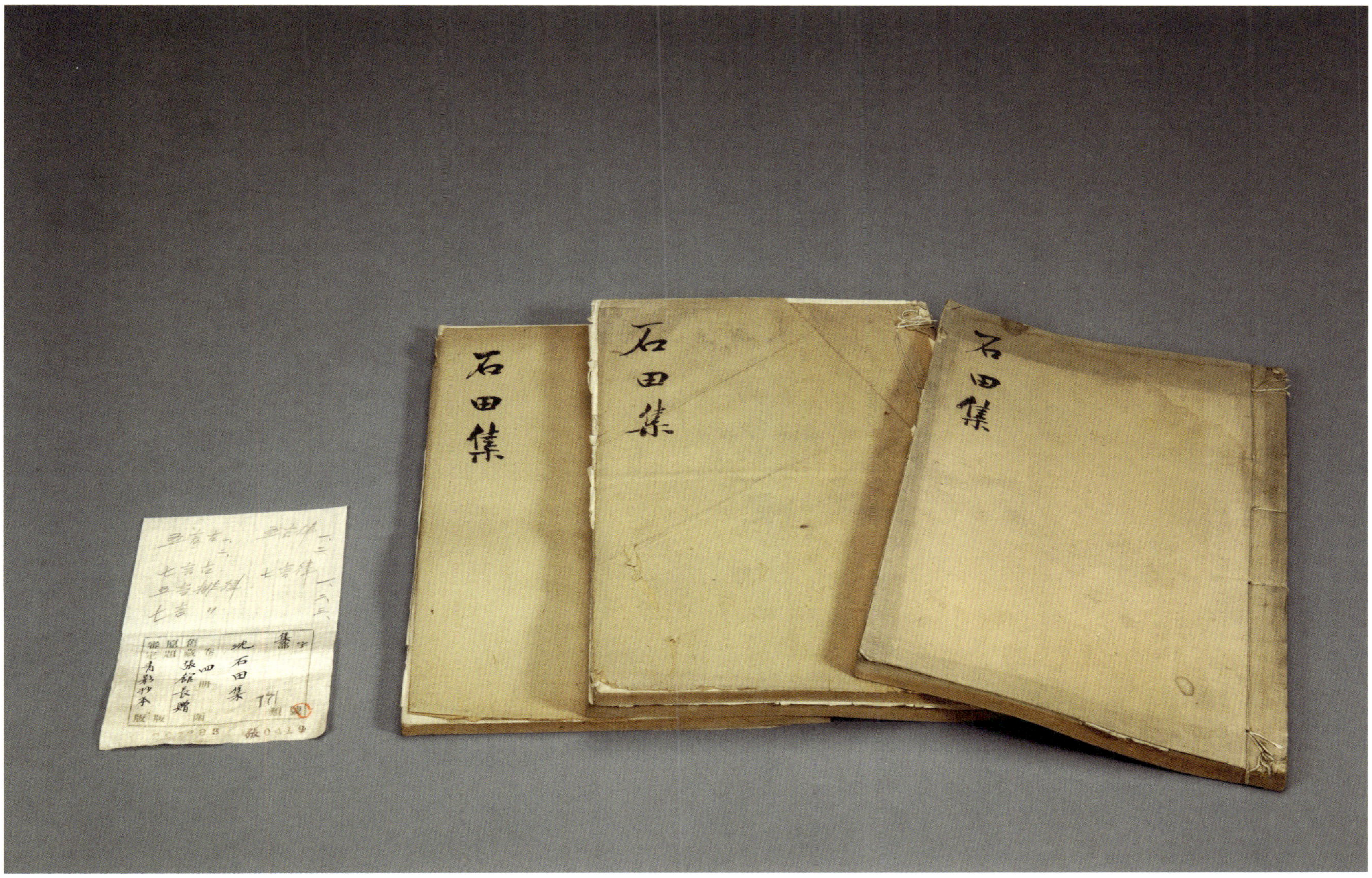

黄紙書面
Pale yellow paper covers

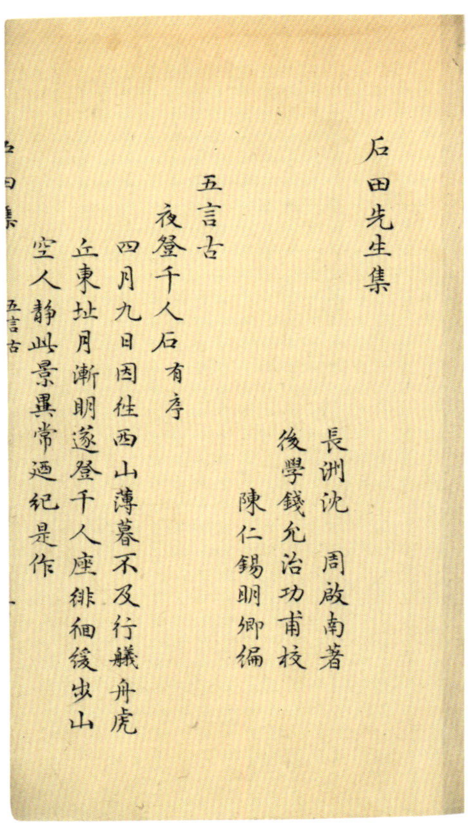

卷端
Beginning

154

書6790
《石田先生集》
明　沈周撰
清抄本
開本　縱29.3厘米　橫18.3厘米
四册

Shu 6790
Collection of Mr. Shitian
Written by Shen Zhou, Ming dynasty (1368-1644)
Transcribed in the Qing dynasty (1644-1911)
Format: 29.3 × 18.3 cm
Four volumes

外觀
Exterior

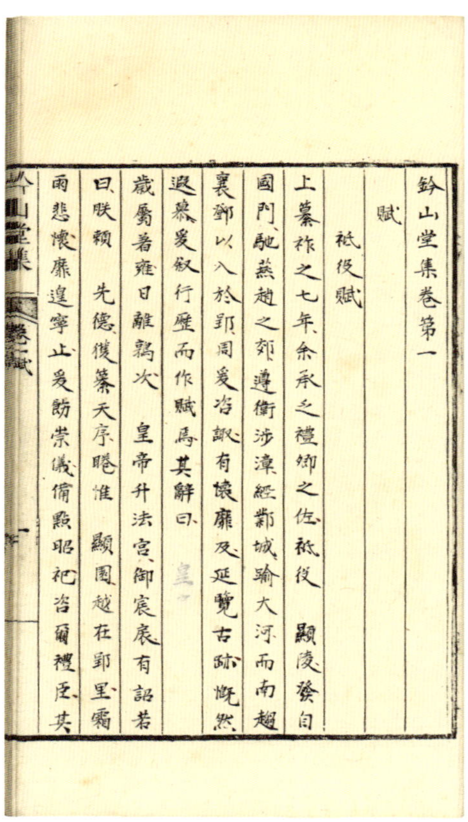

卷端
Beginning

書6792
《鈐山堂集四十卷》
明　嚴嵩撰
明抄本
開本　縱26.6厘米　橫16.2厘米
版框　縱19厘米　橫13.8厘米
十二冊

155

Shu 6792
Collection of Tianshan Hall
Forty chapters
Written by Yan Song, Ming dynasty (1368-1644)
Transcribed in the Ming dynasty
Format: 26.6 × 16.2 cm
Frame: 19 × 13.8 cm
Twelve volumes

黄綾暗紋書面
Yellow twill-weave silk cover with veiled pattern

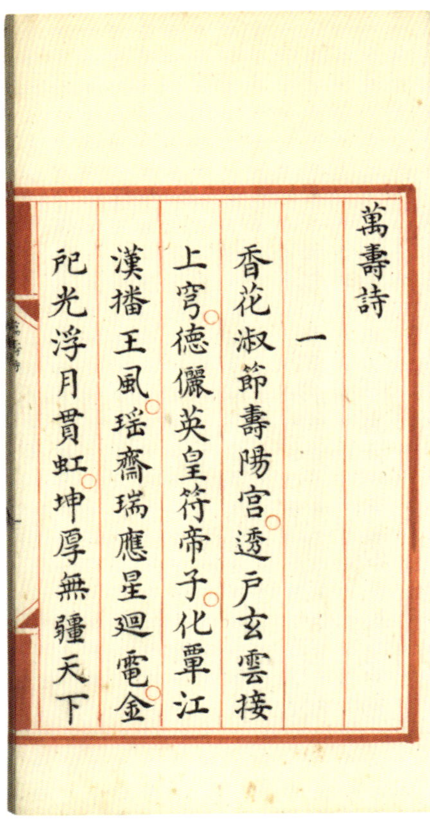

卷端
Beginning

156

書6793
《萬壽詩一卷》
清　世祖福臨撰
清順治十三年（1656）內府朱格寫本
開本　縱25.6厘米　横15.4厘米
版框　縱17.7厘米　横12.6厘米
一册

Shu 6793
Longevity Poems
One chapter
Written by the Shunzhi emperor (r.1644-1661)
Transcribed in red columns by the Qing court in 1656
Format: 25.6 × 15.4 cm
Frame: 17.7 × 12.6 cm
One volume

磁青書面
Dark blue cover

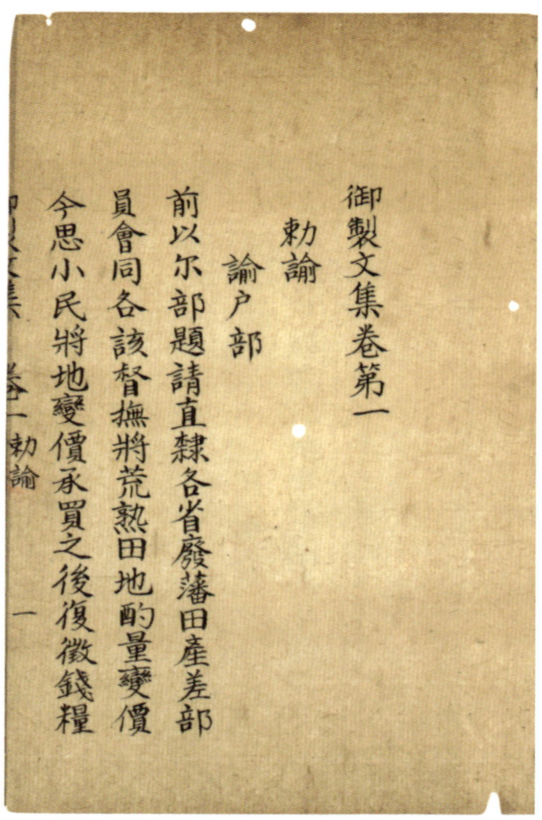

卷端
Beginning

書6794

《清聖祖御製文四十卷》

清　聖祖玄燁撰　張玉書等编

清康熙年抄袖珍本

開本　縱13.7厘米　橫10厘米

版框　縱9.1厘米　橫6.7厘米

二十四册

157

Shu 6794

Prose Collection of the Kangxi Emperor

Forty chapters

Written by the Kangxi emperor (r.1662-1722)

Compiled by Zhang Yushu et al., Qing dynasty (1644-1911)

Miniature edition

Transcribed by the Qing court, Kangxi period

Format: 13.7 × 10 cm

Frame: 9.1 × 6.7 cm

Twenty-four volumes

書冊、木夾板、木書匣
Books, protective broad and wood case

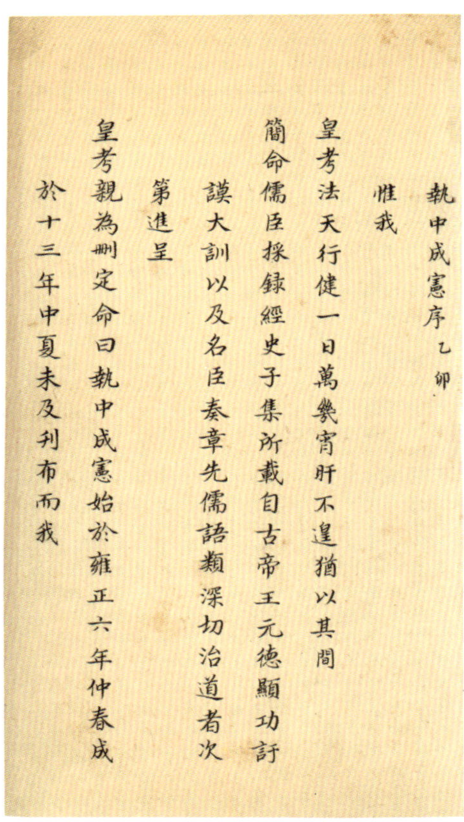

執中成憲序 乙卯
惟我
皇考法天行健一日萬幾宵旰不遑猶以其間
簡命儒臣採錄經史子集所載自古帝王元德顯功訏
謨大訓以及名臣奏章先儒語類深切治道者次
第進呈
皇考親為刪定命曰執中成憲始於雍正六年仲春成
於十三年中夏未及刊布而我

卷端
Beginning

158

書6801
《高宗御製文》
清　高宗弘曆撰
清乾隆年內府抄本
開本　縱25.6厘米　橫16.3厘米
函套　縱29.1厘米　橫19.2厘米　高 14厘米
十七冊

Shu 6801
Prose Collection of the Qianlong Emperor
Written by the Qianlong emperor (r 1736-1795)
Transcribed by the Qing court, Qianlong period
Format: 25.6 × 16.3 cm
Case: 29.1 × 19.2 × 14 cm
Seventeen volumes

紫檀書盒、書面
Red sandalwood case and protective broads

外觀
Exterior

159

書6802
《御製全韻詩》
清　高宗弘曆撰
清乾隆四十三年（1704）永瑢寫本
開本　縱21.4厘米　橫11.6厘米
版框　縱15.8厘米　橫10.8厘米
函套　縱24.3厘米　橫15.5厘米　高 13.4厘米
五册

Shu 6802
Verses with All Rhymes
Written by the Qianlong emperor (r.1736-1795)
Transcribed by Yongxuan in 1704
Format: 21.4 × 11.6 cm
Frame: 15.8 × 10.8 cm
Case: 24.3 × 15.5 × 13.4 cm
Five volumes

紫檀雕雲龍紋書盒
Red sandalwood case engraved with dragon in the clouds

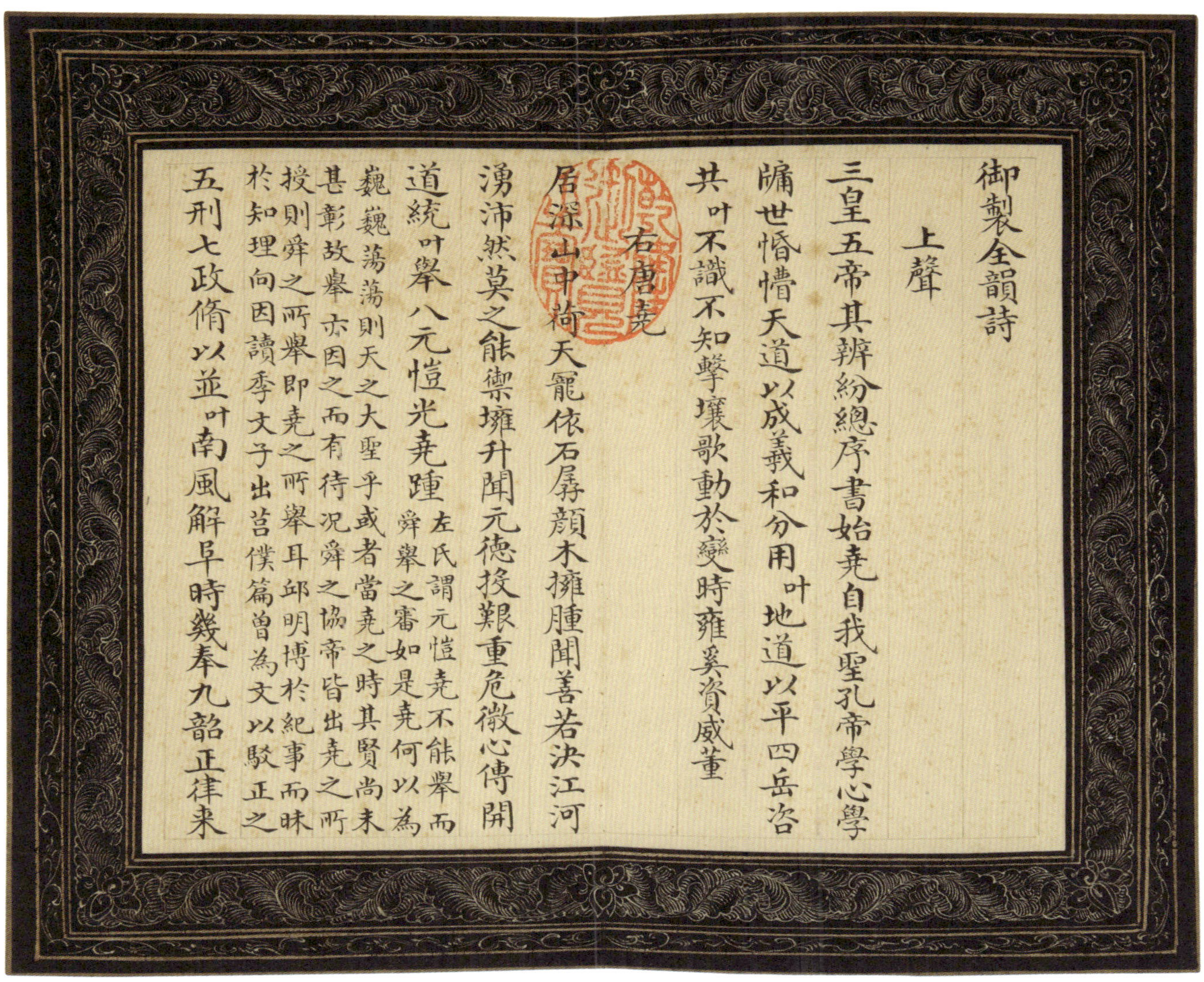

卷端及“乾隆御覽之寶”印
Beginning and impression of “Qianlong yulan zhi bao” (seal for imperial view of the Qianlong emperor)

剔紅雲龍紋書匣、剔紅紫檀夾板
Red lacquer case carved with dragons in the clouds and red sandalwood protective board

外觀
Exterior

160

書6804
《御製盛京詩八卷》
清　高宗弘曆撰
清乾隆年曹文埴抄巾箱本
開本　縱14厘米　橫8.4厘米
版框　縱8.5厘米　橫6.4厘米
函套　縱24.7厘米　橫18.5厘米　高 25.5厘米
十六册

Shu 6804
Imperial Poems of Shengjing
Eight chapters
Written by the Qianlong emperor (r.1736-1795)
Miniature edition
Transcribed by Cao Wenzhi, Qianlong period
Format: 14 × 8.4 cm
Frame: 8.5 × 6.4 cm
Case: 24.7 × 18.5 × 25.5 cm
Sixteen volumes

卷末“乾隆御覽之寶”印
Impression of “Qianlong yulan zhi bao”
(seal for imperial view of the Qianlong emperor) at the end

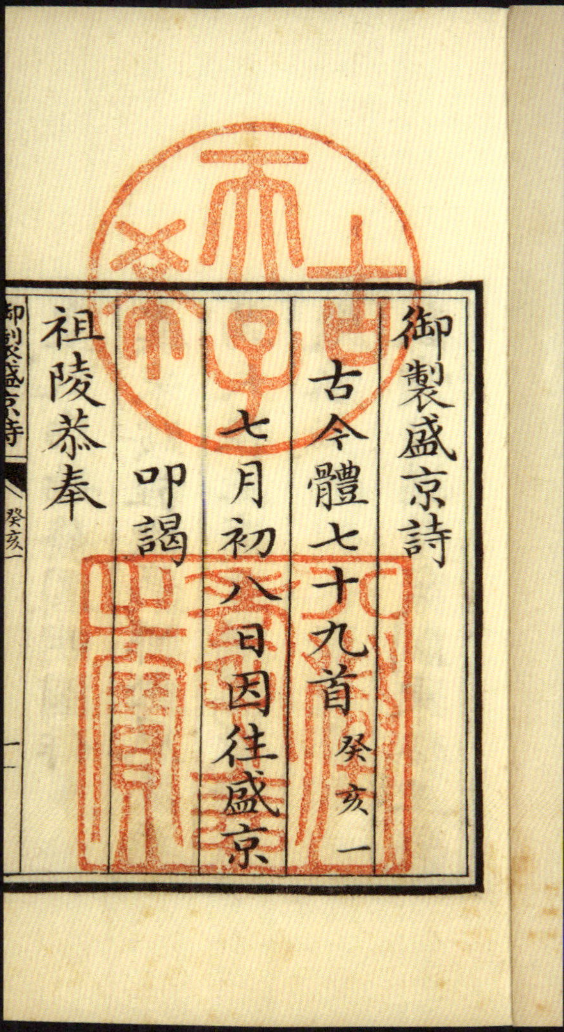

卷端“古稀天子”、“八徵耄念之寶”印
Beginning and impressions of seals “guxi tianzi”
(seventy-year-old Son of Heaven)
and “ba zheng mao nian zhi bao”
(seal in memory of the eightieth birthday)

圖版索引

1 | 20

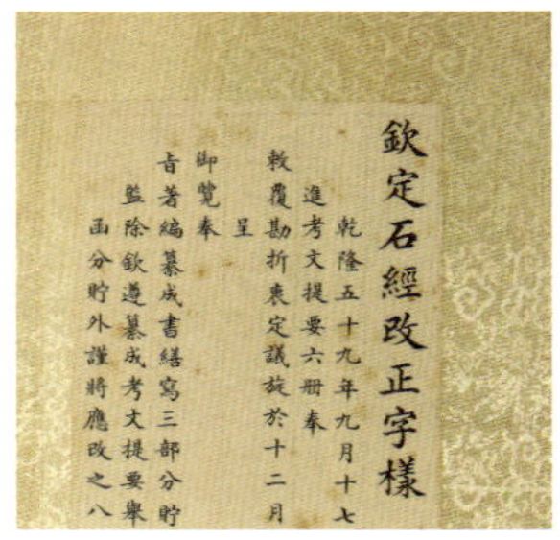

書5874
《欽定石經改正字樣》
Shu 5874
Revisions of Stone Classics

2 | 22

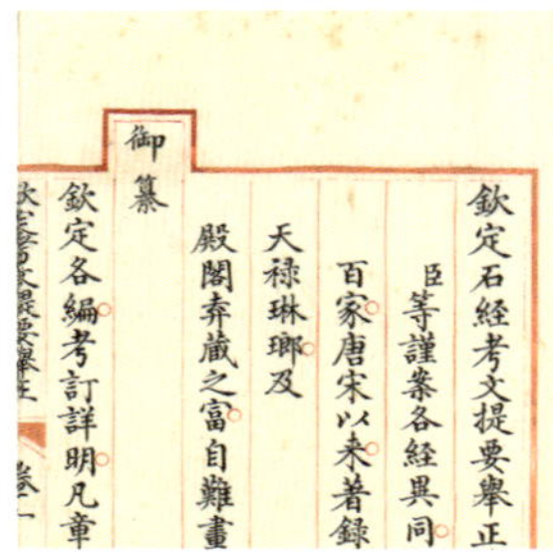

書5875
《欽定石經考文提要舉正四卷》
Shu 5875
Corrections of the Summarized Textual Criticism of Stone Classics
Four chapters

3 | 24

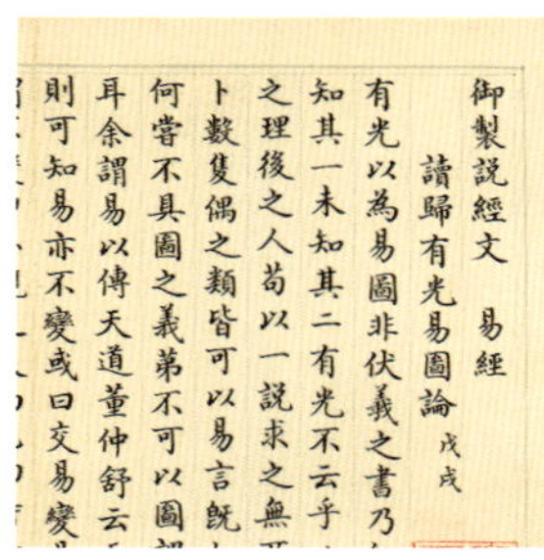

書5876
《御製説經文》
Shu 5876
Imperial Essays on Confucian Classics

4 | 26

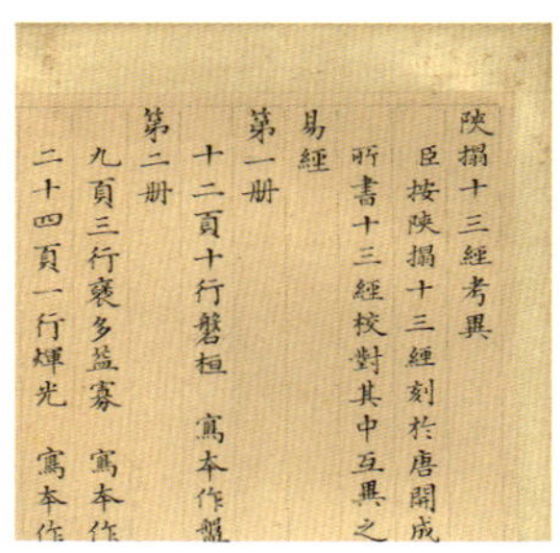

書5877
《陝拓十三經考异》
Shu 5877
Differences of the Shaanxi Rubbing Edition of the Thirteen Classics

5 | 28

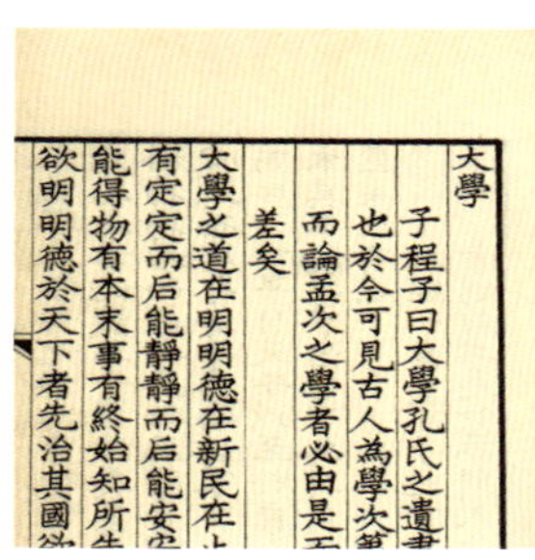

書5878
《四書五經白文七十五卷》
Shu 5878
Four Books and Five Classics
Seventy-five chapters

6 | 30

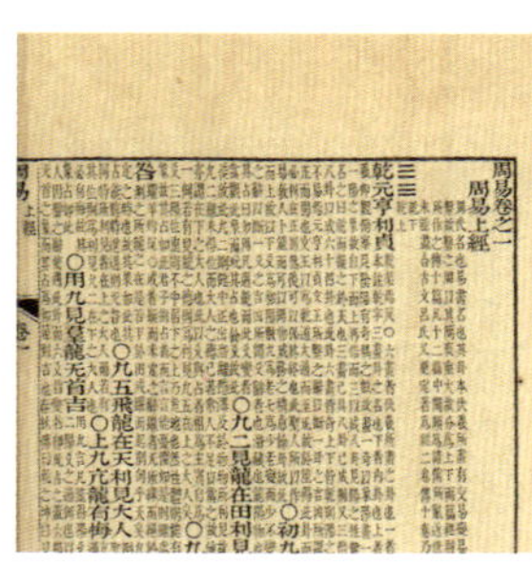

書5879
《五經五十八卷》
Shu 5879
Five Classics
Fifty-eight chapters

7 | 31

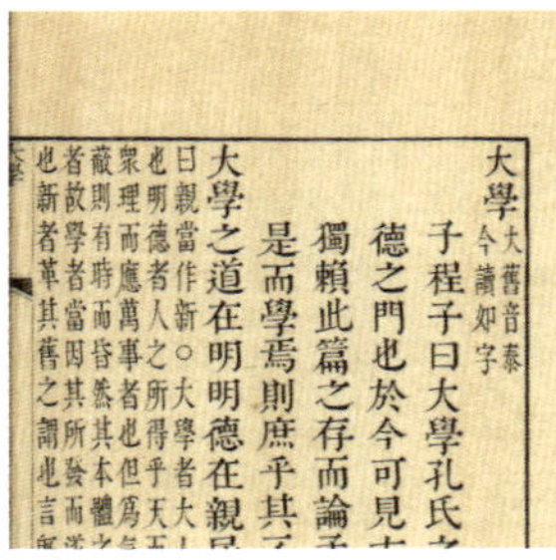

書5880
《四書集注十九卷》
Shu 5880
Annotated Four Books
Nineteen chapters

8 | 32

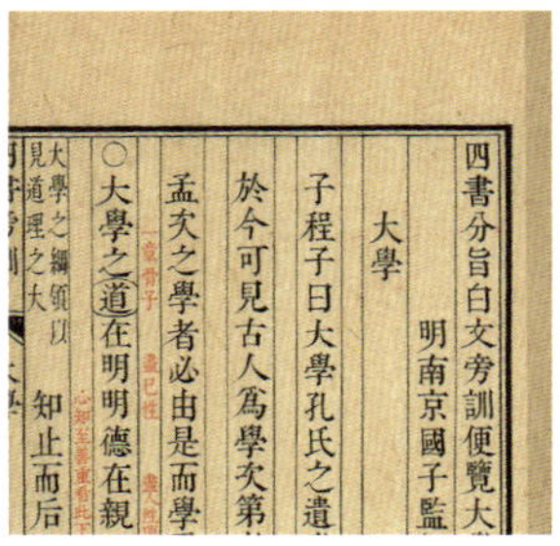

書5881
《四書五經旁訓二十五卷》
Shu 5881
Four Books and Five Classics with Interlinear Notes
Twenty-five chapters

9 | 34

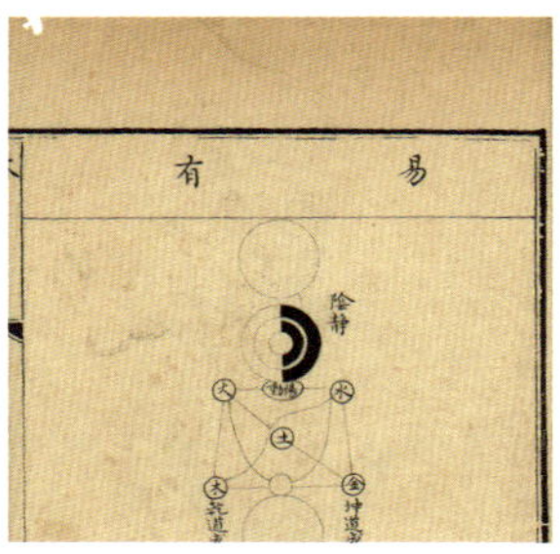

書5884
《大易象數鉤深圖三卷》
Shu 5884
Illustrated Analysis of the Book of Changes
Three chapters

10 | 35

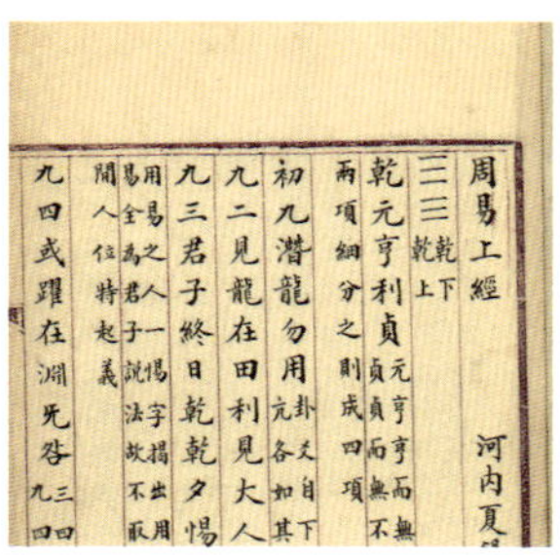

書5885
《讀易私鈔》
Shu 5885
Private Excerpts from the Book of Changes

11 | 36

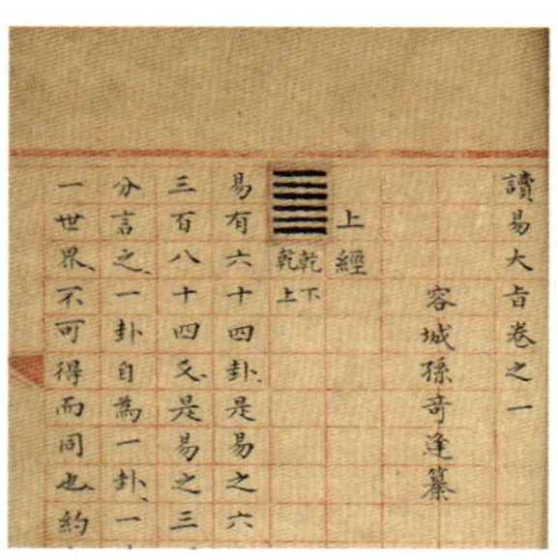

書5886
《讀易大旨五卷》
Shu 5886
General Principles Drawn from the Book of Changes
Five chapters

12 | 38

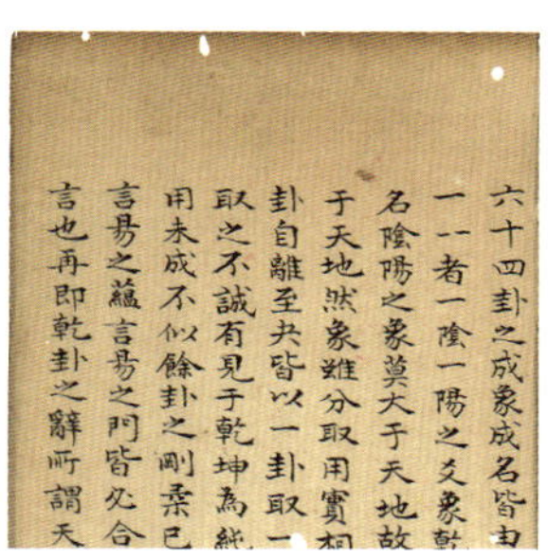

書5887
《周易清言》
Shu 5887
Pure Words on the Book of Changes

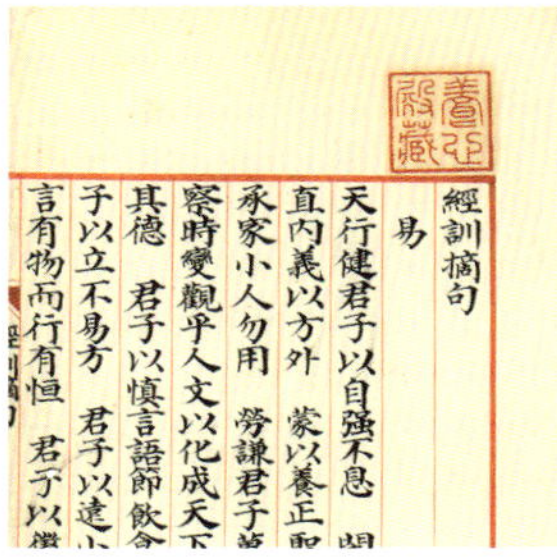

19 50

書5896

《經訓摘句一卷史鑒摘事二卷 四書五經摘句一卷經史分類摘句一卷》

Shu 5896

Excerpts from Classic Teachings, one chapter
Excerpts from Historical Mirror, two chapters
Excerpts from Four Books and Five Classics, one chapter
Categorized Excerpts from Classics and History, one chapter

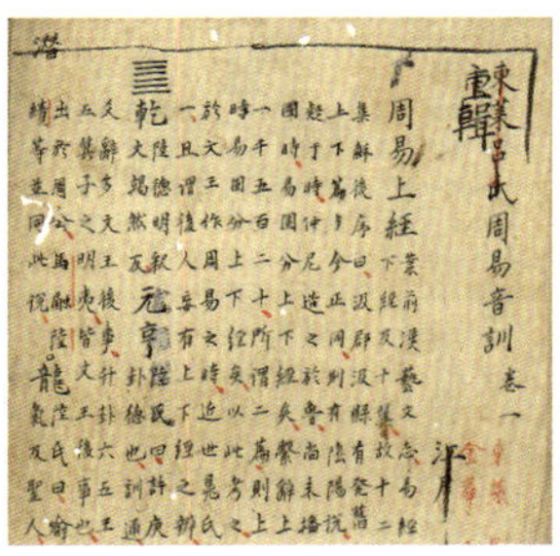

20 52

書5897

《重輯周易音訓二卷六藝論六篇 讀詩涉筆一卷》

Shu 5897

Recompiled Phonetic Annotations of the Book of Changes, two chapters
On Six Arts, six chapters
Poetry Review, one chapter

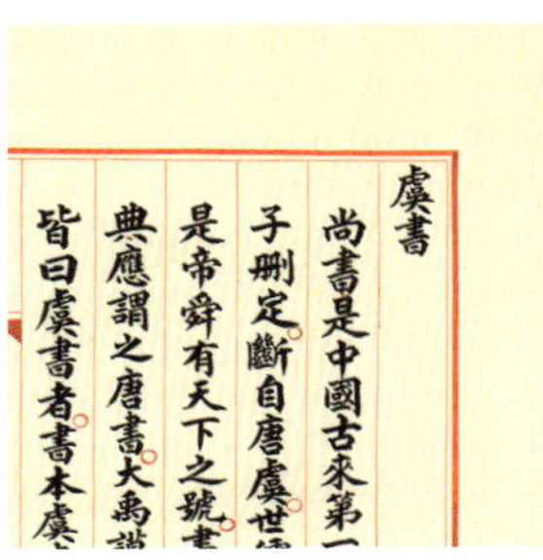

21 54

書5899

《書經圖說五十卷》

Shu 5899

Illustrated Book of History
Fifty chapters

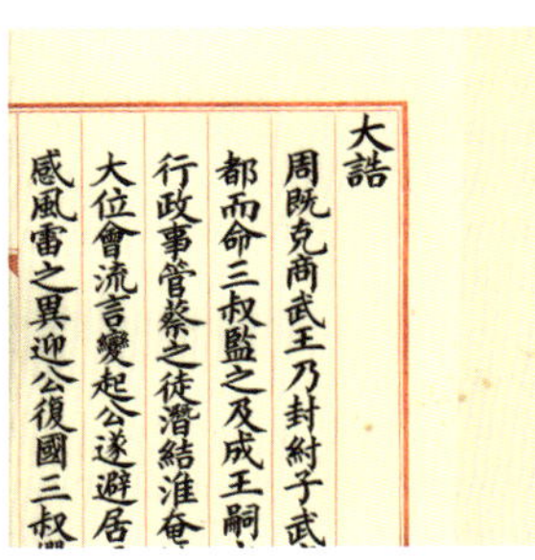

22 56

書5900

《書經圖說》

Shu 5900

Illustrated Book of History

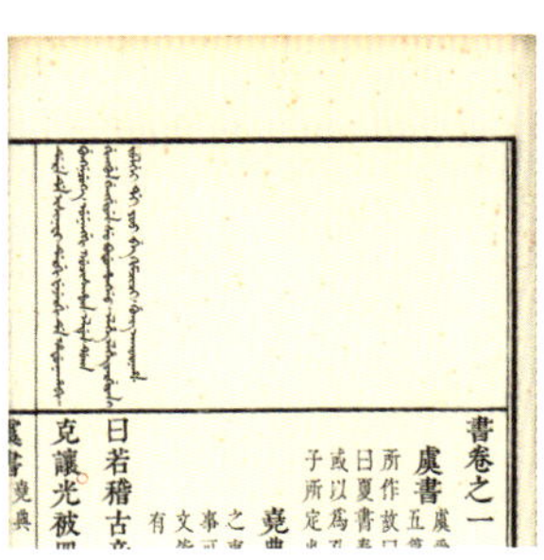

23 57

書5901

《書集傳六卷》

Shu 5901

Commentary on the Book of History
Six chapters

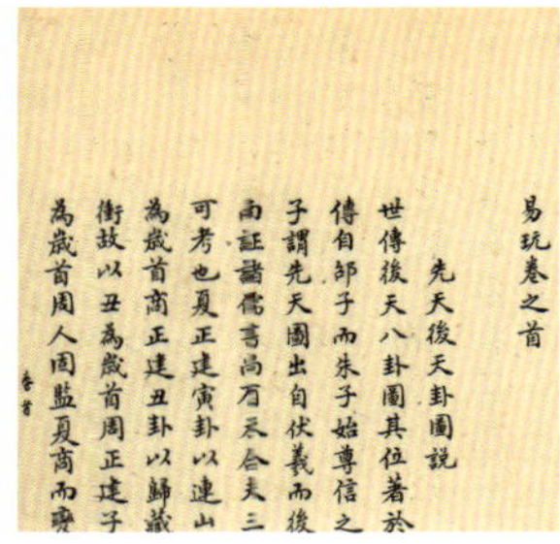

13 40

書5888

《易玩八卷首一卷易觀一卷》

Shu 5888

Appreciation of the Book of Changes
Eight chapters as text, one chapter as preliminary remarks, one chapter as *Observation of the Book of Changes*

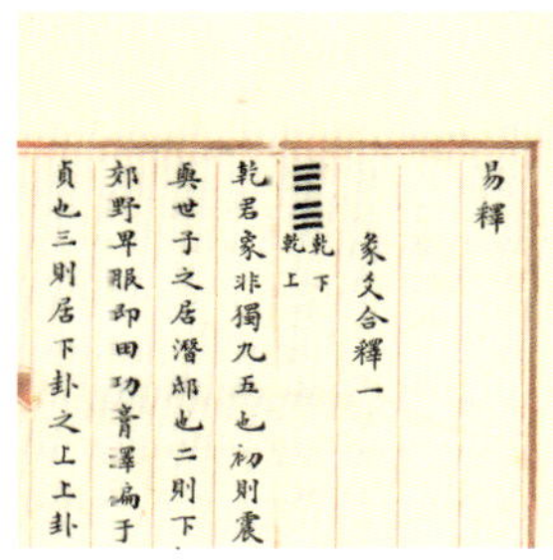

14 41

書5889

《易釋四卷附明經公言行略一卷》

Shu 5889

Interpretation of the Book of Changes
Four chapters as text, one chapter on words and deeds of Mingjinggong

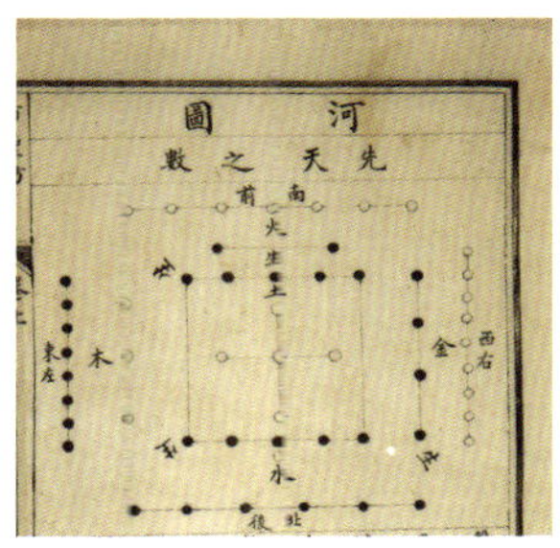

15 42

書5892

《大易希聖坊三卷》

Shu 5892

Study of the Book of Changes with Aspiration for Perfection
Three chapters

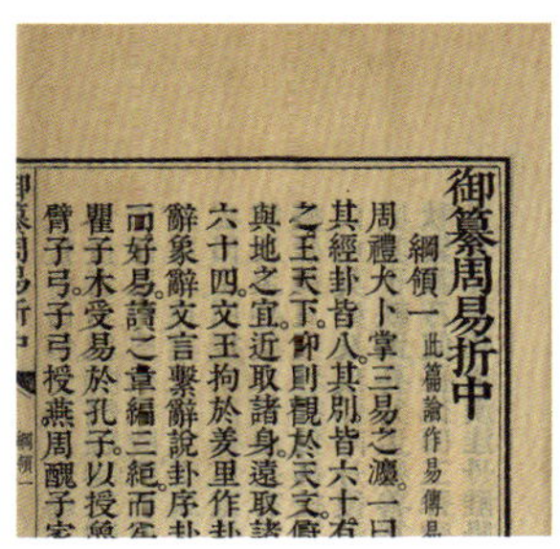

16 44

書5893

《御纂周易折中》

Shu 5893

Golden Mean of the Book of Changes

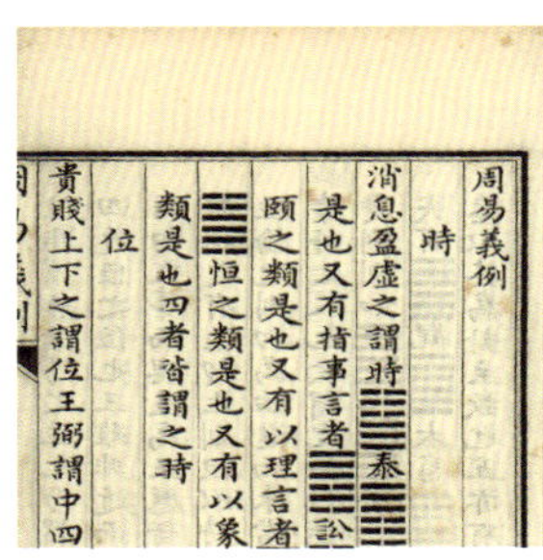

17 46

書5894

《周易義例一卷附啓蒙附論一卷 序卦雜卦一卷》

Shu 5894

Interpretative Examples in the Book of Changes
One chapter as text, one chapter as elementary discussion, one chapter as preliminary and miscellaneous divinations

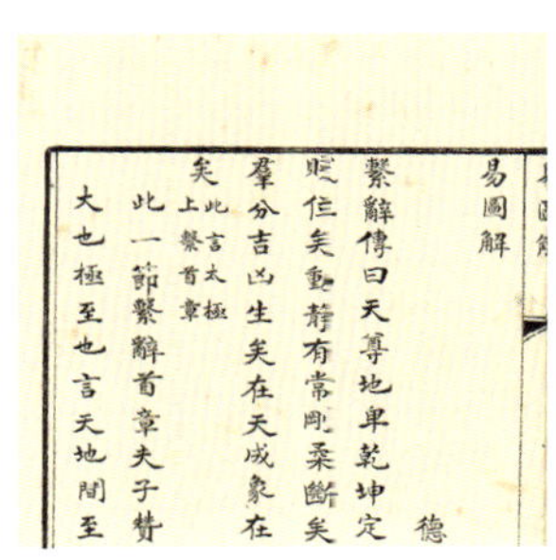

18 48

書5895

《易圖解一卷》

Shu 5895

Illustrated Annotations of the Book of Changes
One chapter

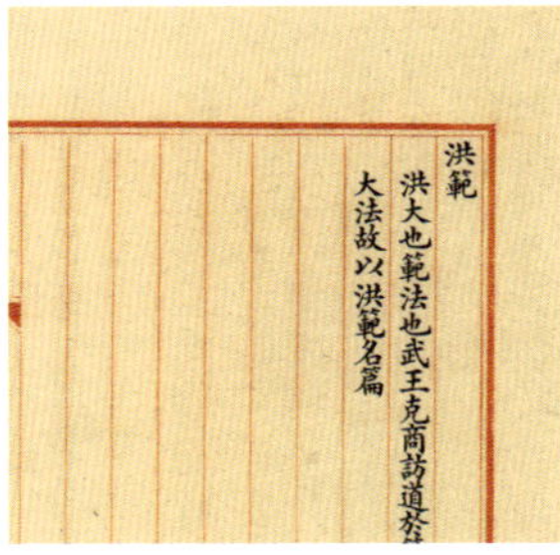

30
70

書5928
《欽定書經圖說（殘六卷）》

Shu 5928
Illustrated Book of History
Six chapters, incomplete

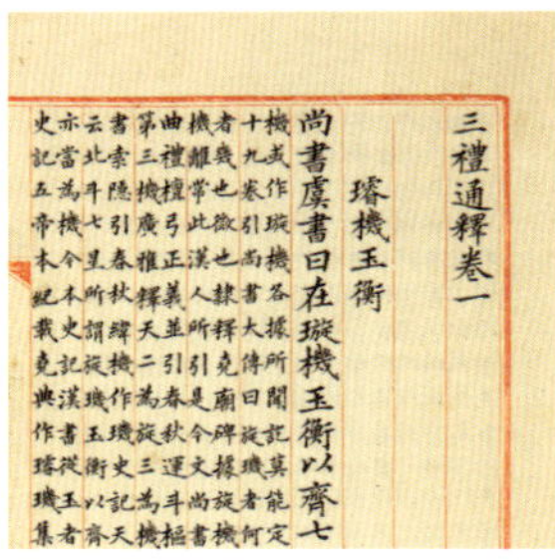

31
72

書5929
《三禮通釋二百八十卷》

Shu 5929
Commentaries on the Three Rites
280 chapters

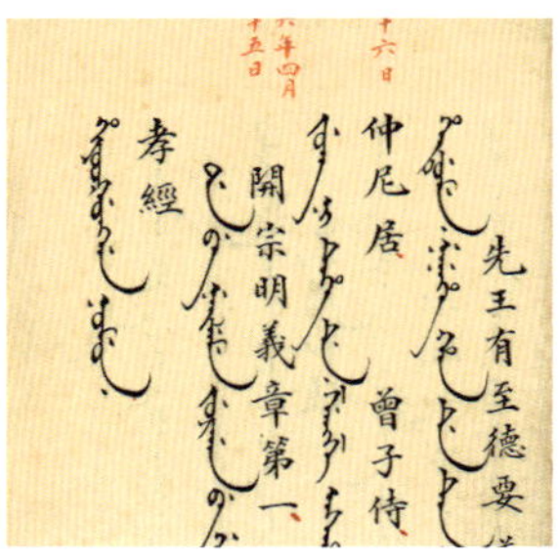

32
74

書5936
《翻譯孝經一卷》

Shu 5936
Translated Version of the Classic of Filial Piety
One chapter

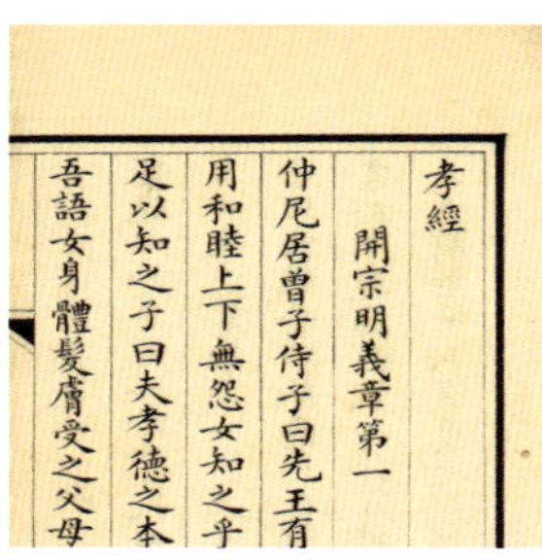

33
75

書5937
《孝經一卷》

Shu 5937
Classic of Filial Piety
One chapter

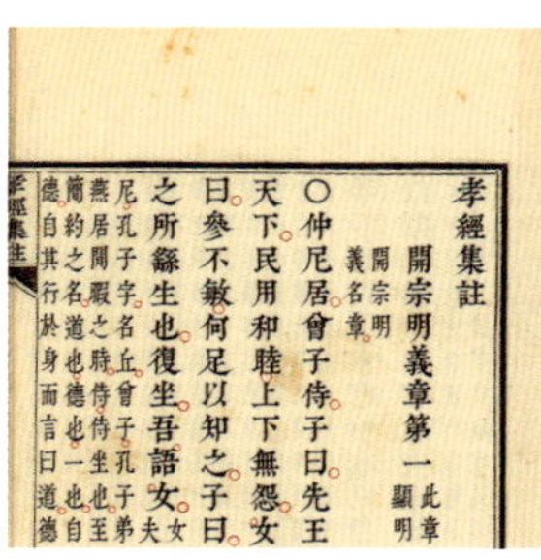

34
76

書5941
《孝經集注一卷》

Shu 5941
Imperial Annotation to the Classic of Filial Piety
One chapter

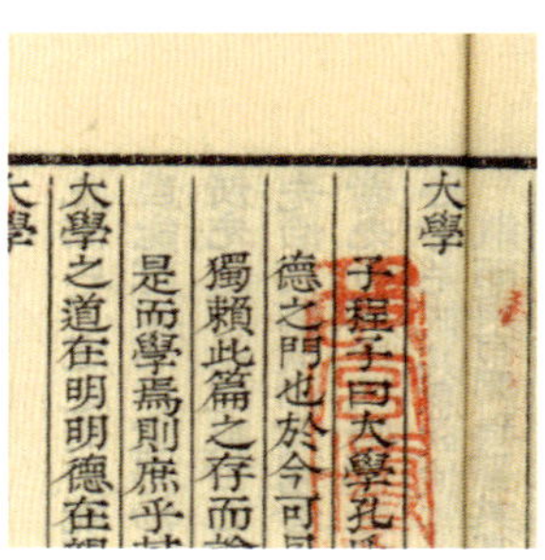

35
78

書5945
《四書白文十九卷》

Shu 5945
Four Books
Nineteen chapters

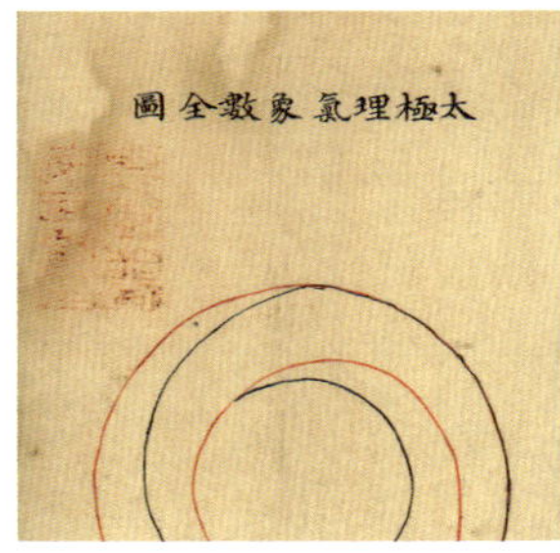

24
58

書5912
《讀易觀象》

Shu 5912
Records on Reading the Book of Changes and Observation of Divinations

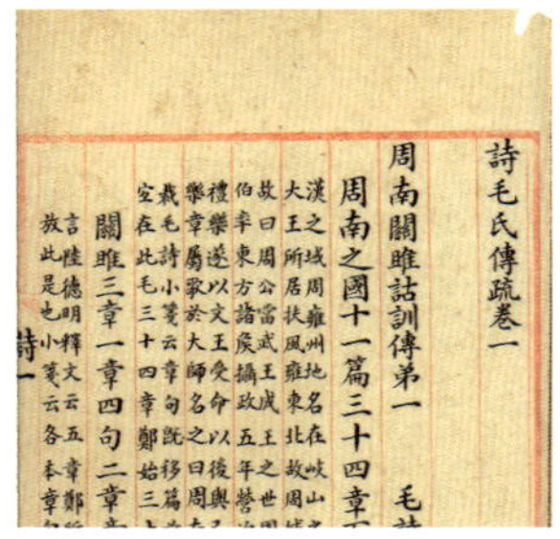

25
60

書5913
《詩毛氏傳疏三十卷》

Shu 5913
Commentary to Annotated Book of Odes
Thirty chapters

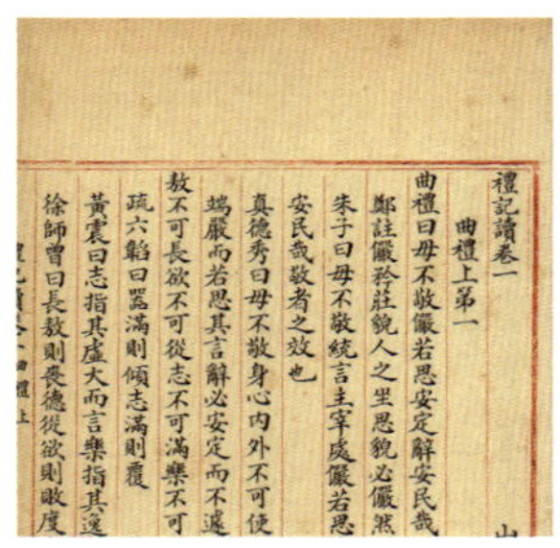

26
62

書5914
《禮記讀十卷》

Shu 5914
Review of the Book of Rites
Ten chapters

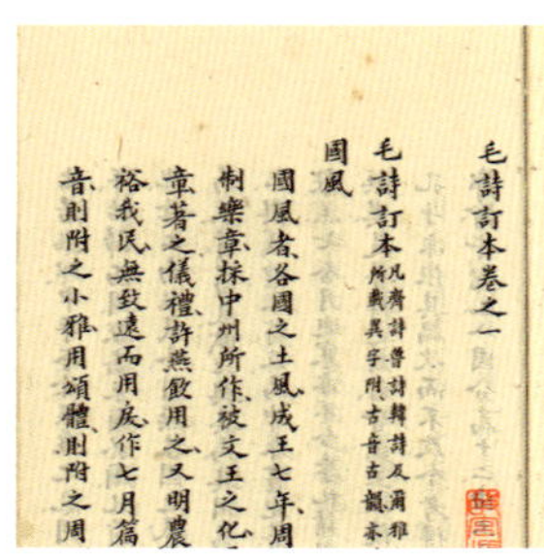

27
64

書5921
《毛詩訂本七卷》

Shu 5921
Revised Book of Odes
Seven chapters

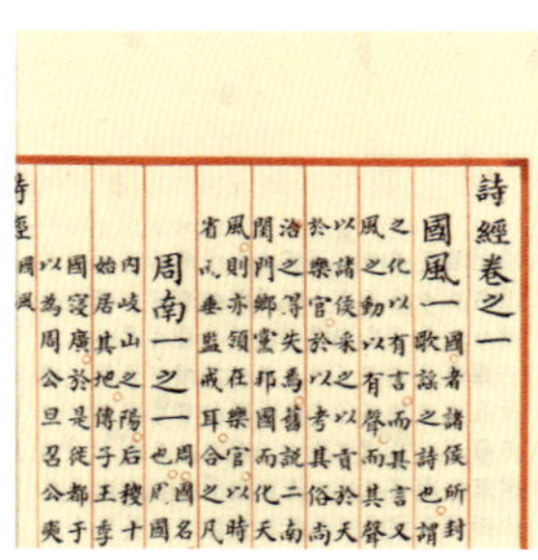

28
66

書5922
《詩經集傳八卷》

Shu 5922
Commentary on the Book of Odes
Eight chapters

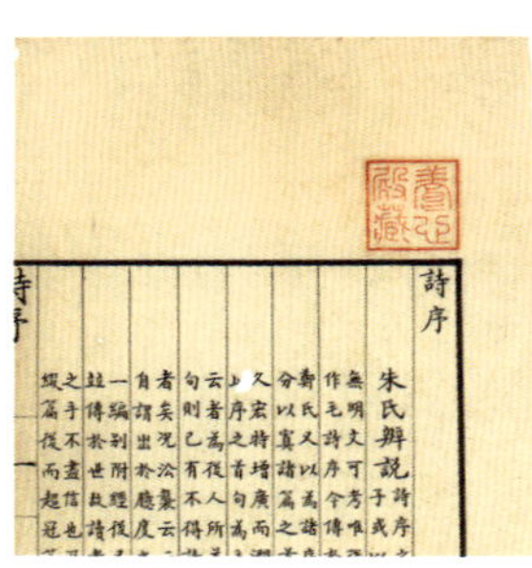

29
68

書5927
《詩序集傳一卷附集諸家說一卷》

Shu 5927
Commentary on Preface to the Book of Odes
One chapter as text, one chapter as collection of others' commentaries

42 92

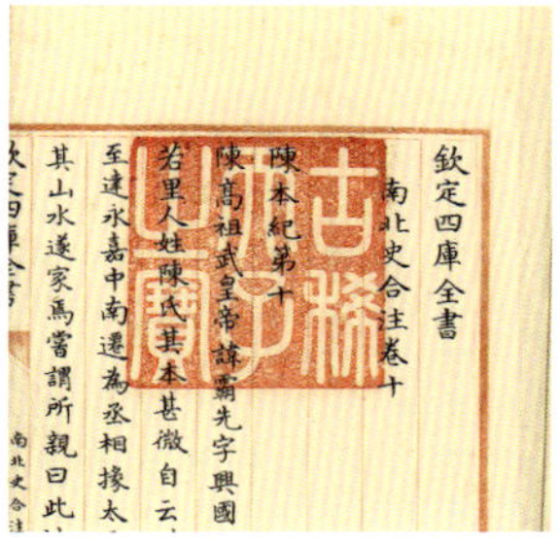

書5959

《南北史合注一百九十一卷》

Shu 5959

History of Southern and Northern Dynasties with Interlinear Notes

119 chapters

43 93

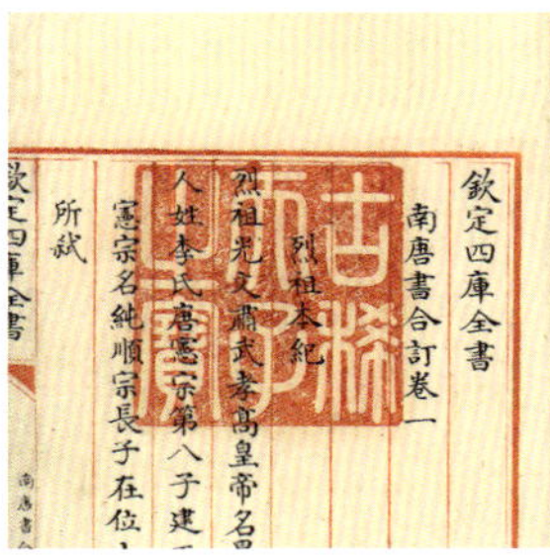

書5961

《南唐書合訂二十五卷》

Shu 5961

Collection of Books on Southern Tang

Twenty-five chapters

44 94

書5962

《南唐書合訂二十五卷》

Shu 5962

Collection of Books on Southern Tang

Twenty-five chapters

45 96

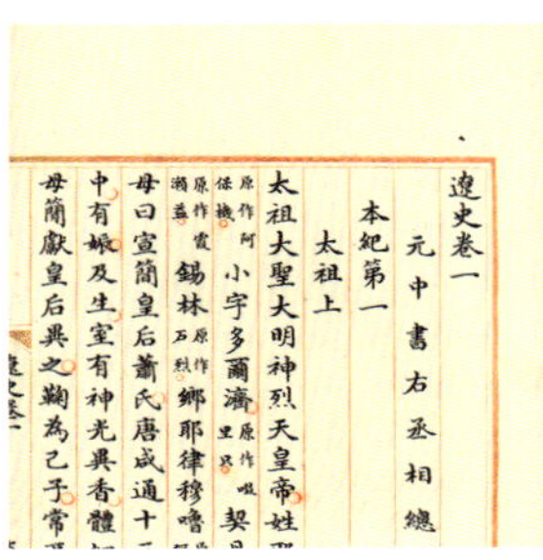

書5964

《遼史一百十五卷目錄一卷》

Shu 5964

History of Liao

115 chapters as text, one chapter as contents

46 97

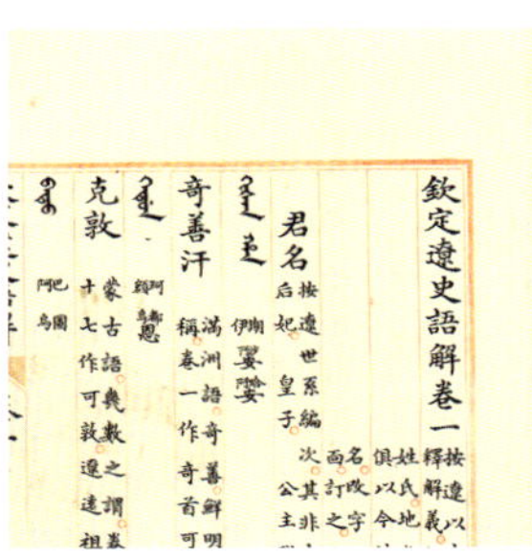

書5965

《欽定遼史語解十卷》

Shu 5965

Explanation of Terms in History of Liao, Made by Imperial Order

Ten chapters

47 98

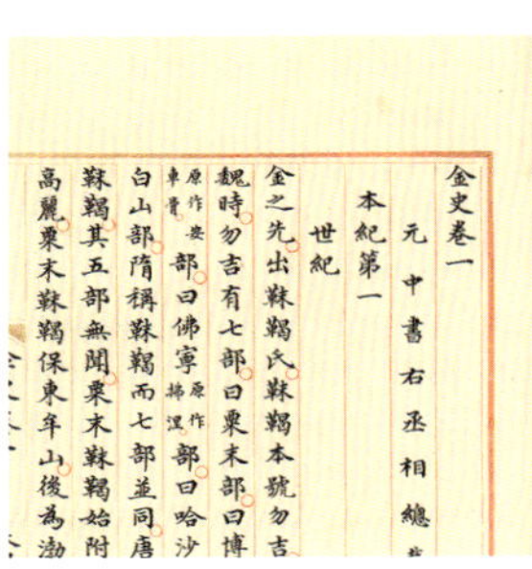

書5963

《金史一百三十五卷附欽定金國語解》

Shu 5966

History of Jin

135 chapters, appended with *Explanation of Terms in History of Jin, Made by Imperial Order*

36 80

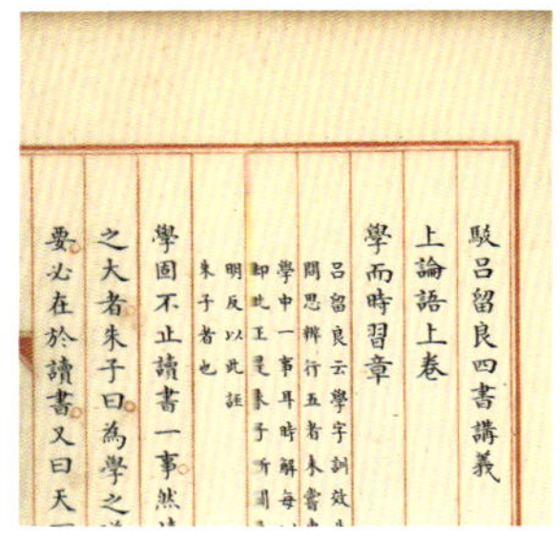

書5946

《駁呂留良四書講義十七卷》

Shu 5946

Refutation of Lü Liuliang's Interpretation of Four Books

Seventeen chapters

37 82

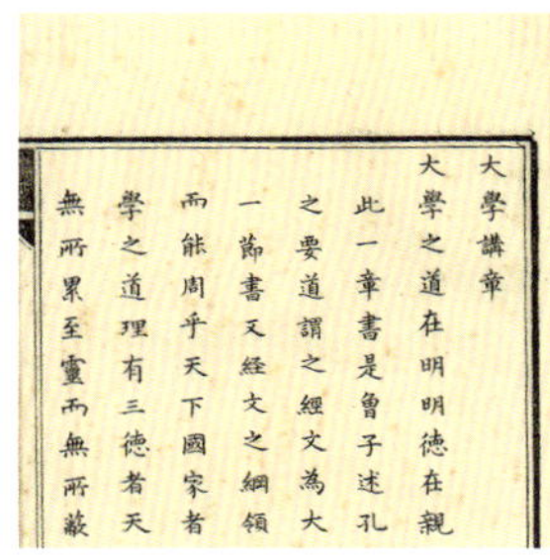

書5947

《四書講章二十七卷》

Shu 5947

Teaching Materials for Great Learning, one chapter

Teaching Materials for Doctrine of the Mean, two chapters

Teaching Materials for Analects, ten chapters

Teaching Materials for Mencius, fourteen chapters

38 84

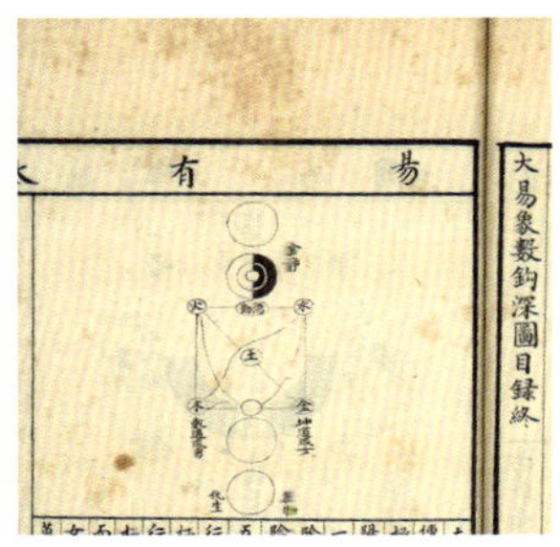

書5948

《六經圖》

Shu 5948

Maps from Six Classics

39 86

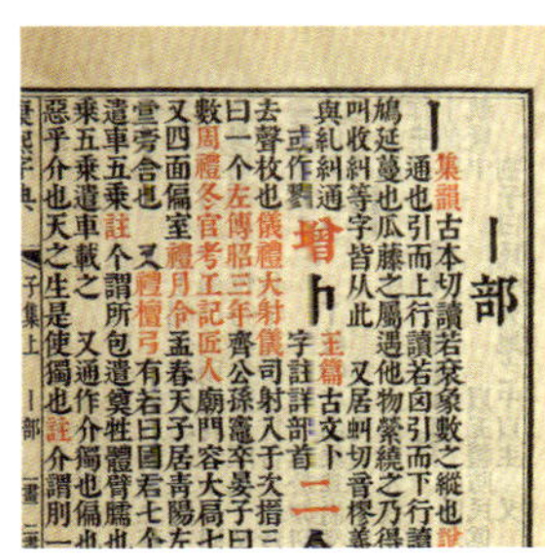

書5955

《康熙字典四十二卷》

Shu 5955

Kangxi Dictionary

Forty-two chapters

40 88

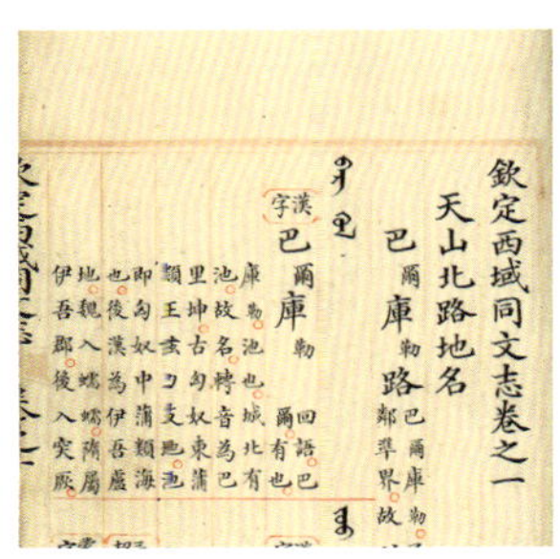

書5956

《欽定西域同文志二十四卷》

Shu 5956

Geographical Dictionary of Places and Names in the Western Region

Twenty-four chapters

41 90

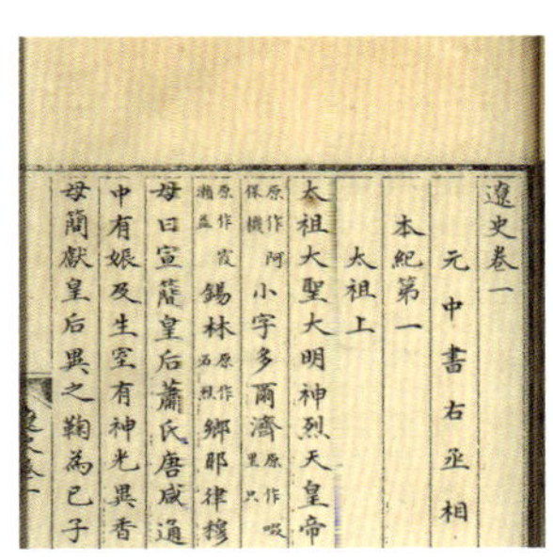

書5958

《遼史一百十五卷附考證》

Shu 5958

History of Liao

115 chapters, appended with textual criticism

48 100

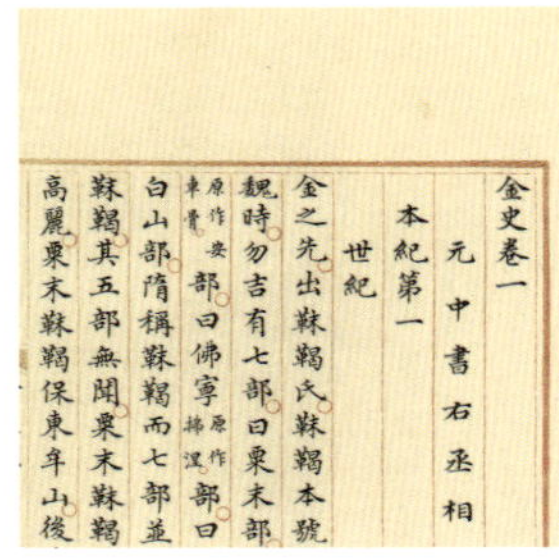

書5967
《金史一百三十五卷附欽定金國語解一卷》
Shu 5967
History of Jin
135 chapters, appended with one chapter on *Explanation of Terms in History of Jin, Made by Imperial Order*

49 102

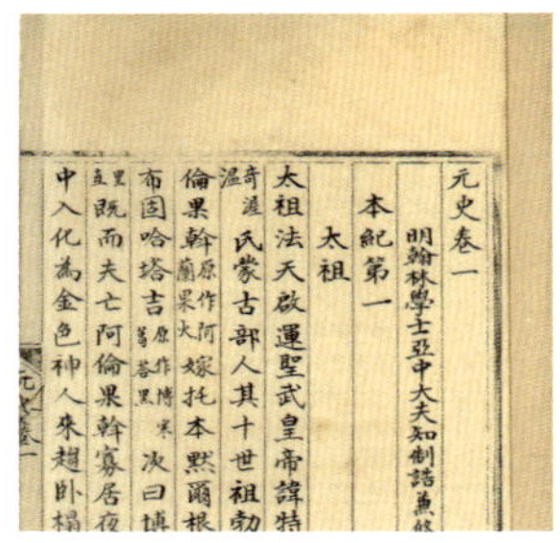

書5969
《元史二百十卷附考證目録二卷》
Shu 5969
History of Yuan
210 chapters as text, two chapters as contents, appended with textual criticism

50 103

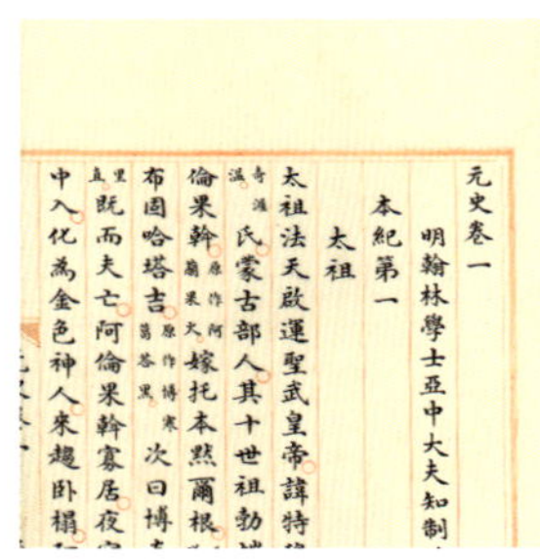

書5970
《元史二百十卷目録二卷附考證》
Shu 5970
History of Yuan
210 chapters as text, two chapters as contents, appended with textual criticism

51 104

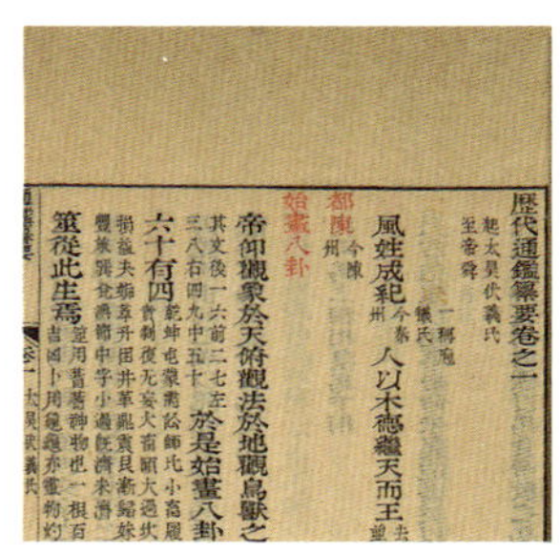

書5973
《歷代通鑑纂要九十二卷》
Shu 5973
Essence of Comprehensive Mirrors in Past Dynasties
Ninety-two chapters

52 106

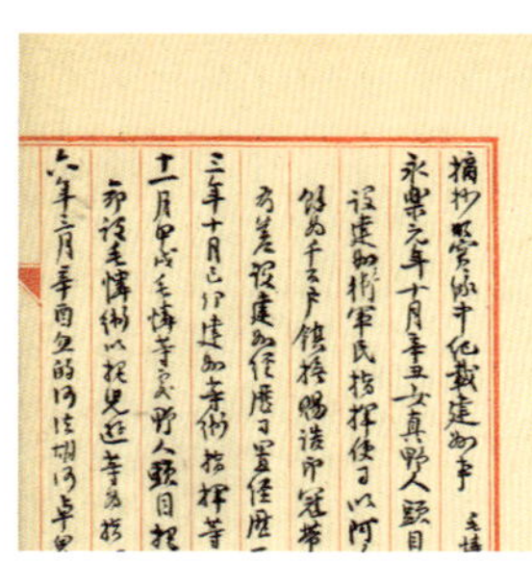

書5974
《明實録摘抄》
Shu 5974
Excerpts from Veritable Records of the Ming Dynasty

53 108

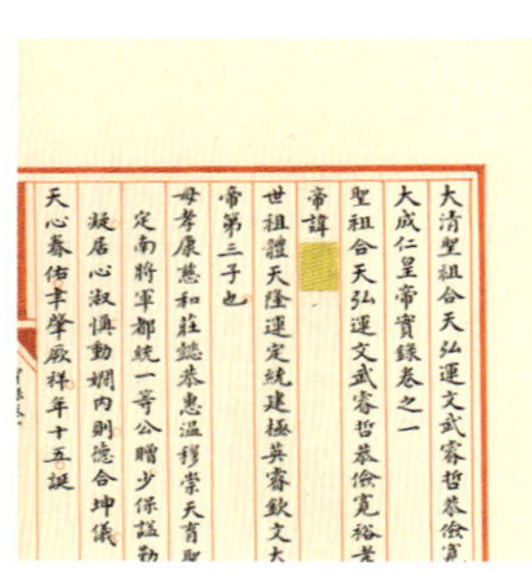

書5975
《清聖祖實録》
Shu 5975
Veritable Records of the Shengzu Emperor of the Qing

54 110

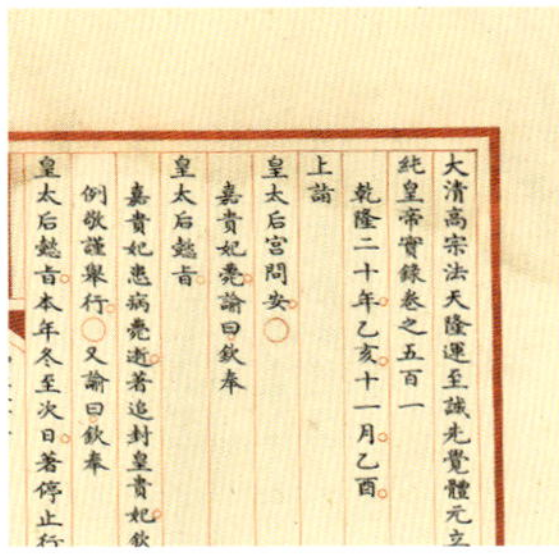

書5976
《清高宗實録》
Shu 5976
Veritable Records of the Gaozong Emperor of the Qing

55 112

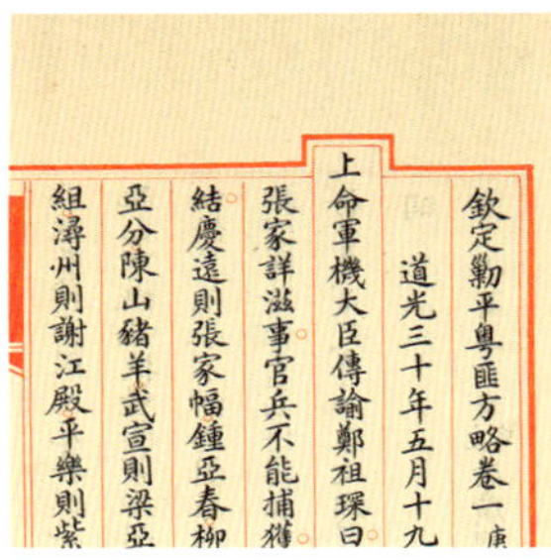

書5980
《欽定剿平粵匪方略四百二十卷首二卷》
Shu 5980
Military Annals of Suppressing Yue Bandits
420 chapters as text, two chapters as preliminary remarks

56 114

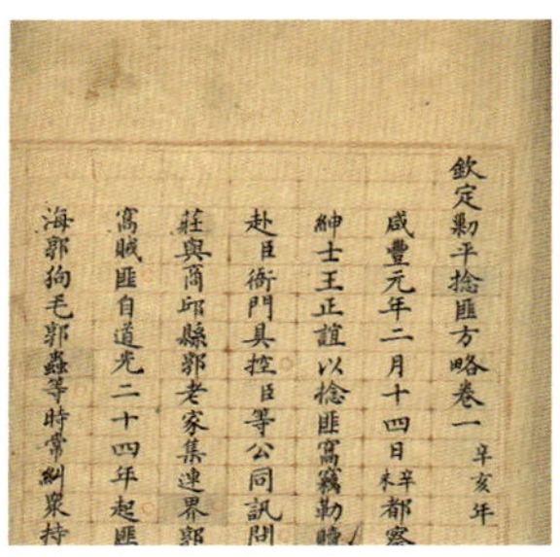

書5981
《欽定剿平捻匪方略三百二十卷首二卷》
Shu 5981
Military Annals of Suppressing Nian Bandits
320 chapters as text, two chapters as preliminary remarks

57 116

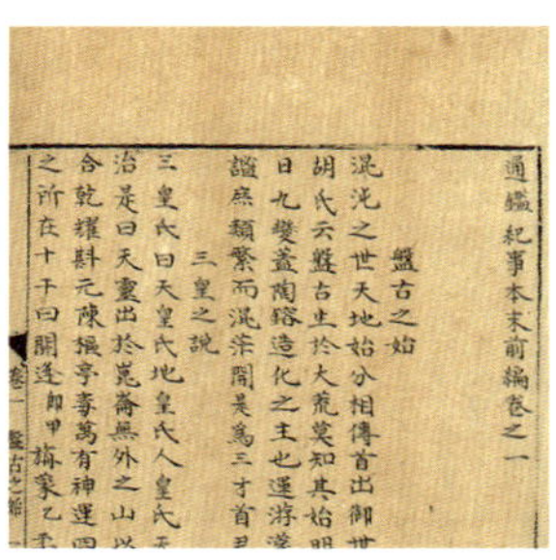

書5982
《通鑒紀事本末四百六十七卷》
Shu 5982
Courses of Events in the Comprehensive Mirror to Aid in Government
467 chapters

58 118

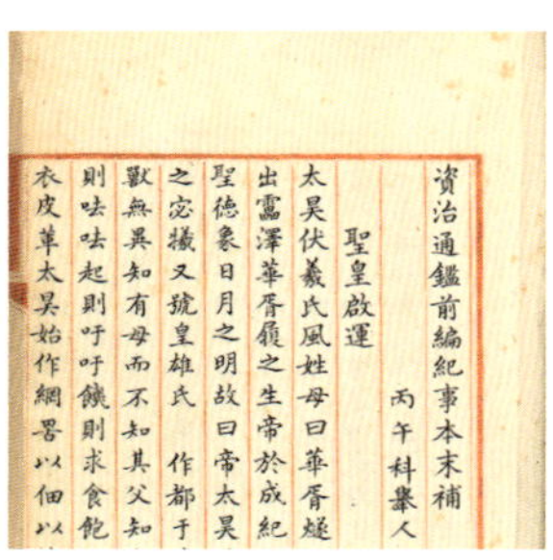

書5983
《資治通鑒前编紀事本末補六十四卷》
Shu 5983
Courses of Events in the History before Comprehensive Mirror to Aid in Government
Sixty-four chapters

59 120

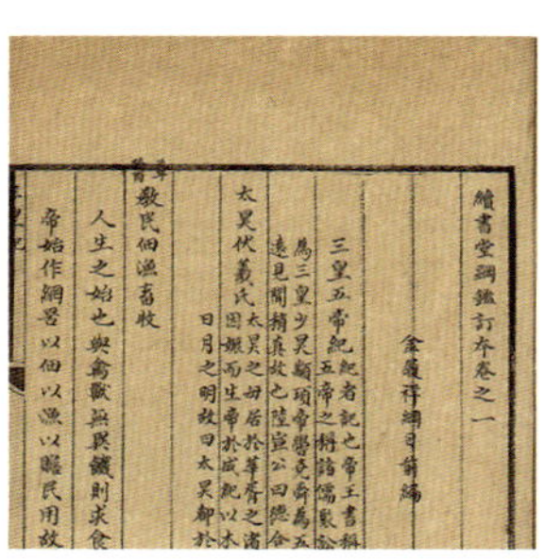

書5985
《續書堂綱鑒訂本六十四卷首一卷》
Shu 5985
Revised History of Xushu Hall
Sixty-four chapters as text, one chapter as preliminary remarks

60
122

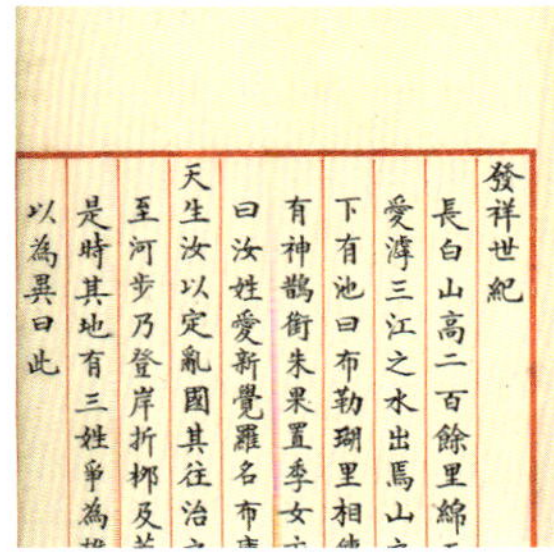

書5986

《發祥世紀(亦名開國紀略)》

Shu 5986

Military Annals on Establishing the Qing

61
124

書5989

《御製薩爾滸山之戰書事》

Shu 5989

The Battle of Sarhū

62
126

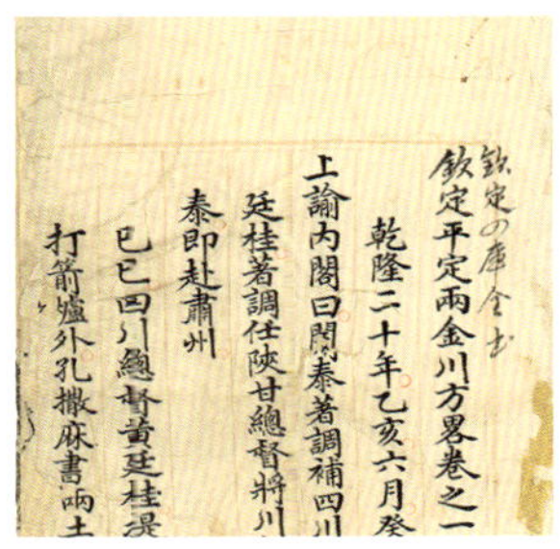

書5990

《欽定平定兩金川方略一百三十六卷首八卷紀略一卷》

Shu 5990

Military Annals of Suppressing Rebellions in the Two Jinchuans

136 chapters as text, eight chapters as preliminary remarks and one chapter as summary

63
128

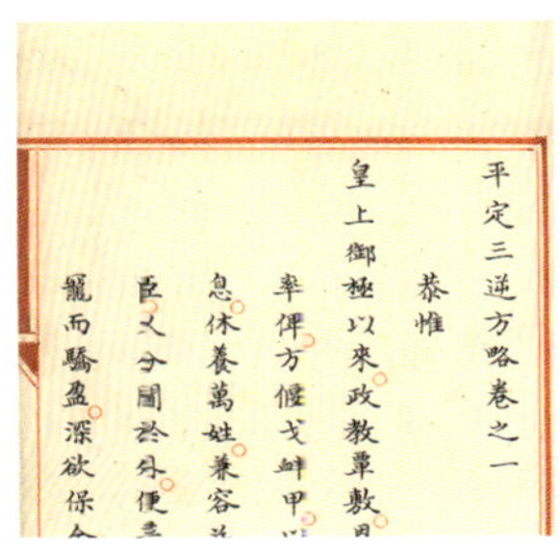

書5993

《平定三逆方略六十卷》

Shu 5993

Military Annals on Suppressing the Three Rebels

Sixty chapters

64
130

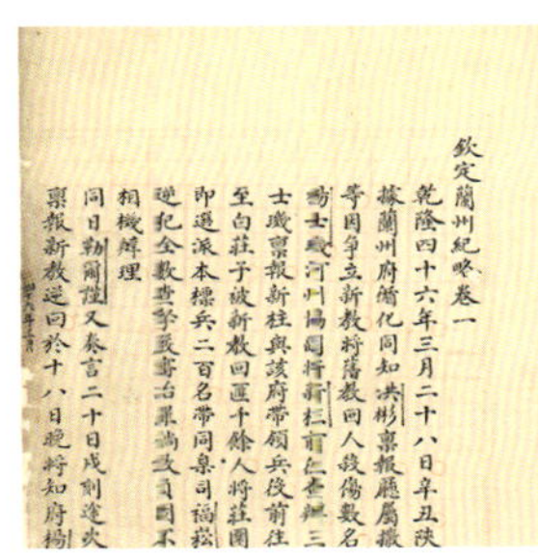

書5994

《欽定蘭州紀略二十卷》

Shu 5994

Military Annals on Suppressing a Rebellion in Lanzhou, Made by Imperial Order

Twenty chapters

65
131

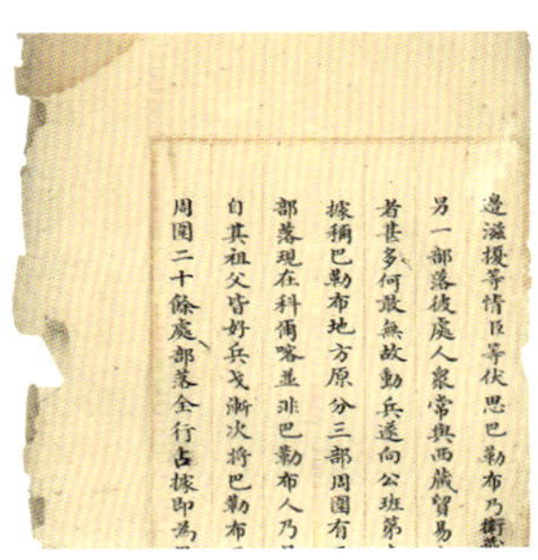

書5995

《欽定巴勒布紀略二十六卷首一卷》

Shu 5995

Military Annals on Suppressing a Rebellion in Balebu, Made by Imperial Order

Twenty-six chapters as text, one chapter as preliminary remarks

66
132

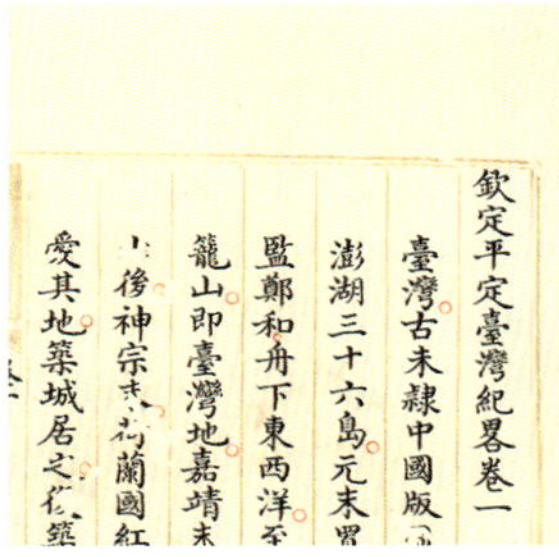

書5996

《欽定平定臺灣紀略六十五卷首五卷》

Shu 5996

Military Annals on Suppressing Rebellions in Taiwan, Made by Imperial Order

Sixty-five chapters as text, five chapters as preliminary remarks

67
134

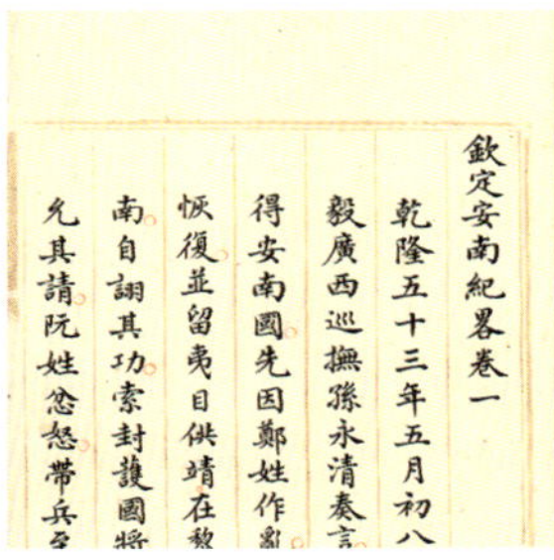

書5997

《欽定安南紀略三十卷首二卷》

Shu 5997

Military Annals on Annan, Made by Imperial Order

Thirty chapters as text, two chapters as preliminary remarks

68
135

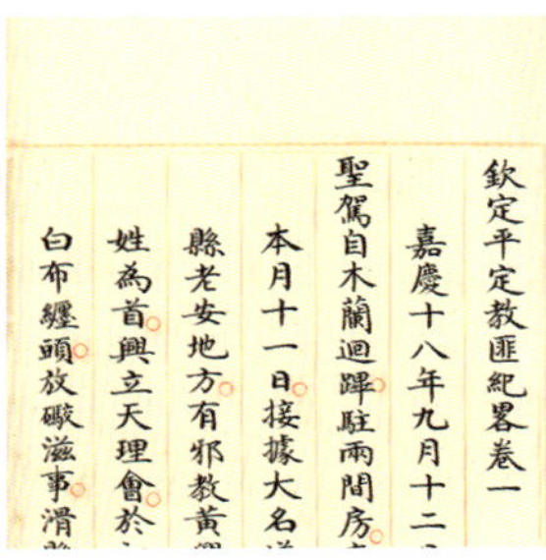

書5999

《欽定平定教匪紀略四十二卷首一卷》

Shu 5999

The Qing Strategies on Suppressing the Rebels of the Eight Trigram Sect

Forty-two chapters as text, one chapter as preliminary remarks

69
136

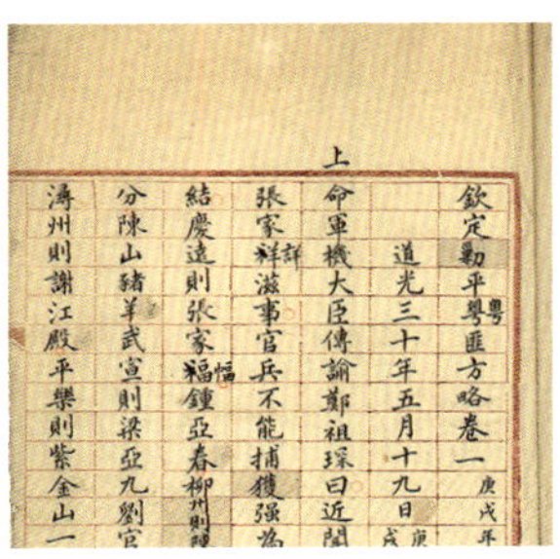

書6000

《欽定剿平粵匪方略四百二十卷首一卷》

Shu 6000

Military Annals of Suppressing Yue Bandits

420 chapters as text, one chapter as preliminary remarks

70
138

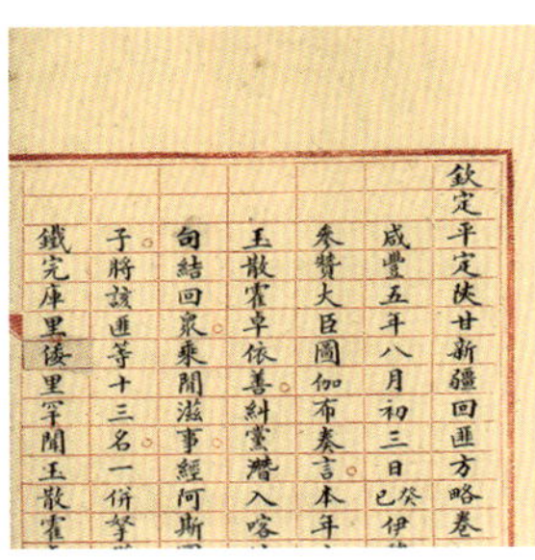

書6001

《欽定平定陝甘新疆回匪方略三百二十卷首一卷》

Shu 6001

Military Annals of Suppressing Hui Bandits in Shaanxi, Gansu and Xinjiang

320 chapters as text, one chapter as preliminary remarks

71
140

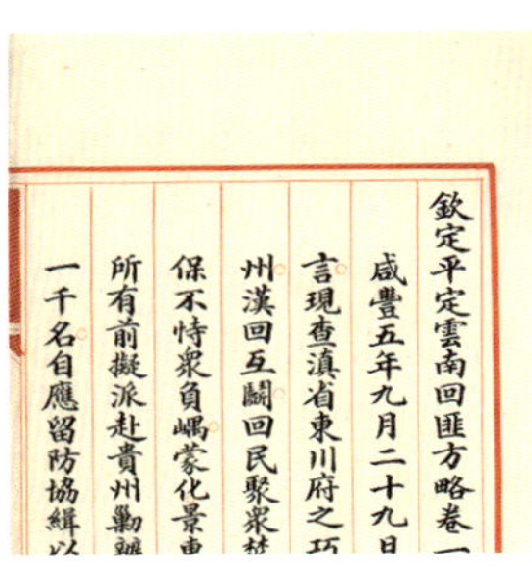

書6003

《欽定平定雲南回匪方略五十卷首一卷》

Shu 6003

Military Annals of Suppressing Hui Bandits in Yunnan

Fifty chapters as text, one chapter as preliminary remarks

72 142

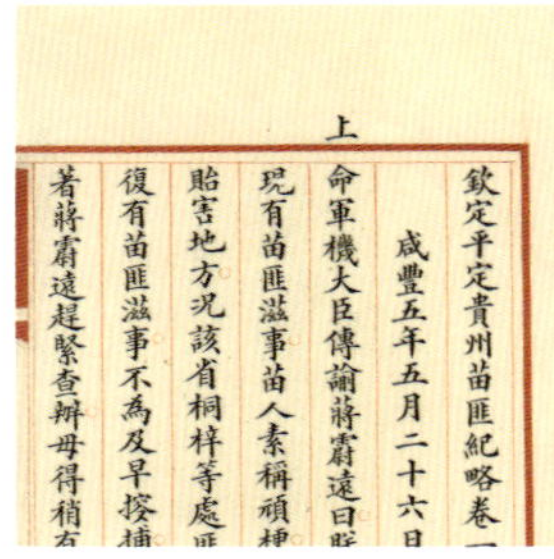

書6004

《欽定平定貴州苗匪紀略四十卷》

Shu 6004

Military Annals of Suppressing Miao Bandits in Guizhou

Forty chapters

73 143

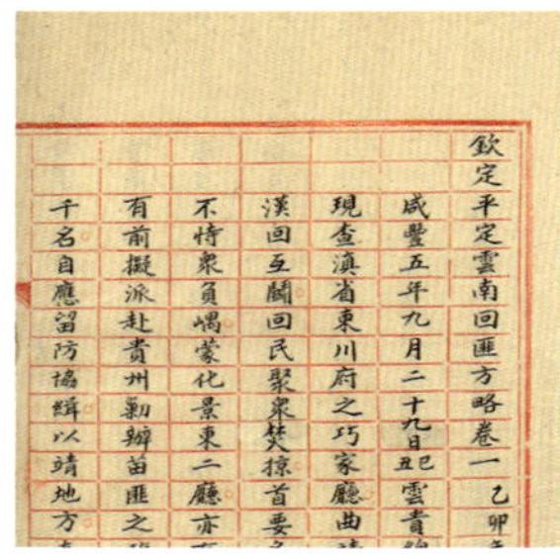

書6005

《欽定平定雲南回匪方略五十卷》

Shu 6005

Military Annals of Suppressing Hui Bandits in Yunnan

Fifty chapters

74 144

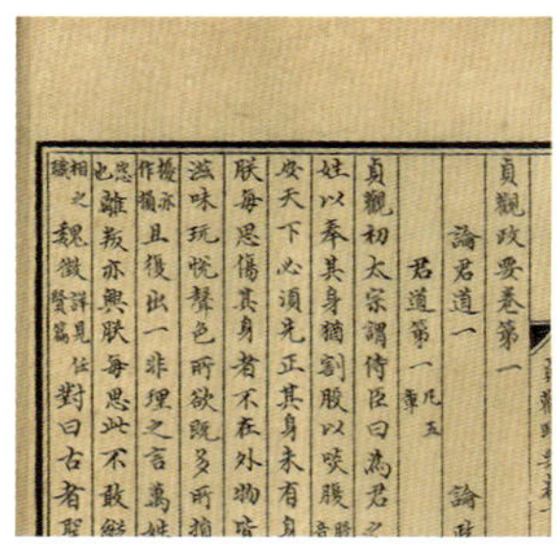

書6007

《貞觀政要十卷》

Shu 6007

Political Essence of the Zhenguan Reign

Ten chapters

75 146

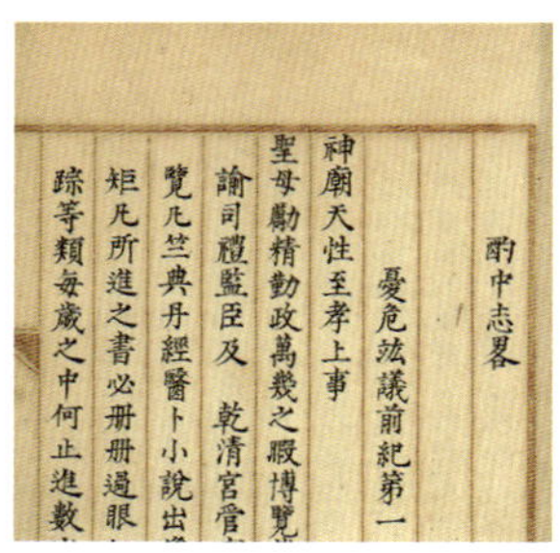

書6012

《酌中志略二十二卷》

Shu 6012

Zhuozhong Zhi Lüe (Notes on the Late Ming Court)

Twenty-two chapters

76 148

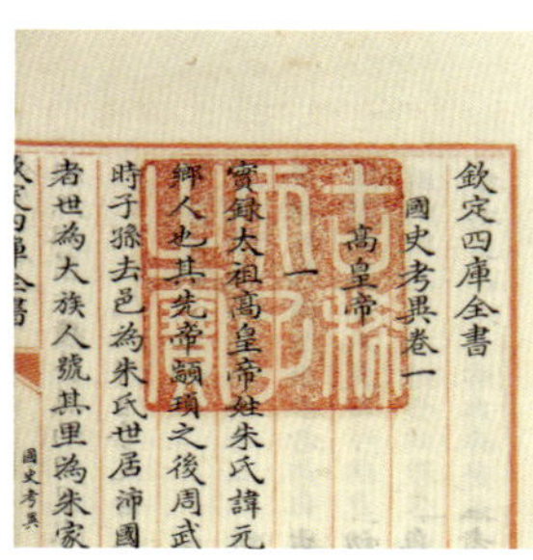

書6019

《國史考异六卷》

Shu 6019

Study of Differences of the Early Qing History

Six chapters

77 150

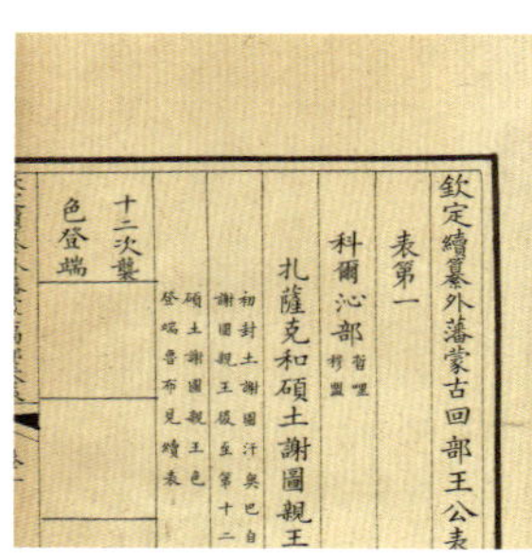

書6051

《欽定續纂外藩蒙古回部王公表十二卷傳十二卷》

Shu 6051

Sequel to Tables and Biographies of Mongolian and Uigurian Princes

Twelve chapters as tables, twelve chapters as biographies

78 152

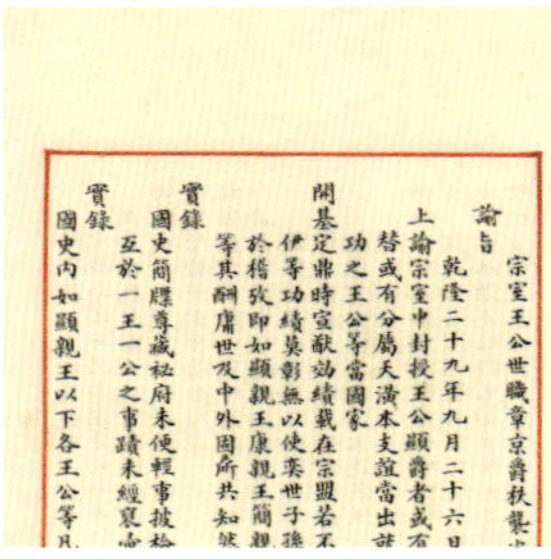

書6053

《宗室王公世職章京爵秩襲次全表十卷》

Shu 6053

Complete Table for Hereditary Titles Won through Royal Blood or Military Achievements

Ten chapters

79 153

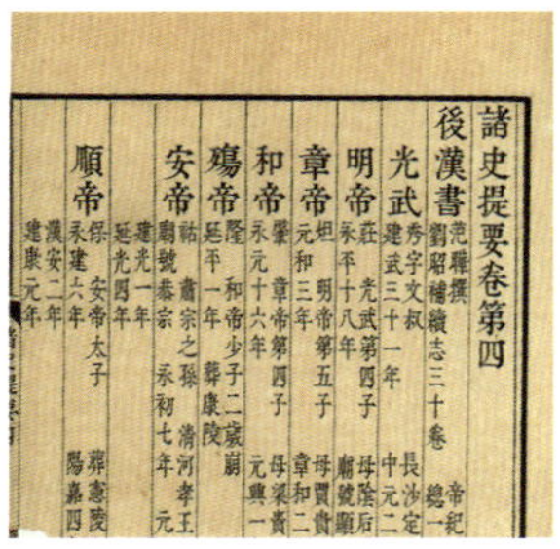

書6058

《諸史提要十五卷》

Shu 6058

Summary of Various Histories

Fifteen chapters

80 154

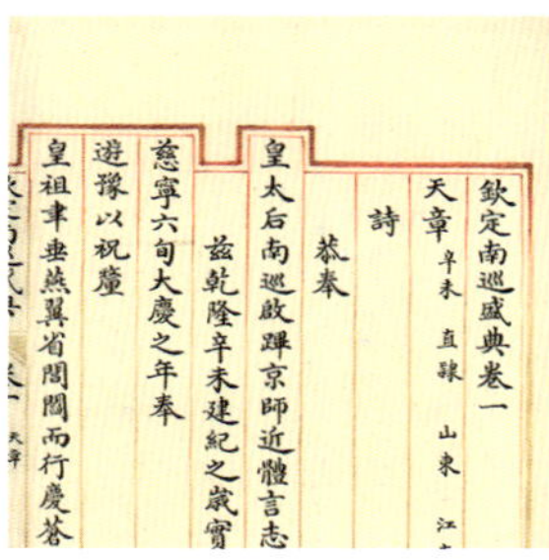

書6121

《欽定南巡盛典一百卷首二卷》

Shu 6121

South China Tours of the Qianlong Emperor

100 chapters as text, two chapters as preliminary remarks

81 156

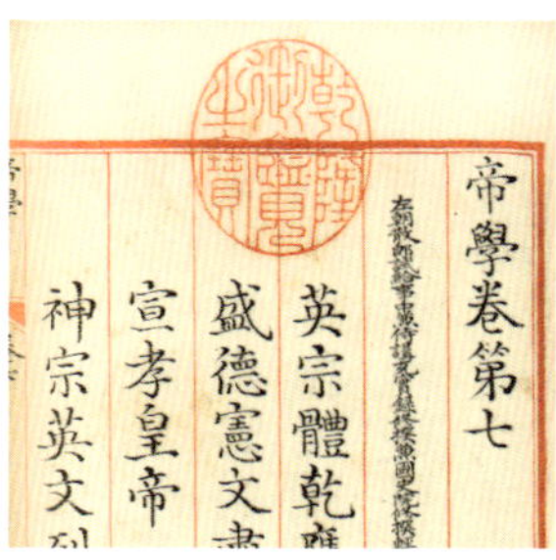

書6395

《帝學八卷》

Shu 6395

Education of the Emperor

Eight chapters

82 157

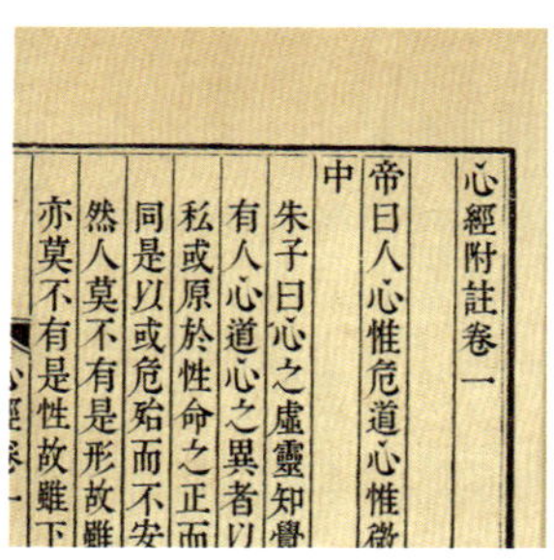

書6397

《心經附注四卷》

Shu 6397

Heart Classics with Annotations

Four chapters

83 158

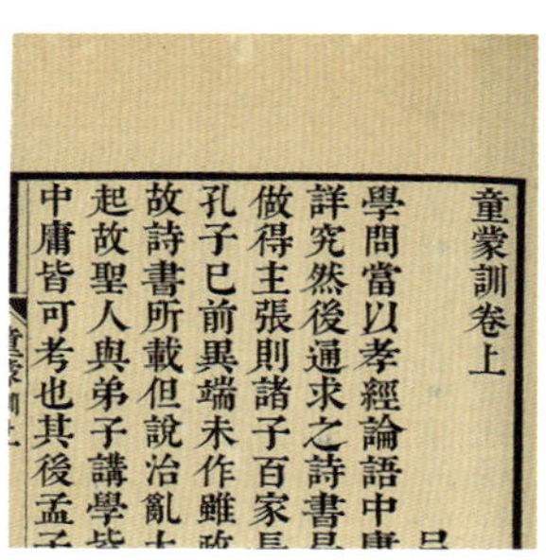

書6399

《童蒙訓三卷》

Shu 6399

Teachings for Elementary Education

Three chapters

84 160

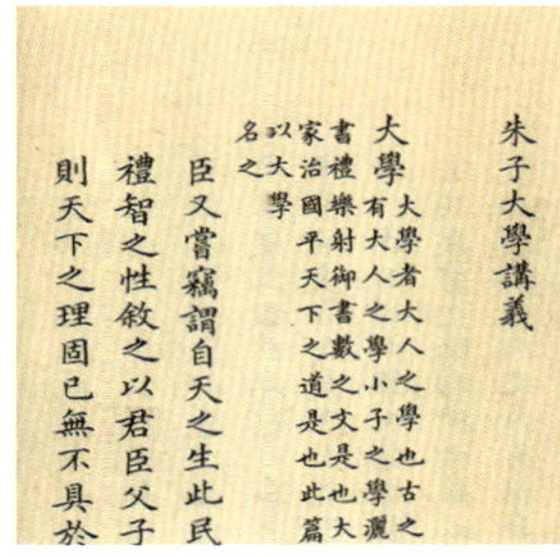

書6401
《朱子大學講義附補編》

Shu 6401
Zhu Xi's Teaching Materials for Great Learning, with Supplement

85 162

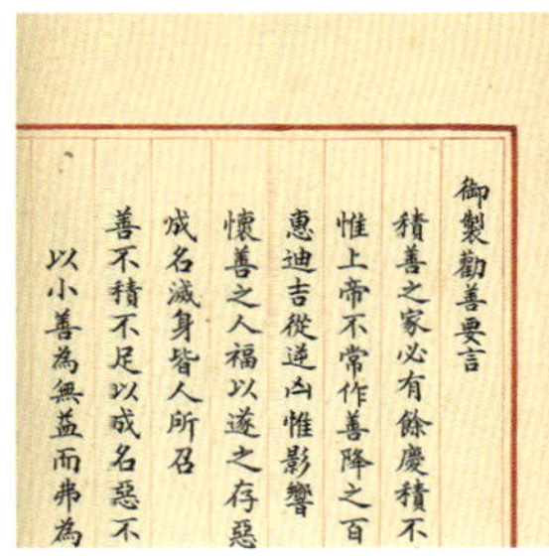

書6402
《御製勸善要言一卷》

Shu 6402
Goodness-advising Epigrams
One chapter

86 164

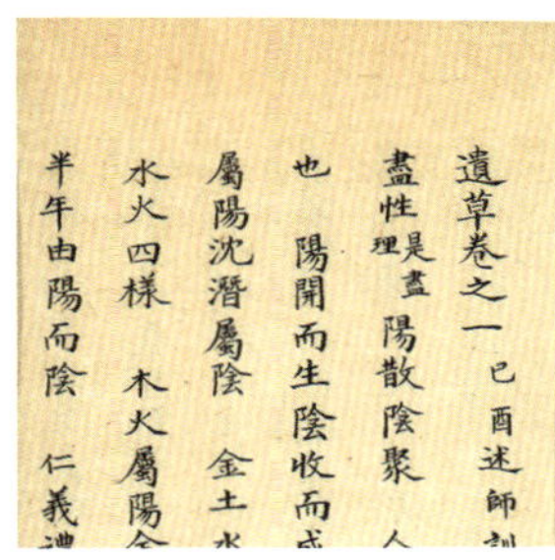

書6404
《遺草十二卷附慕古堂日記一卷詩草一卷》

Shu 6404
Surviving Manuscripts
Twelve chapters as text, one chapter as *Diary of Mugu Hali*, one chapter as *Poetry Draft*

87 165

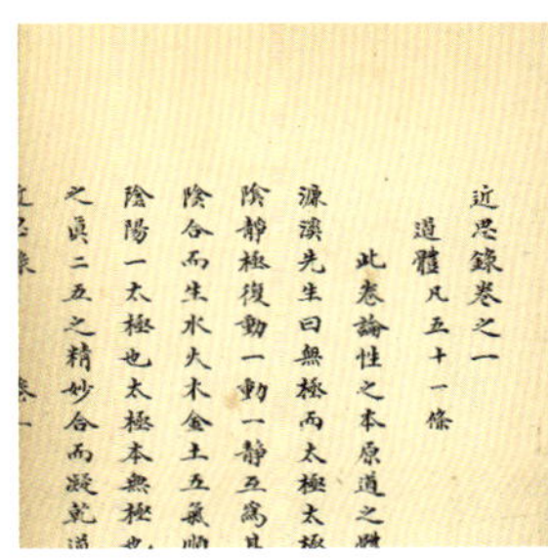

書6405
《近思録十四卷附聖諭廣訓二卷》

Shu 6405
Records of Reflections on Things at Hand
Fourteen chapters as text, two chapters as *Extended Expositions of Imperial Decrees*

88 166

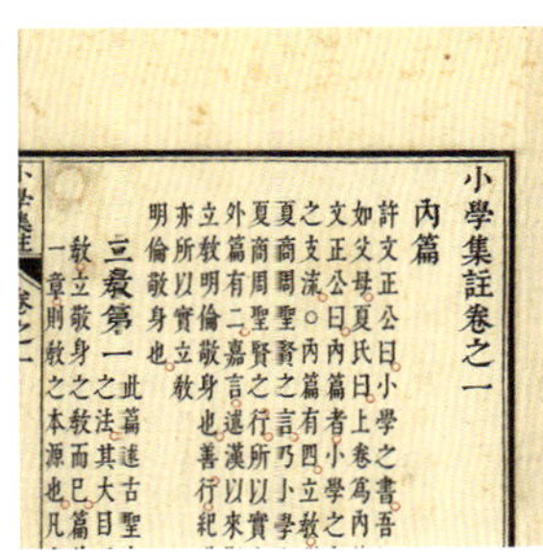

書6409
《小學集注六卷》

Shu 6409
Annotated Elementary Learning
Six chapters

89 168

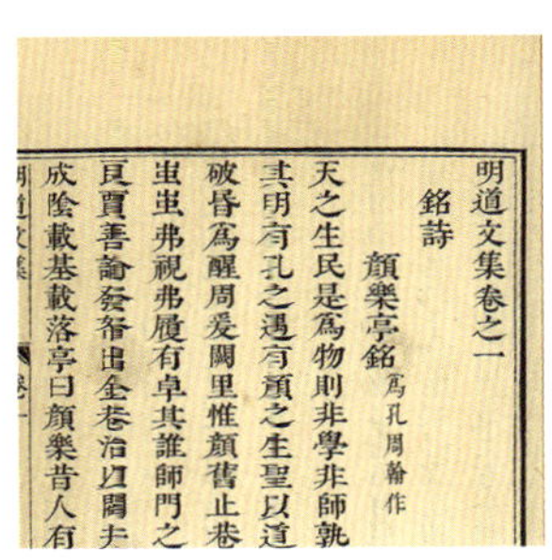

書6412
《二程全書六十四卷》

Shu 6412
Complete Book of Cheng Yi and Cheng Hao
Sixty-four chapters

90 170

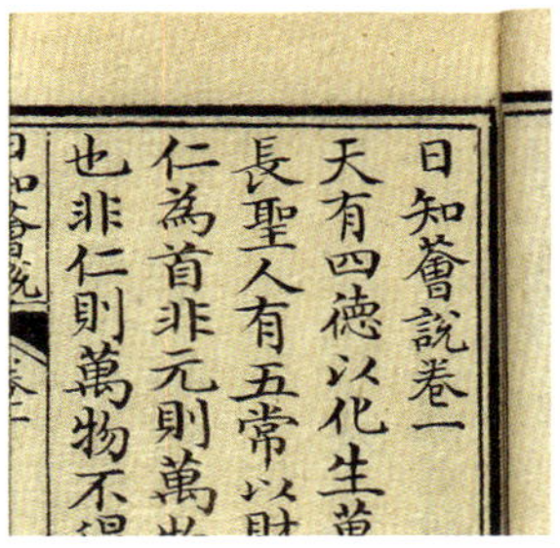

書6413
《日知薈說四卷》

Shu 6413
Collection of Daily Knowledge
Four chapters

91 172

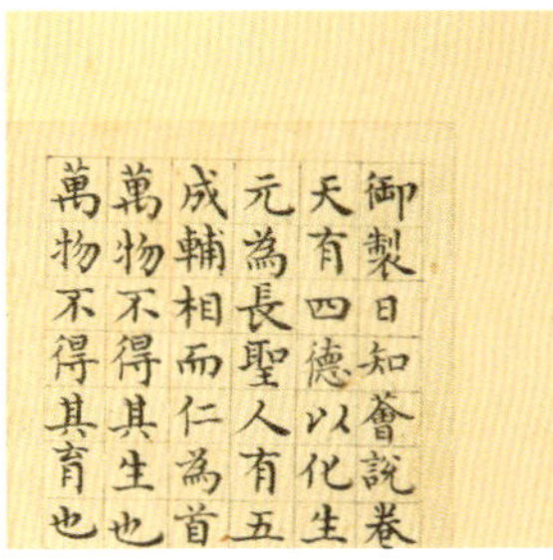

書6414
《御製日知薈說四卷》

Shu 6414
Collection of Daily Knowledge
Four chapters

92 174

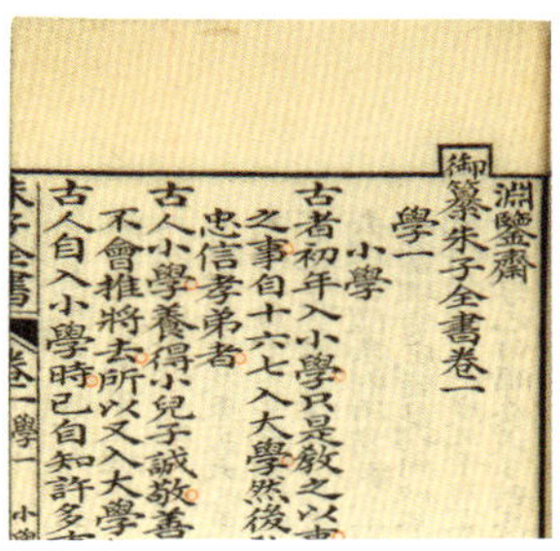

書6415
《御纂朱子全書六十六卷》

Shu 6415
Complete Collection of Zhu Xi
Sixty-six chapters

93 176

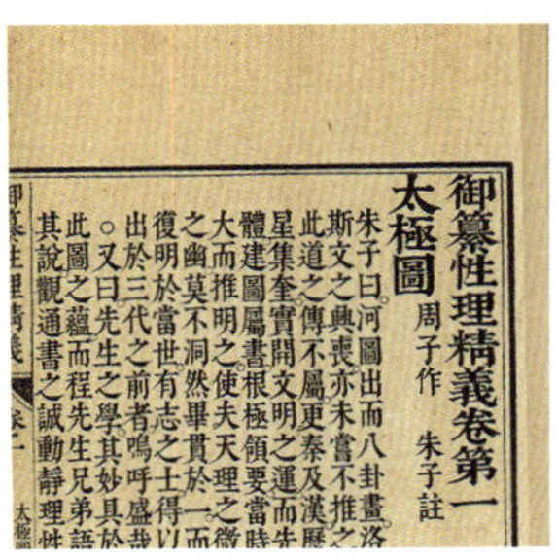

書6416
《御纂性理精義十二卷》

Shu 6416
Essence of Nature and Principle, Made by Imperial Order
Twelve chapters

94 178

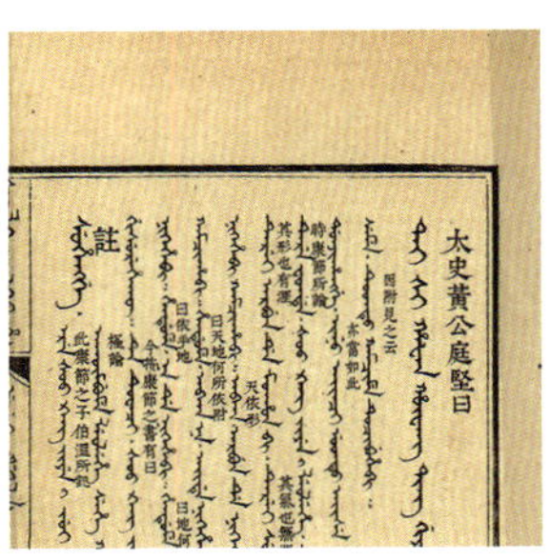

書6417
《御纂性理精義十二卷》

Shu 6417
Essence of Nature and Principle, Made by Imperial Order
Twelve chapters

95 180

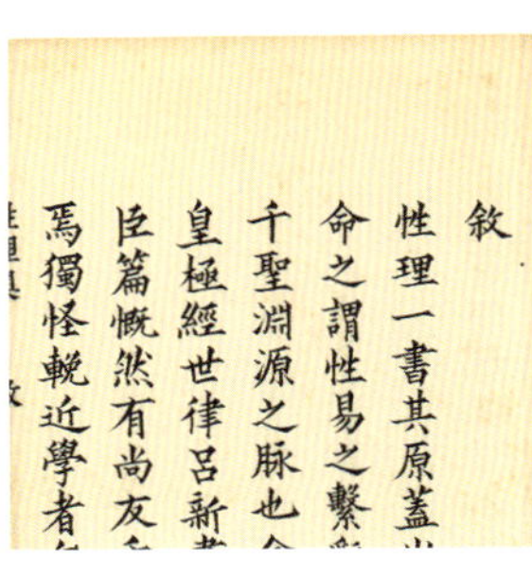

書6418
《性理奧十卷》

Shu 6418
Mystery behind Nature and Principle
Ten chapters

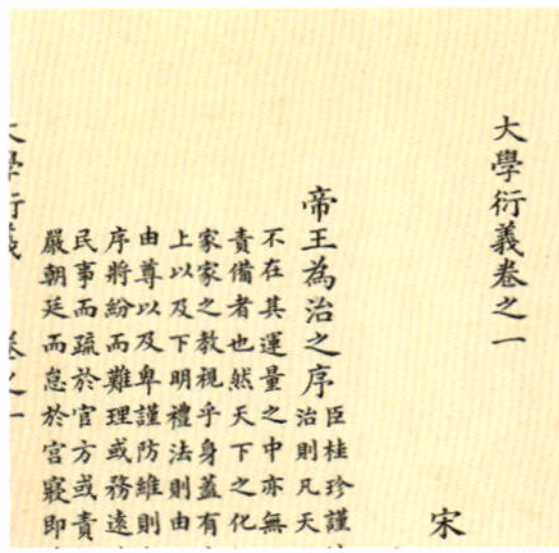

102 190

書6431
《大學衍義四十三卷》

Shu 6431
Exposition of the Great Learning
Forty-three chapters

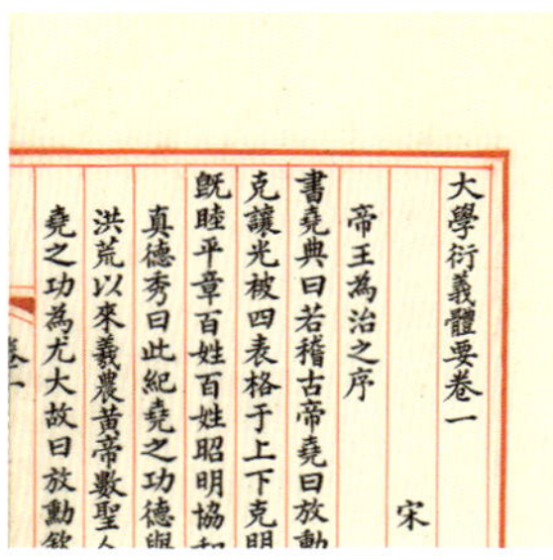

103 192

書6432
《大學衍義體要十六卷》

Shu 6432
Summary of the Exposition of the Great Learning
Sixteen chapters

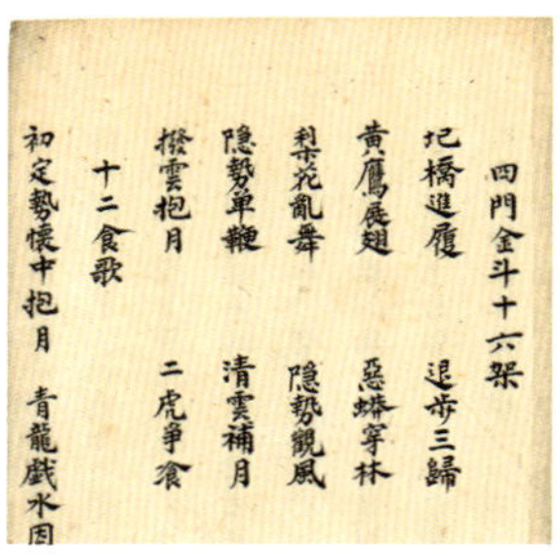

104 194

書6439
《單刀譜》

Shu 6439
Guide on Single Broadsword

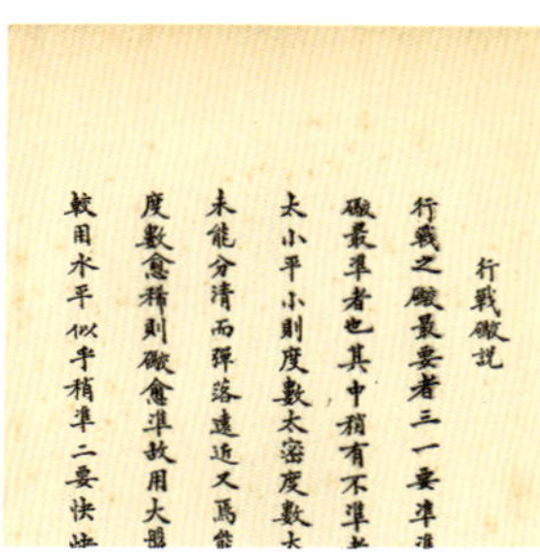

105 196

書6440
《戰守新法》

Shu 6440
New Ways for Attack and Defense

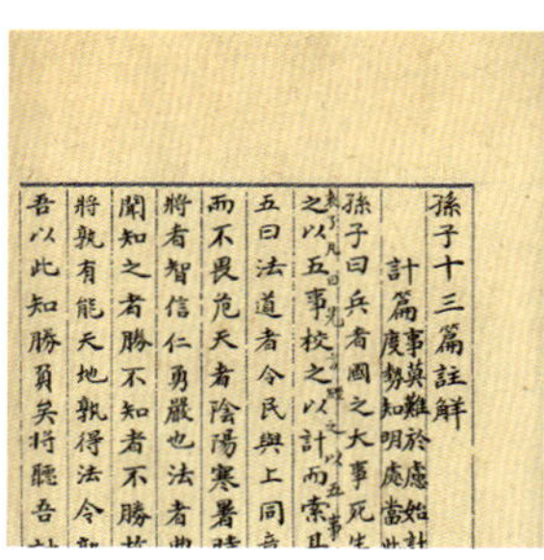

106 198

書6441
《孫子彙徵八卷》

Shu 6441
Sunzi with Collected Annotations
Eight chapters

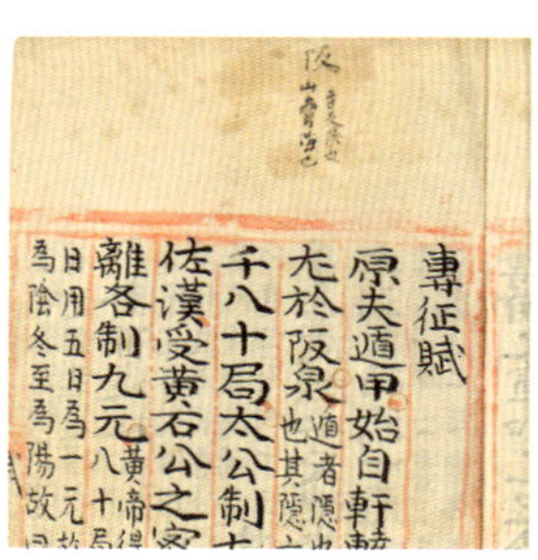

107 200

書6442
《兵甲勝要》

Shu 6442
Essence for Military Success

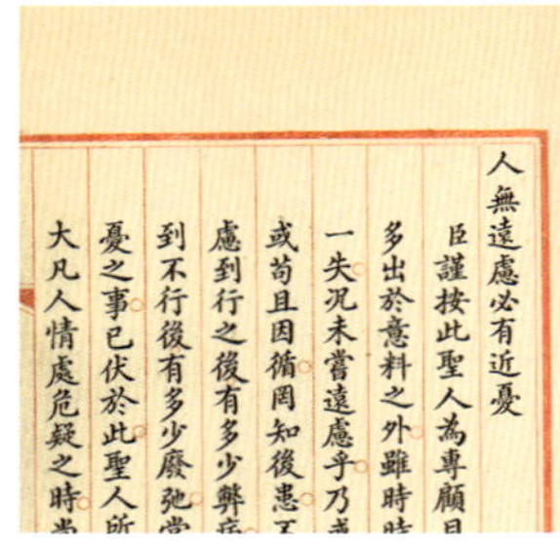

96 181

書6420
《經書講義》

Shu 6420
Teaching Materials of Confucian Classics

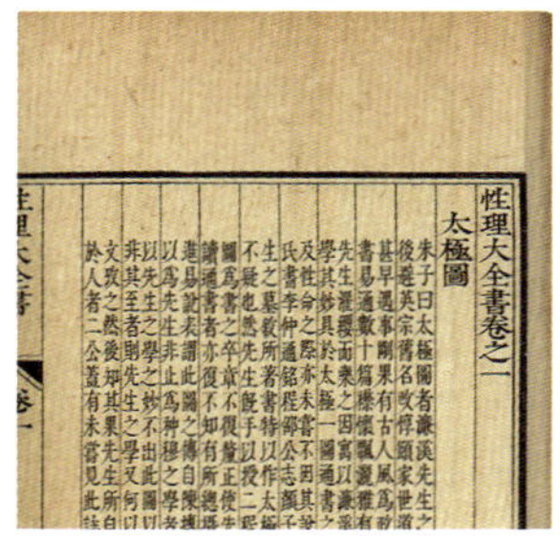

97 182

書6421
《性理大全七十卷》

Shu 6421
Complete Books on Nature and Principle
Seventy chapters

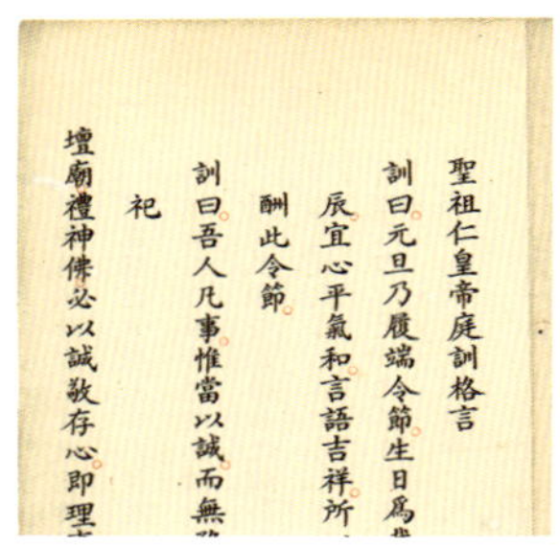

98 184

書6424
《聖祖仁皇帝庭訓格言一卷》

Shu 6424
Aphorisms from Court Teachings of the Shengzuren Emperor
One chapter

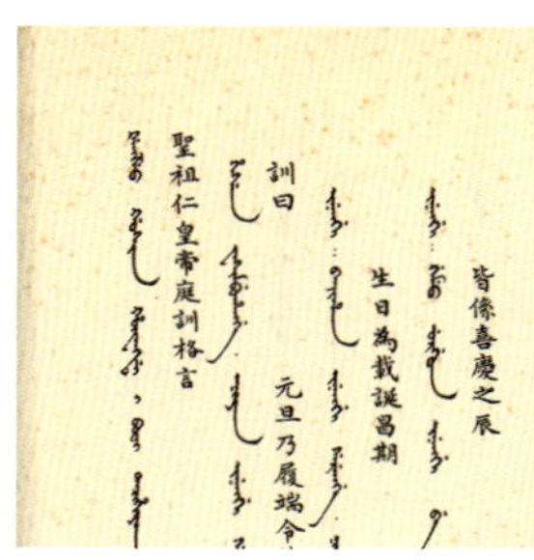

99 185

書6425
《聖祖仁皇帝庭訓格言八卷》

Shu 6425
Aphorisms from Court Teachings of the Shengzuren Emperor
Eight chapters

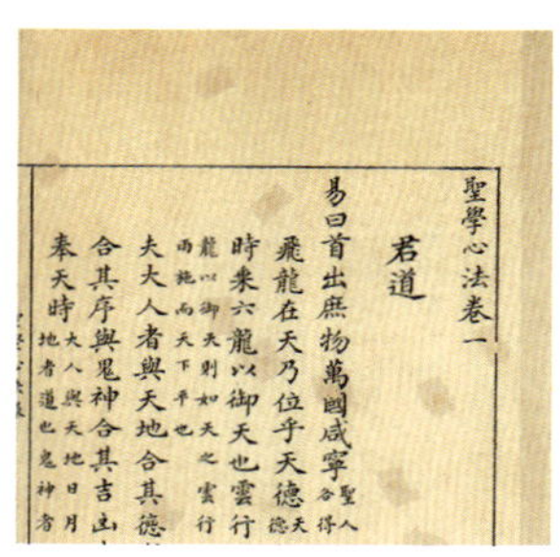

100 186

書6426
《聖學心法四卷》

Shu 6426
Mental Ways of Sagely Learning
Four chapters

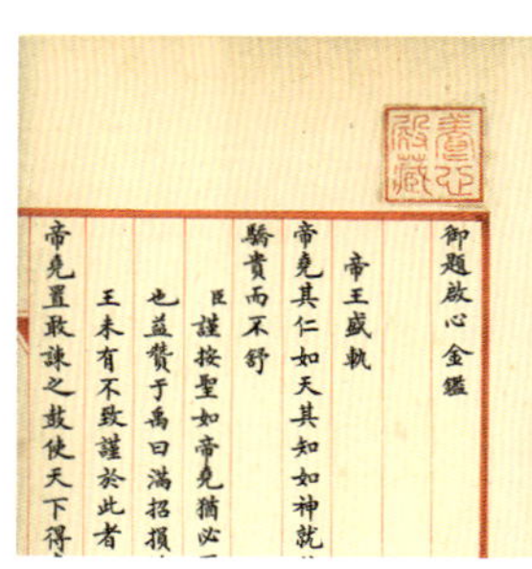

101 188

書6429
《啓心金鑒二卷附倭文端公遺書三卷》

Shu 6429
Golden Mirror for Mental Enlightenment
Two chapters as text, appended with three chapters of *Bequeathed Books by Oron*

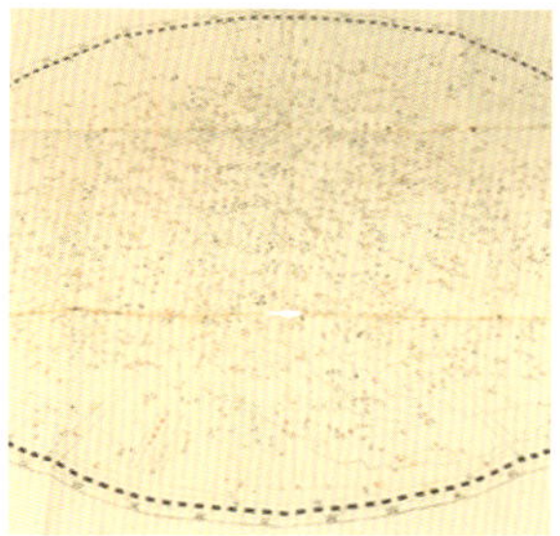

114 212

書6465
《欽定儀象考成赤道星圖》

Shu 6465
Maps of Equator Stars in Complete Studies on Heavenly Bodies, Made by Imperial Order

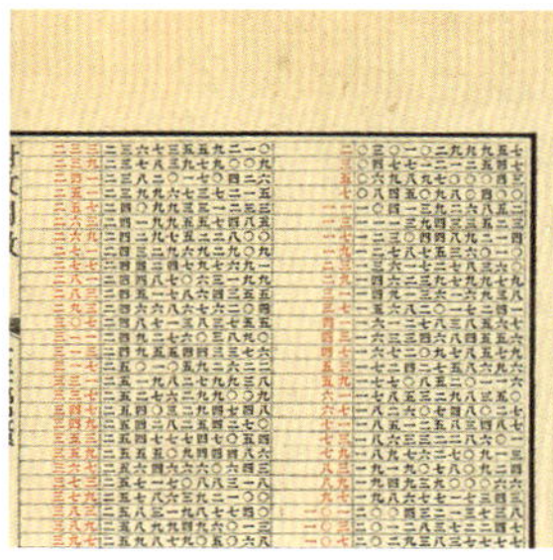

115 214

書6494
《御製對數闡微十卷》

Shu 6494
Interpretation of Logarithm
Ten chapters

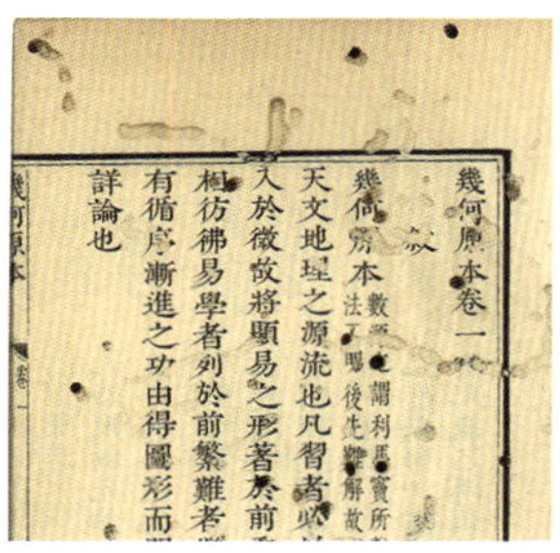

116 216

書6495
《幾何原本七卷附演算法原本一卷》

Shu 6495
Elements of Geometry, seven chapters
Elements of Algorithm, one chapter

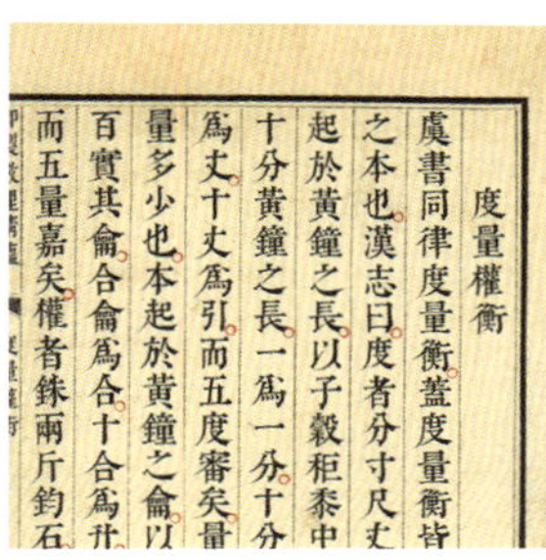

117 218

書6500
《御製數理精蘊五十三卷》

Shu 6500
Basic Principles of Mathematics, Made by Imperial Order
Fifty-three chapters

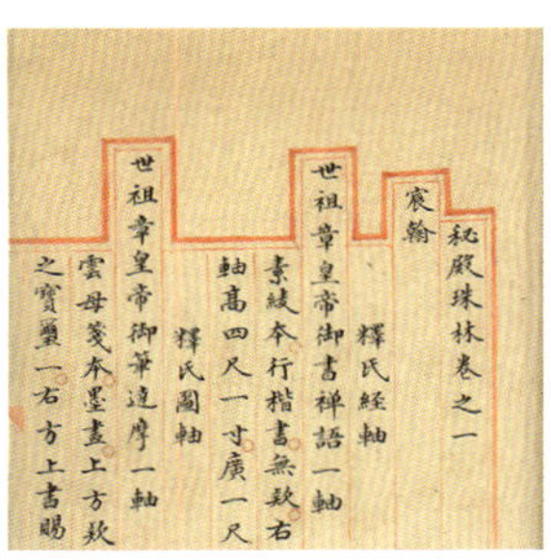

118 220

書6514
《秘殿珠林二十四卷》

Shu 6514
Mi Dian Zhu Lin (Imperial Collection of Religious Painting and Calligraphy)
Twenty-four chapters

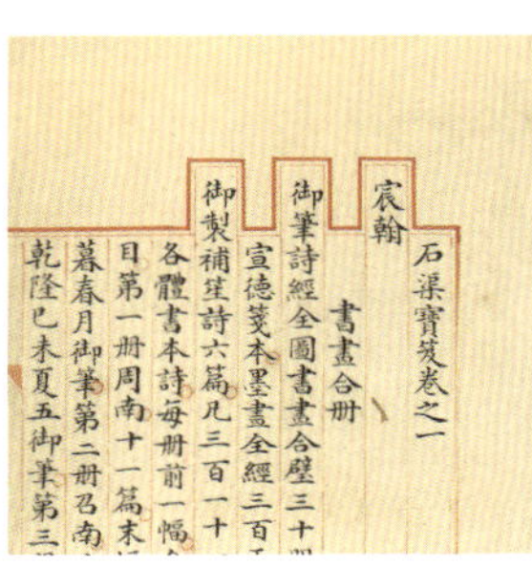

119 221

書6515
《石渠寶笈四十四卷》

Shu 6515
Treasured Artworks of Stone Channel
Forty-four chapters

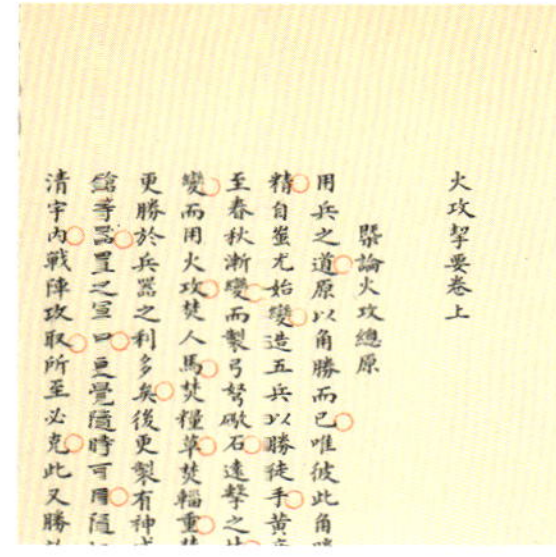

108 201

書6443
《火功挈要三卷圖一卷》

Shu 6443
Basic Skills of Firearms Attack
Three chapters as text, one chapter as illustration

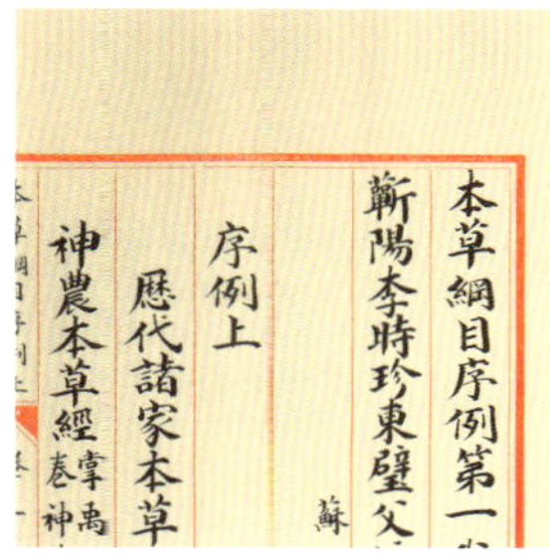

109 202

書6447
《本草綱目五十二卷首一卷》

Shu 6447
Compendium of Materia Medica
Fifty-two chapters as text, one chapter as preliminary remarks

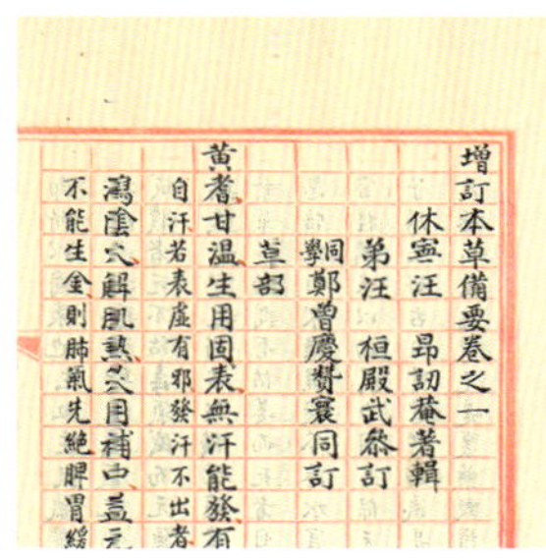

110 204

書6448
《增訂本草備要四卷醫方集解二卷》

Shu 6448
Supplemented Essentials of Materia Medica
Four chapters as text, two chapters as *Collected Interpretations of Prescriptions*

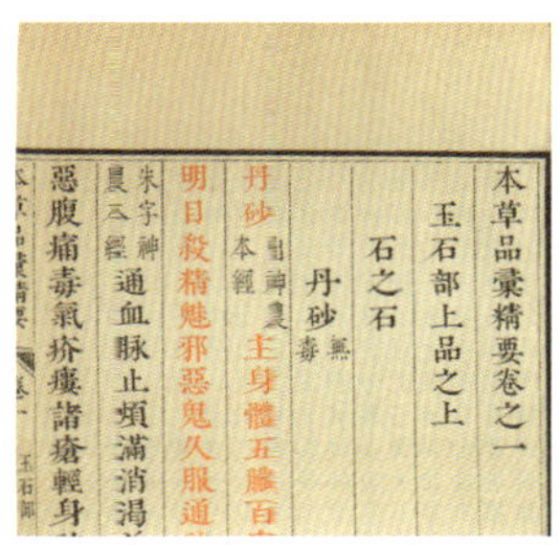

111 206

書6453
《本草品彙精要四十卷首一卷附本草品彙精要續集十卷脈四言舉要二卷》

Shu 6453
Essentials of Species of Materia Medica
Forty chapters as text, one chapter as preliminary remarks, ten chapters as sequel, two chapters as *Four-character Rhymed Formulae for Pulse Diagnostics*

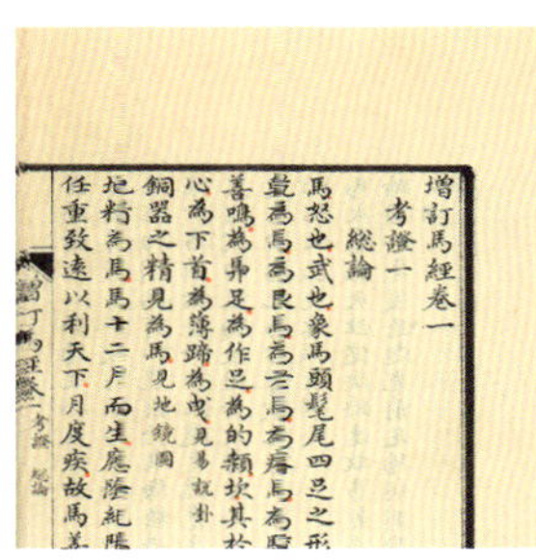

112 208

書6460
《增訂馬經二十八卷》

Shu 6460
Supplemented Horse Classics
Twenty-eight chapters

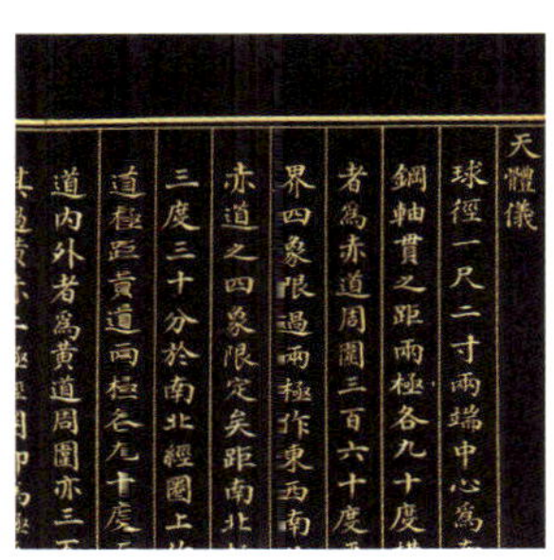

113 210

書6463
《天體儀說》

Shu 6463
Astronomical Instruments

126 232

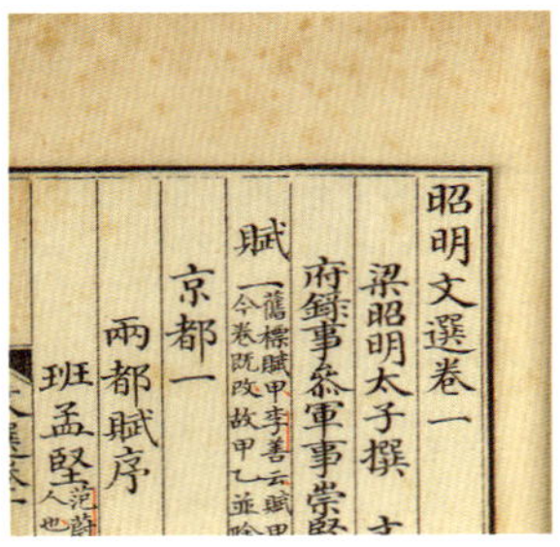

書6732
《昭明文選六十卷》
Shu 6732
Literary Selections of Zhaoming
Sixty chapters

127 234

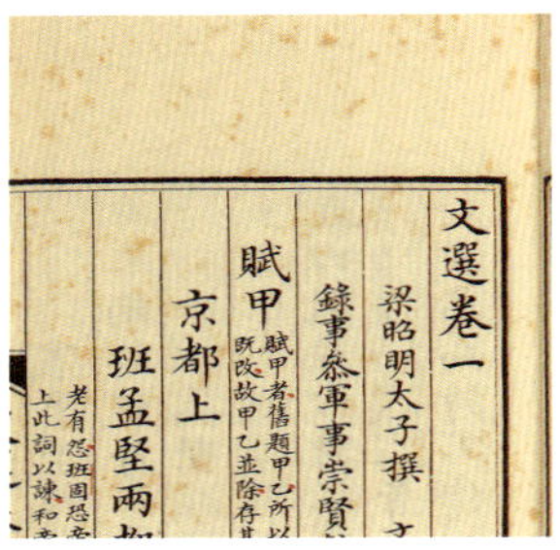

書6733
《文選六十卷》
Shu 6733
Literary Selections
Sixty chapters

128 236

書6735
《古香齋鑒賞校正昭明文選六十卷》
Shu 6735
Appreciation and Proofreading of Literary Selections of Zhaoming in the Lodge of Ancient Fragrance
Sixty chapters

129 237

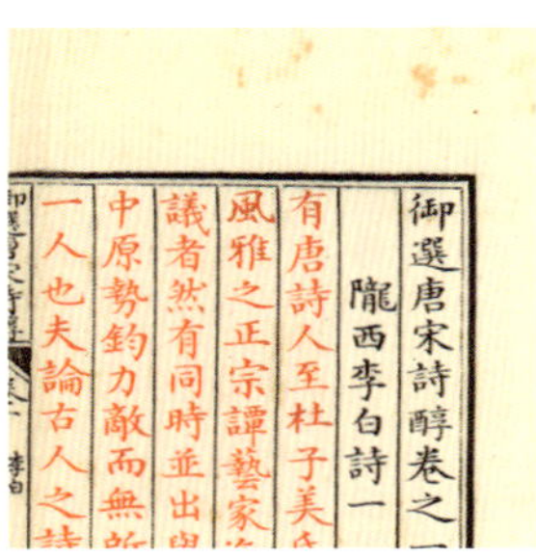

書6736
《御選唐宋詩醇四十七卷目録二卷》
Shu 6736
Poem Essence of the Tang and Song Dynasties
Forty-seven chapters as text, two chapters as contents

130 238

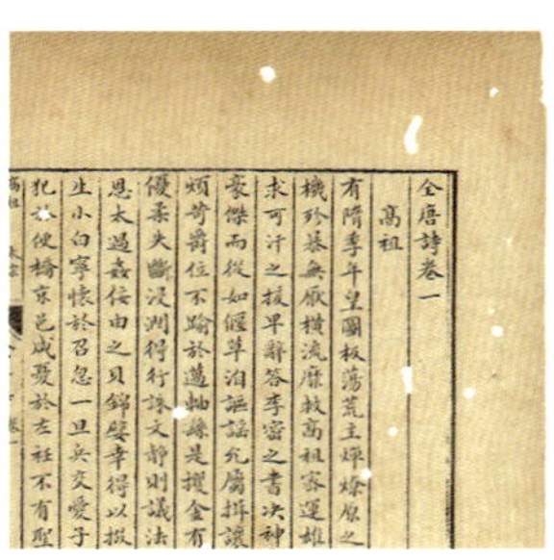

書6746
《唐詩挨藻八卷》
Shu 6746
Tang Poems of Official Style
Eight chapters

131 240

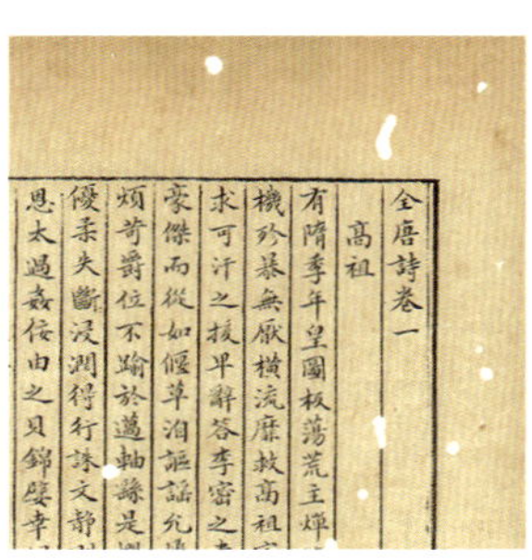

書6747
《全唐詩七百十七卷目録五卷》
Shu 6747
Complete Tang Poems
717 chapters as text, five chapters as contents

120 222

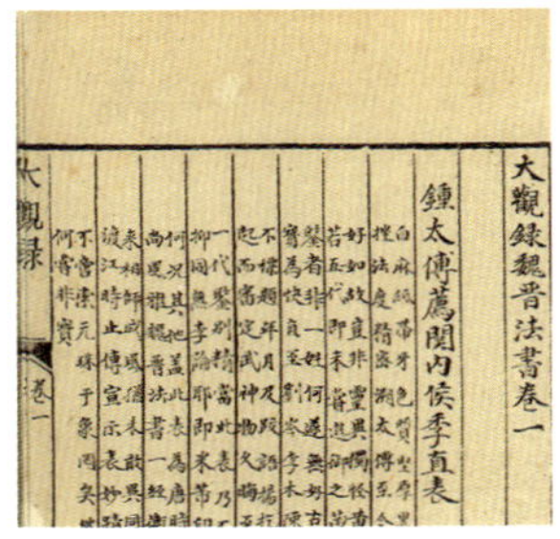

書6533
《大觀録二十卷附元賢詩翰姓氏一卷明賢詩翰姓氏一卷》
Shu 6533
Records of Grand View
Twenty chapters as text, one chapter on brief biographies of Yuan calligraphers, one chapter on brief biographies of Ming calligraphers

121 224

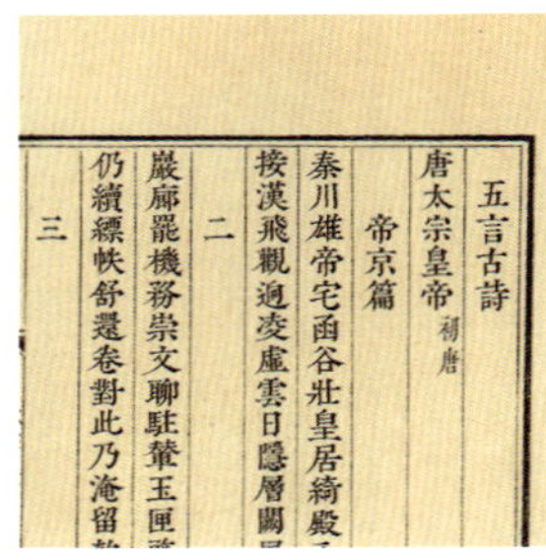

書6717
《御選唐宋元明詩附唐宋詞》
Shu 6717
Tang, Song, Yuan and Ming Poems, Appended with Tang and Song Ci-poems

122 226

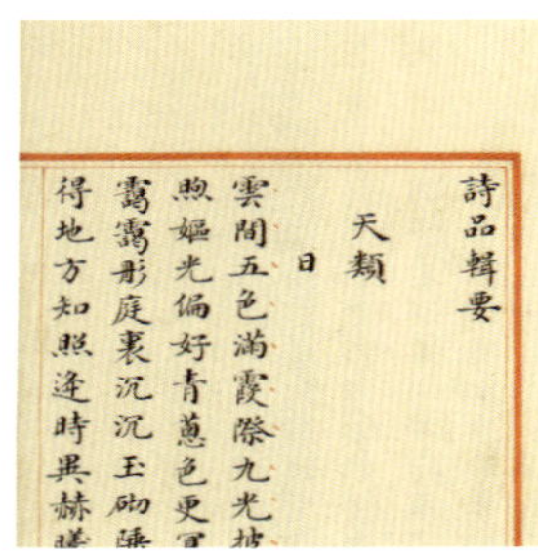

書6718
《詩品輯要三卷》
Shu 6718
Summary of Poetry Criticism
Three chapters

123 227

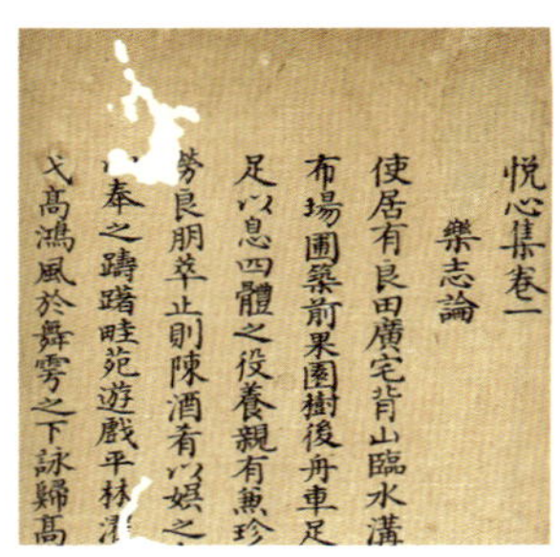

書6727
《悦心集四卷》
Shu 6727
Collection for Mental Delight
Four chapters

124 228

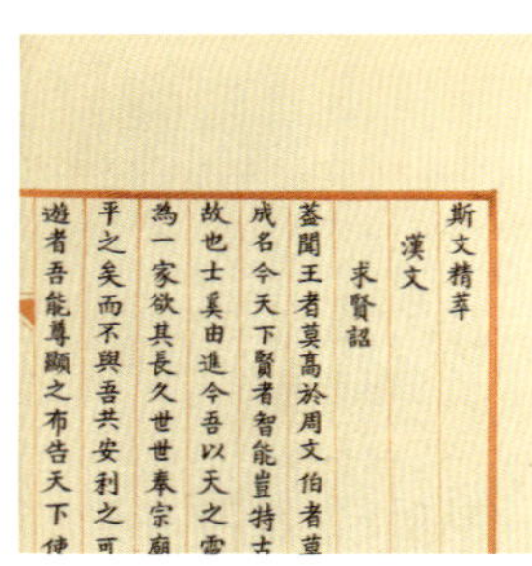

書6729
《斯文精萃》
Shu 6729
Literary Essence

125 230

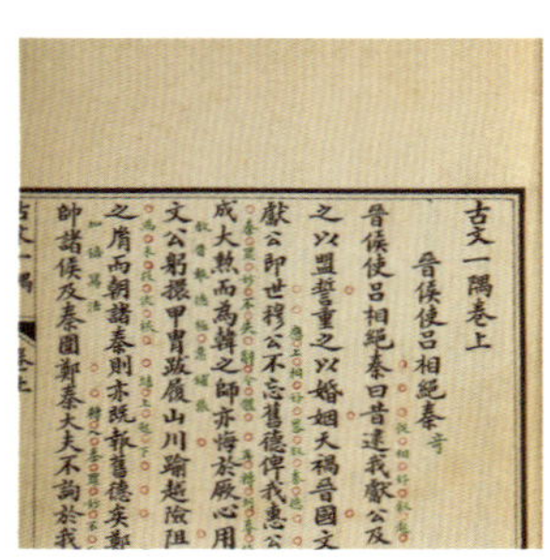

書6730
《古文一隅三卷》
Shu 6730
Selection of Classical Essays
Three chapters

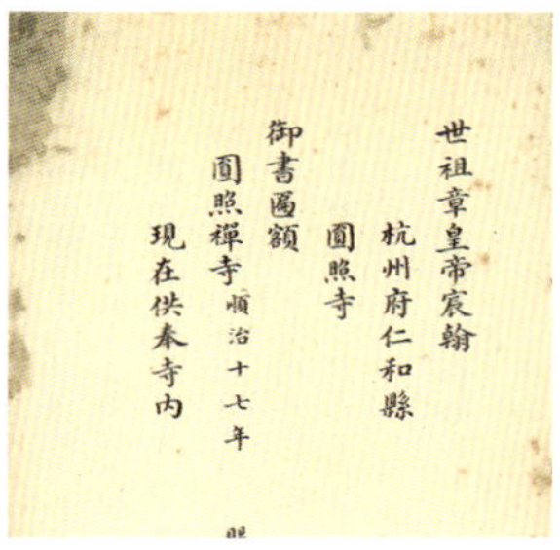

138 249

書6761
《三朝宸翰》
Shu 6761
Imperial Calligraphy of Three Reigns

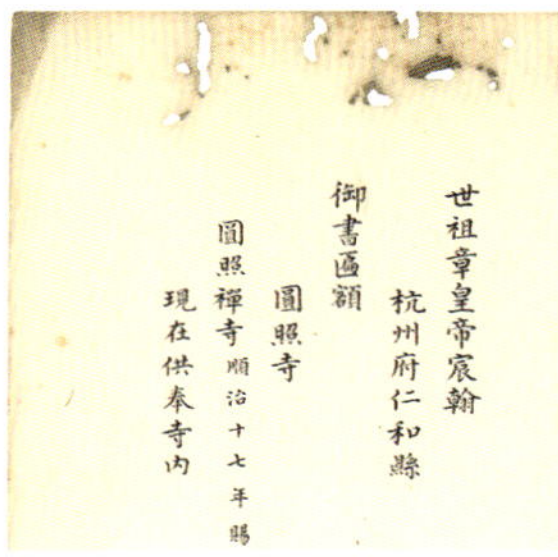

139 250

書6762
《四朝宸翰》
Shu 6762
Imperial Calligraphy of Four Reigns

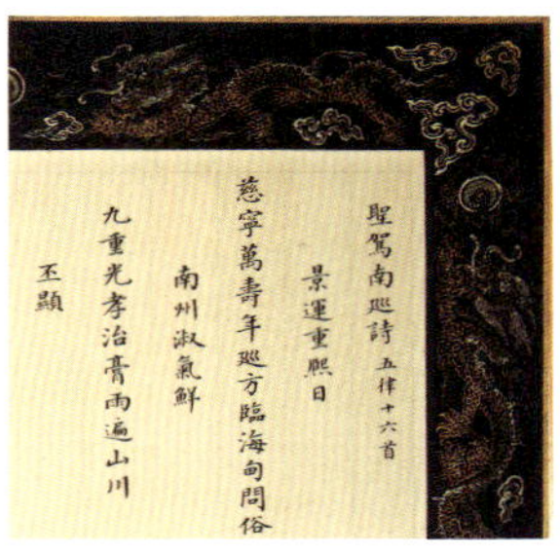

140 252

書6764
《聖駕南巡恭紀詩四卷》
Shu 6764
Poems Respectfully Recording Imperial Tour to South China
Four chapters

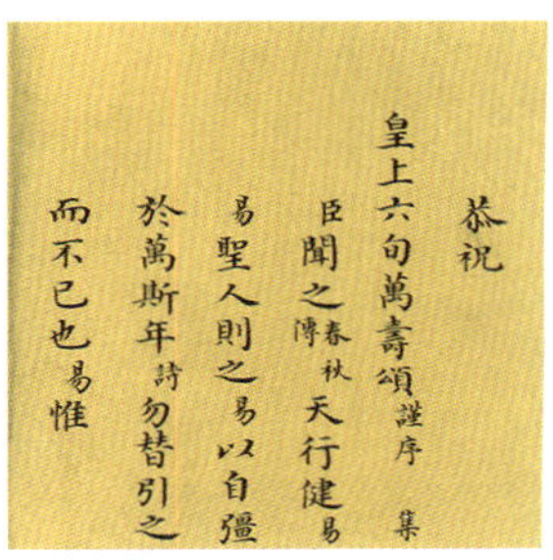

141 254

書6765
《萬壽屏頌》
Shu 6765
Longevity Odes

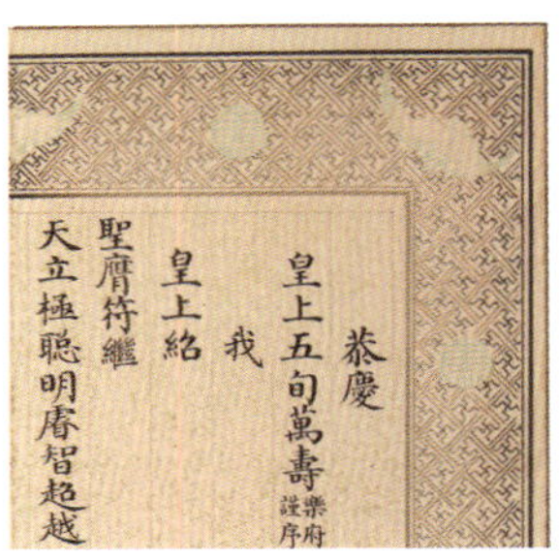

142 256

書6766
《清高宗五旬萬壽詩文》
Shu 6766
Poems and Essays on the Fiftieth Birthday of the Qianlong Emperor

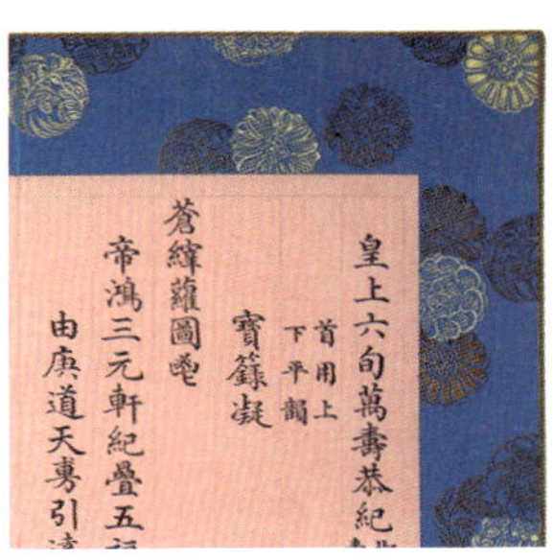

143 258

書6767
《清高宗六旬萬壽詩》
Shu 6767
Poems on the Sixtieth Birthday of the Qianlong Emperor

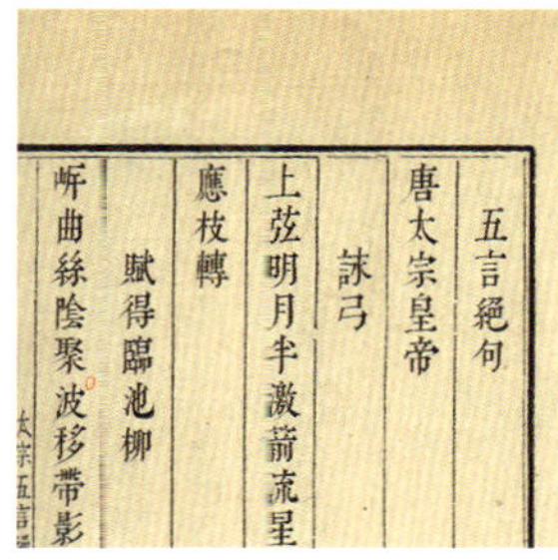

132 242

書6748
《御選唐詩附對類》
Shu 6748
Imperial Selection of Tang Poems, Appended with Antithetic Couplets

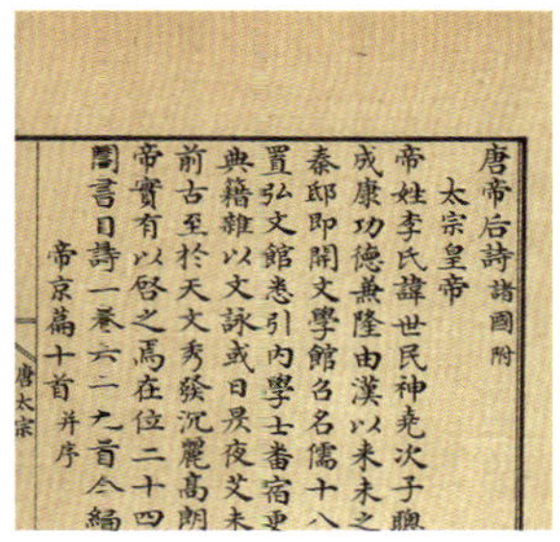

133 244

書6750
《唐帝后詩七卷諸國詩二卷》
Shu 6750
Poems by Tang Emperors and Empresses, seven chapters
Poems of States, two chapters

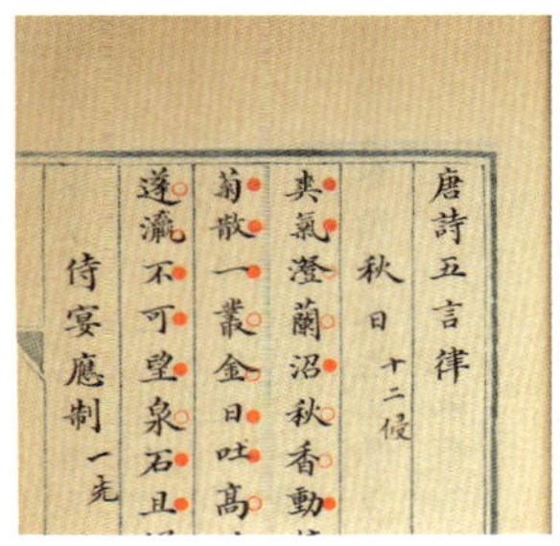

134 245

書6753
《唐詩選》
Shu 6753
Selected Tang Poems

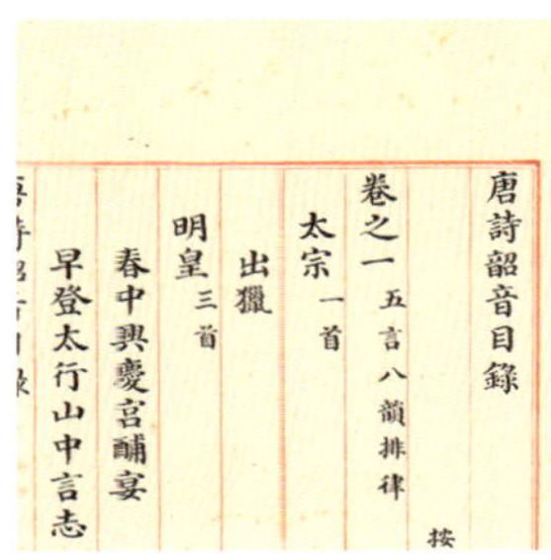

135 246

書6754
《唐詩韻音五卷》
Shu 6754
Rhymed Sounds of Tang Poems
Five chapters

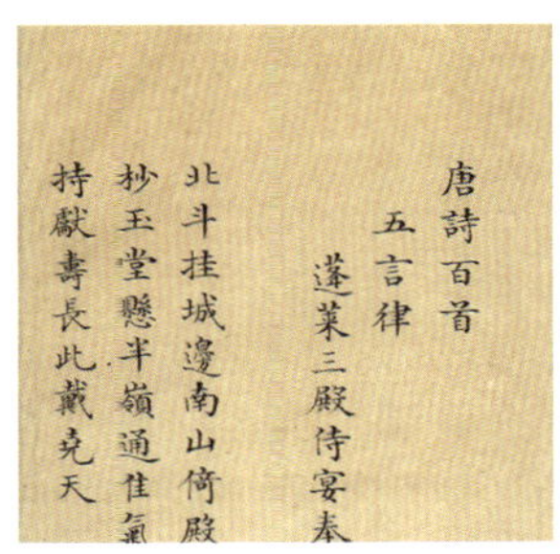

136 247

書6755
《唐詩百首一卷》
Shu 6755
Hundred Tang Poems
One chapter

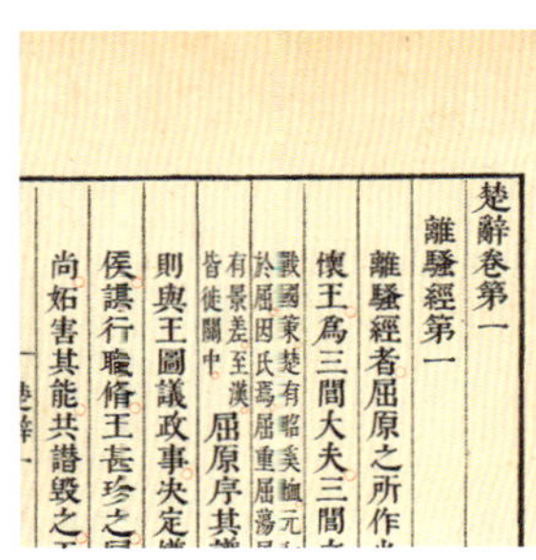

137 248

書5760
《楚辭集注八卷辯證二卷後語六卷》
Shu 6760
Collected Commentaries on "Songs of Chu"
Eight chapters as text, two chapters as textual criticism, six chapters as postscripts

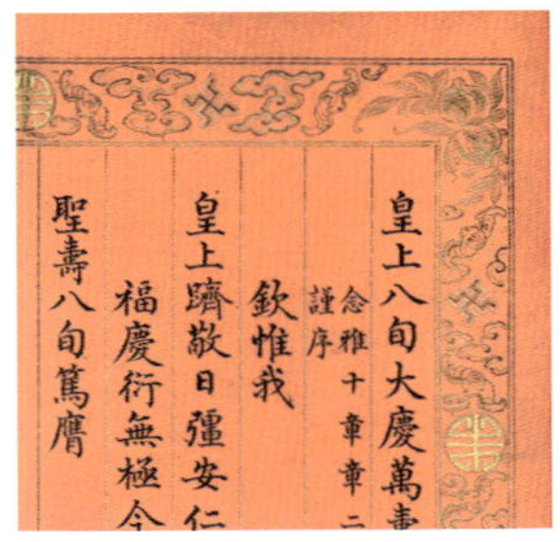

144

260

書6768
《清高宗八旬萬壽詩文》
Shu 6768
Poems and Essays on the Eightieth Birthday of the Qianlong Emperor

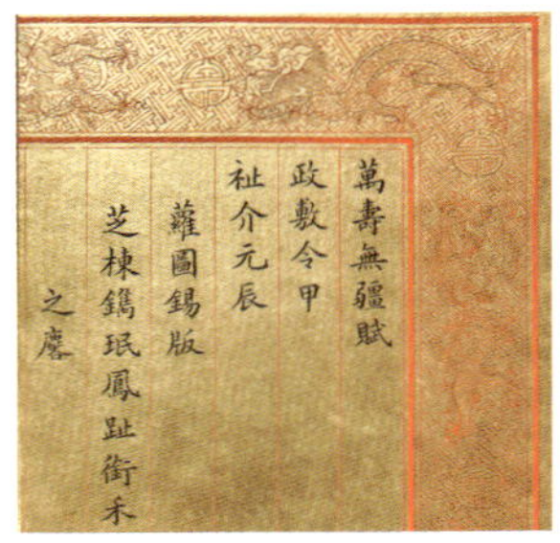

145

262

書6769
《萬壽無疆賦》
Shu 6769
Longevity Rhapsody

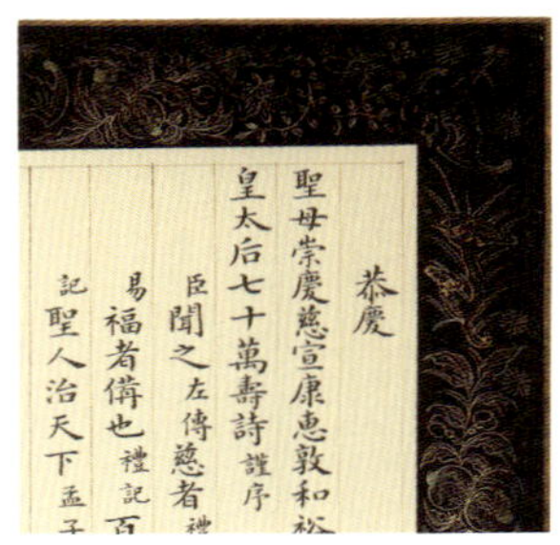

146

264

書6770
《孝聖憲皇后七旬萬壽詩文》
Shu 6770
Poems and Essays on the Seventieth Birthday of the Xiaoshengxian Empress

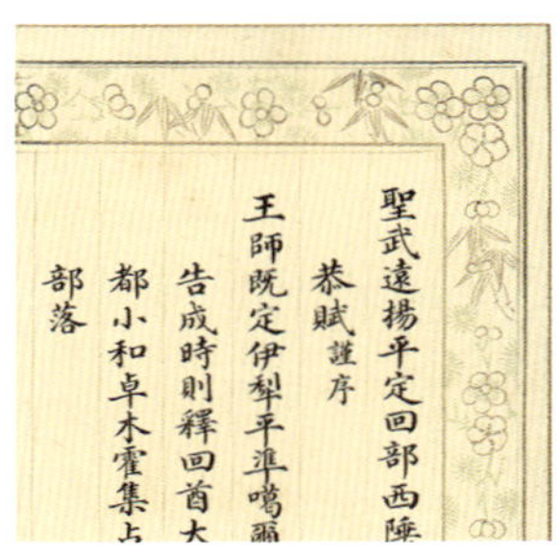

147

266

書6773
《聖武遠揚平定回部西陲永靖大功告成恭紀詩文》
Shu 6773
Poems and Essays on Celebrating the Complete Success in Pacifying Western Frontiers

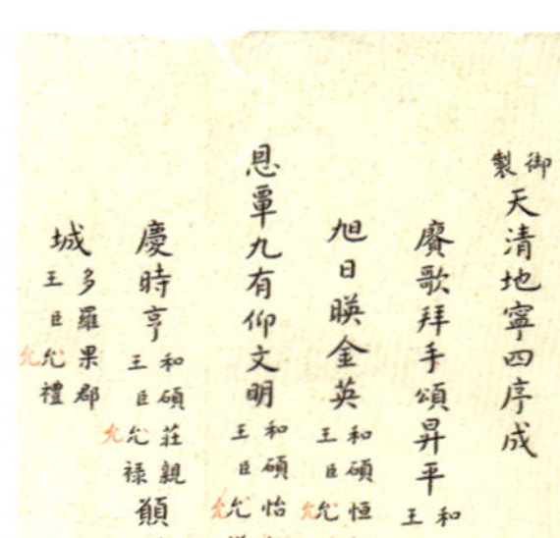

148

268

書6774
《和雍正帝天清地寧四序詩》
Shu 6774
Poems of Four Seasons on Heavenly Purity and Earthly Tranquility

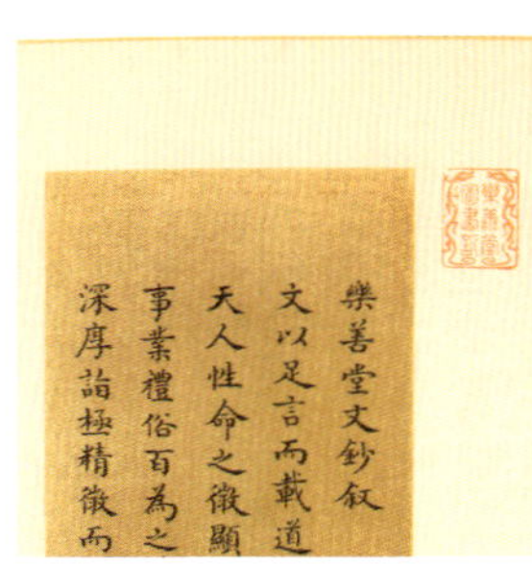

149

270

書6775
《樂善堂文鈔序》
Shu 6775
Preface to Prose Anthology of Leshan Hall

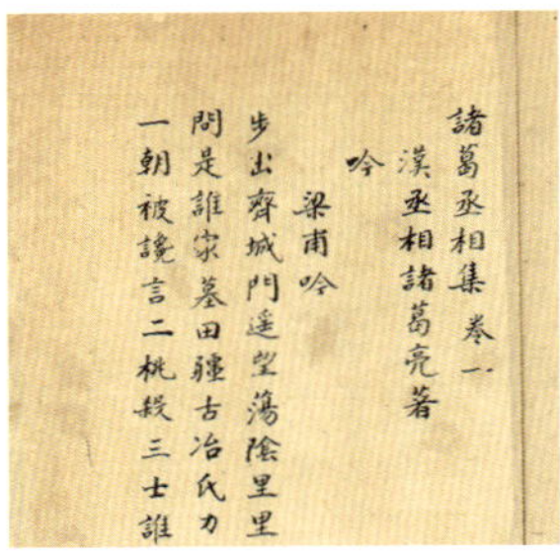

150

272

書6776
《諸葛丞相集四卷》
Shu 6776
Collection of Prime Minister Zhuge
Four chapters

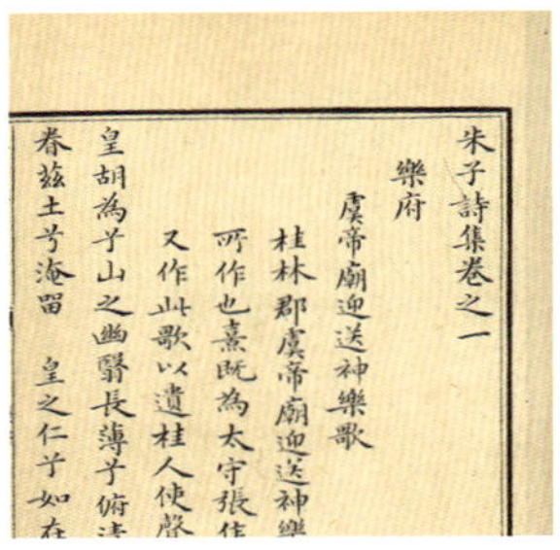

151

274

書6784
《朱子詩集十卷附考异》
Shu 6784
Poetry Anthology of Zhu Xi
Ten chapters, appended with study of differences

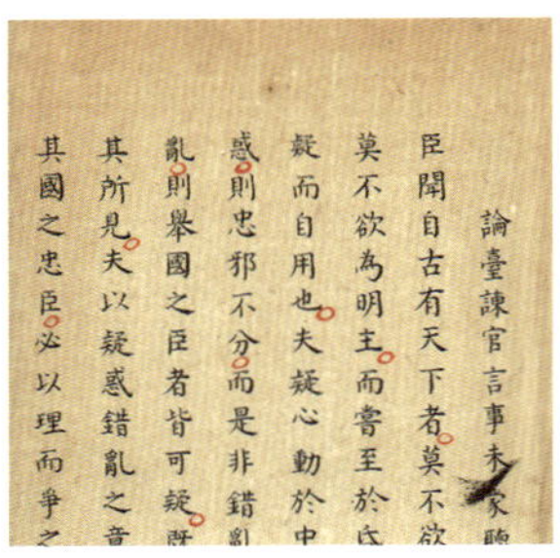

152

275

書6786
《歐陽文式一卷》
Shu 6786
Ouyang Essays
One chapter

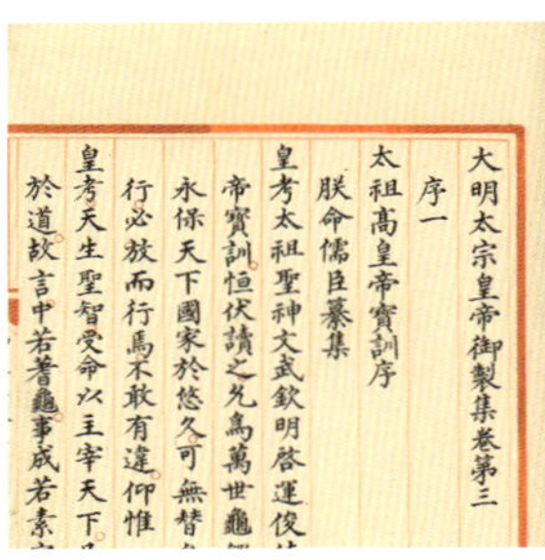

153

276

書6789
《大明太宗皇帝御製集》
Shu 6789
Collection of the Taizong Emperor of the Great Ming

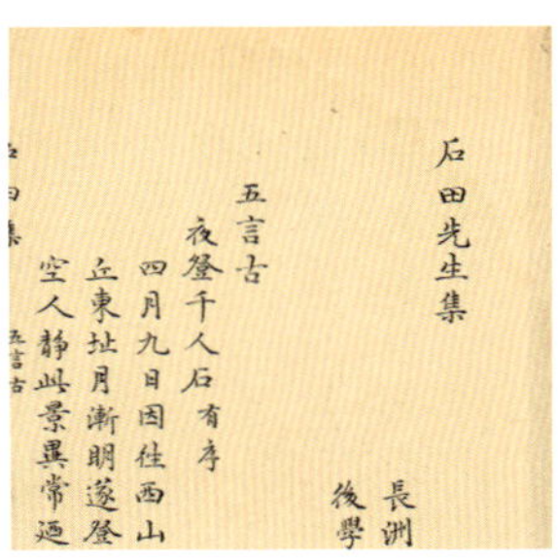

154

277

書6790
《石田先生集》
Shu 6790
Collection of Mr. Shitian

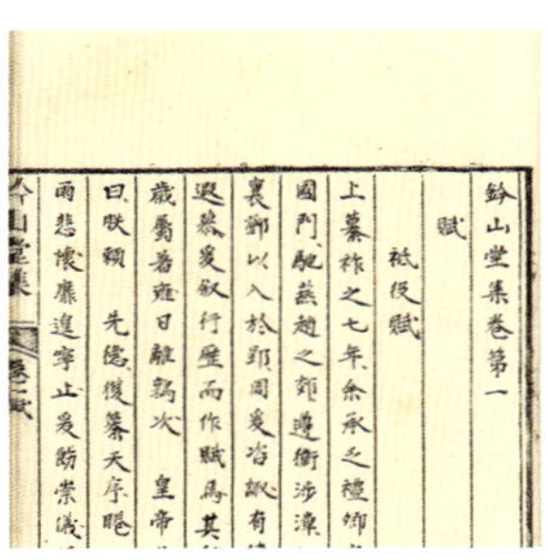

155

278

書6792
《鈐山堂集四十卷》
Shu 6792
Collection of Tianshan Hall
Forty chapters

156 279

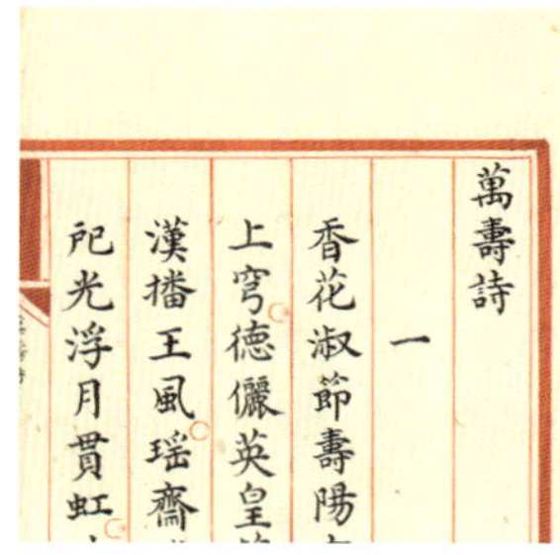

書6793
《萬壽詩一卷》

Shu 6793
Longevity Poems
One chapter

157 280

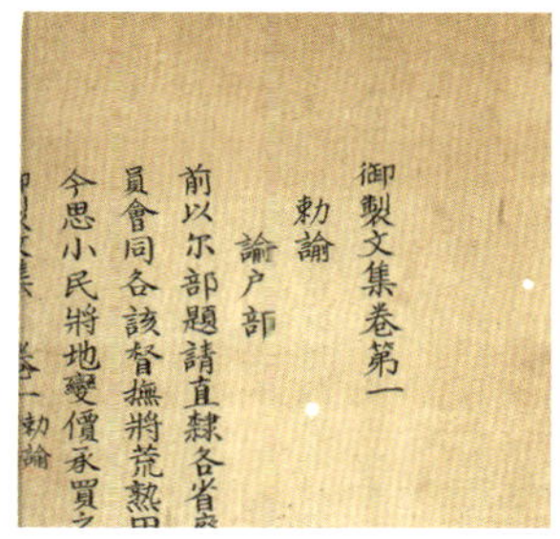

書6794
《清聖祖御製文四十卷》

Shu 6794
Prose Collection of the Kangxi Emperor
Forty chapters

158 281

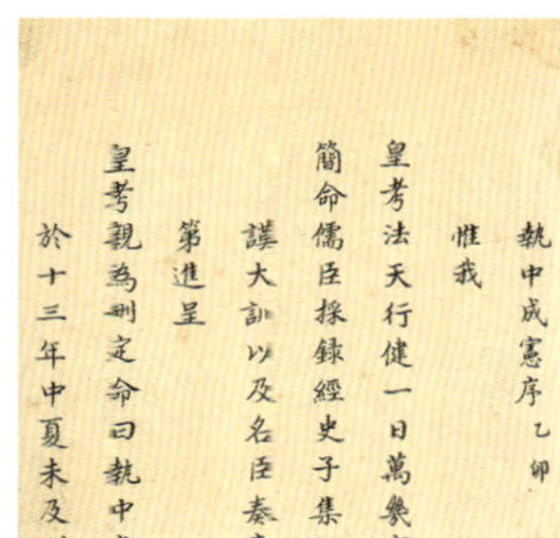

書6801
《高宗御製文》

Shu 6801
Prose Collection of the Qianlong Emperor

159 282

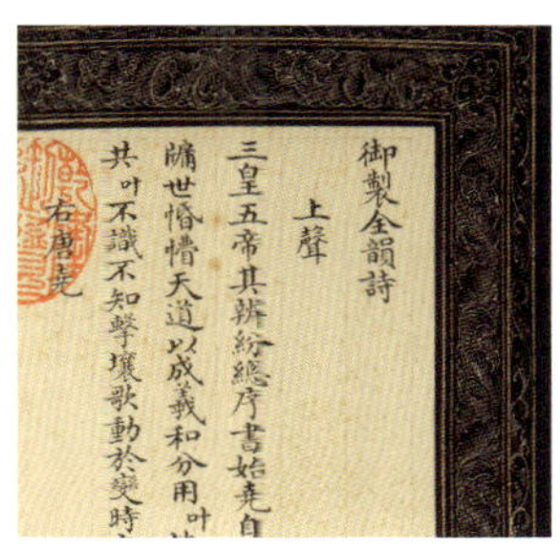

書6802
《御製全韻詩》

Shu 6802
Verses with All Rhymes

160 284

書6804
《御製盛京詩八卷》

Shu 6804
Imperial Poems of Shengjing
Eight chapters

Compendium of Collections in The Palace Museum

Rare Books and Special Archives

10

Transcripts

The Forbidden City Publishing House

Contents

Introduction to the special collections of the only existing copies of the Qing Imperial Court

Xiang Si

All the dynasties of China, from the Qin to the Qing Dynasty, had attached great importance to collection of rare editions of ancient books. Nearly every new dynasty had set up its own imperial collection system on the basis of inheriting the classics of the previous dynasties and made constant efforts in collecting, enriching and improving the collections. Of that, the rare editions of the imperial storehouses and special collections of the imperial courts are the essence of the imperial collections. The rare editions cherished by the Palace Museum are the legacy inherited from the previous dynasties: the Ming Dynasty inherited the collection from the Song and Yuan Dynasties and set up the collection system in the imperial palace in Nanjing; Emperor Chengzu moved the capital to Beijing where became the center of official collections. The historians have exclaimed over how exquisite and how rich the collections of Wenyuan Chamber has: all the imperial collections of the Song, Jin and Yuan Dynasties had been cherished by Wenyuan Chamber! Established its capital in Beijing, the Qing Dynasty accepted all collections of the Ming Dynasty and set up its own imperial collections. Emperor Kangxi, Emperor Qianlong and other emperors of the Qing Dynasty had attached great importance to the cultural undertaking and spared no efforts in enriching the imperial collections. Emperor Kangxi said, "The large cities connected to the capital shall have their own collections and publications. How could there be no good editions for the unofficial history? Today we should spare no efforts in widely soliciting and compiling books, making no neglect in collection. Only in this way can my ultimate purpose of collecting ancient books and respecting culture be realized." Emperor Qianlong said, "The purpose that I collect the Confucian classics, and works on history, philosophy and literature is not for the fame of respecting culture. Just like what Master Zhang Zai said, the purpose is to enable the people to survive, set up rules, inherit the past classics and open up the peaceful future for the later generations."

In the ancient times, there was a term "bamboo slips written with lacquer", literally, written with lacquer on the bamboo slips. Those were the oldest books of China, and also the rare hand-written editions in the early times. The hand-written edition was written stroke by stroke and classified into the ancient hand-written edition, hand-written edition of the Tang Dynasty, hand-written scripts, and manuscript etc. Before invention of the art of printing, all books were hand-written or hand-copied on the silk, paper and other materials. After invention of the art of printing, the books were classified into the hand-written edition and the printed edition. The printed edition included the block-printed edition of the imperial storehouse, the official block-printed edition, private block-printed edition, block-printed edition of the seigniors and the bookshop block-printed edition. The imperial storehouse editions were books hand written and block printed by the staff members of the imperial storehouse. The most famous editions include the refined hand-written editions and the four types of editions

of the imperial storehouse of the Song Dynasty, the edition of Jingchang (Classics Printing Workshop) of the Ming Dynasty, and the edition of Wuying Palace of the Qing Dynasty etc.

The Qing Dynasty set up a unprecedented imperial book collection system and formed distinct centers of imperial collections: Wenyuan Chamber – collection center of rare editions, best represented by the refined edition of the *Complete Library in Four Branches of Literature* and the *Collection of Ancient and Modern Books* of the imperial storehouse edition; Huangshicheng – the collection center of the imperial family tree, mainly the refined edition of the *Actual Records, Statements and Actions of Emperors*, and the *Jade Plate* (the family tree of the imperial family); Zhaoren Hall – collection center of rare editions of the Song and Yuan Dynasties, best represented by *Tianlulinlang Series*; Wuying Hall – the collection center of editions of imperial storehouse of the Qing Dynasty, best represented by the rare editions of bronze type and wooden type. Many of the rate editions collected by the Qing Imperial Court are the only existing copies across the world.

The only existing copy refers to the books with only an edition, including the hand-written copy, manuscript and the only block-printed copy. According to some bibliographers, the hand-written copy is the only copy while the only existing copy is a term for the block-printed edition and refers to a block-printed edition of a book. The ancient book that has only a copy existing in the world is the only existing copy, for example the *Selected Works with Notes of Five Ministers* printed by Zhongs' Paper-Horse Workshop of Maobaqiao, Hangzhou of the Song Dynasty. There is also an opinion that the "Only Existing Copy across the World" can be used to describe the high value of the book. The Imperial Court of the Qing Dynasty left over more than 400,000 books collected by various dynasties, including many only existing copies. Except for the part secretly brought out by Emperor Puyi and more than 100,000 books cherished in the Taiwan-based National Palace Museum, the rest of the books are cherished in Beijing-based Palace Museum.

The rare only existing copies left over by the Imperial Court of the Qing Dynasty include the scriptures hand-copied by the emperors, ministers and imperial storehouse, opera manuscripts and patterns of the imperial court. There are more than several hundreds of volumes, or over 2,300 books of Buddhist and Taoist scriptures hand-copied by emperors of the Qing Dynasty. The most valuable manuscript is the *Prajbaparamita* hand written by Emperor Kangxi on the white damask silk in regular script, equipped with the refined hardwood box with mother-of-pearl inlay and agalmatolite. On the cover of the box is the name in the official script made by the mother-of-pearl inlay and a vivid picture of two dragons holding a pearl. The Buddhist and Taoist scriptures hand-copied by ministers were presented to the emperors and cherished in the imperial storehouse, e.g. *the Yuanjue Sutra* of the edition of the Yuan Dynasty written by Zhao Mengfu, which is cherished in a silver box decorated with golden lines, entangled flowers, chrysanthemum, peony and Buddhist treasures. The book has a rosewood cover with a sandalwood bookmark inlaid in the center, with the book name written on the bookmark.

The hand-written editions of the imperial storehouse refer to those copies compiled in the imperial palace and bound by the imperial storehouse. For example, the 42 volumes of *Kangxi Dictionary* were cherished in the Hall of Mental Cultivation, compiled under the leadership of Zhang Tingyu and Chen Tingjing. On the ninth day of the third lunar month of the 49th year under the reign of Emperor Kangxi, the emperor issued an order to Chen Tingjing, grand secretary on duty in the Southern Study, "I have attached importance to the classics and compilation of books. In recent years, the *Complete Collection of Zhu Xi's Works*, *Peiwenyunfu* (Standard Phrase Dictionary), *Yuanjian Leilan* (General Cyclopedia) and *Guang Qunfangpu* (A Broader Dictionary of Plants) and other books have been carefully compiled and edited one by one. In terms of the lexicon, it is very important and we should compile a dictionary. *Zihui* (A Dictionary of Vocabulary) is too simple while

Zhengzitong (Correct Dictionary of Vocabulary) involved too many items. What's more, the customs vary from place to place and the pronunciation is different between the north and the south. The classification of Sima Guang's *Leipian* is not well defined while Shen Yue's *Shengyun* (Pronunciation) has been criticized. Although *Hongwu Zhengyun* (Correct Pronunciation Dictionary Complied during the Reign of Emperor Hongwu) has made correction, it could not work so far and Shen's works were followed. I have consulted works of different schools and researched attentively. Mongolia, the Western Regions, and foreign countries normally use letters to mark the pronunciation. As the pronunciation varies from region to region, it is hard to set up a connection. Roughly the initial sound of the nature was made by human being while the human being represents the sounds with pictographic characters. Today I want to compile a dictionary with proper content and well-defined classification so to make up the neglect of *Zihui* and delete repetitions of *Zhengzitong* to form a new dictionary for forever use." Emperor Kangxi personally designated the most learned ministers to head the compilation team: chief editor: Zhang Tingyu, grand secretary of Wenhua Hall and Minister of Personnel, classics lecture: Chen Tingjing, grand secretary of Wenyuan Chamber and Minister of Personnel; 27 officials acting as editors and compilers, including Ling Shaowen, secretary of cabinet and assistant minister of the Ministry of Rites. When the dictionary was completed in the 49th year under the reign of Emperor Kangxi, it was copied by designated staff members of the imperial storehouse. That was the refined copy in red and black completed on the 49th year under the reign of Emperor Kangxi.

The palace opera was flourishing in the past dynasties and the opera scripts were one of the special collections of the imperial court. Since the Song Dynasty, the southern opera emerged quietly. Southern Opera originated from the grand opera of Tang and Song Dynasties with references to poems of the Song Dynasty and the folk melody of southern China. With great achievements, it gradually surpassed the northern opera which included *Zaju* Opera of the Yuan Dynasty (Poetic Opera of Yuan Dynasty). According to the historical records, the Southern Opera had many different schools in the Wanli Period of the Ming Dynasty, and the most famous schools included Yiyang Tune, Haiyan Tune and Kunshan Tune. At that time, there were more than 300 eunuch players in Yuxi Hall of the Ming Dynasty. Those eunuch players were dedicated to performance of various schools of the Southern Opera. In the 16th Year under the reign of Emperor Shunzhi, Emperor Fulin ordered to reform the Imperial Music Office to lay off all woman musicians and replace the vacancies with eunuchs. From then till the end of the Qing Dynasty, eunuchs had been liable for the opera performance in the imperial courts.

The player eunuchs of the imperial household department of the Qing Dynasty were named *Neixue* (internal study) while those accompanied the emperors to perform were named *Waixue* (external study). Emperor Qianlong of the Qing Dynasty followed the practice of Emperor Minghuang of the Tang Dynasty to locate all the player eunuchs out of the Xihua Gate of the Forbidden City, the south gate of the Changjie Street, where was named South Mansion. According to the records, there were more than 1,500 player eunuchs in the South Mansion at the heyday. During the reign of Emperor Daoguang, all the player eunuchs in Jingshan were relocated to the South Mansion which was officially renamed to Shengping Division. The opera was popular in the Qing Dynasty and the operas played were normally centered on auspiciousness, longevity, happiness and celebration. The programs played in the imperial palace of the Qing Dynasty varied according to the seasons, purposes and scale of the ceremonies. Those programs were compiled into books according to the festival celebration, different seasons, birthday of the emperor, empress dowager and empress and the ceremonies of the dynasty and played according to the designated ritual regulations.

The programs played in the imperial palace of the Qing Dynasty were classified into four groups: opera for the change

of climate and phenology, or celebration, opera played under the temporary order and opera for the funeral ceremony. The content of the operas was different according to the target audience. For example, the operas for the change of climate and phenology were centered on happiness, peace and harmony, including *Five Happiness Immortals*, *More Happiness*, *Five Immortals Embracing the Spring Festival*, *Jiaobai and Tusu Wine to Defense off All Diseases*, *Ancient Customs of Freeing Captive Animals*, and the *Happiness Day*. The operas for the celebration ceremonies were played for the longevity and festivals, including the *Longevity and Wealth*, *Longevity Celebration*, *Peaceful and Lucky*, *Double Happiness of Good Fortune and Longevity*, *Happy and Harmonious*.

The collections of imperial palace opera scripts cherished by the Palace Museum are very rich, basically the old editions of the imperial palace of the Ming and Qing Dynasties, mainly the palace opera of the Qing Dynasty. Most palace opera scripts collected by the imperial courts of the Ming and Qing Dynasty were hand-written editions, with part of refined block-printed editions. The refined hand-written editions were normally had a yellow-paper cover, with a red bookmark on the left top, and name of the opera written with ink in regular script on the bookmark. For example, *Jiangzhou Governor Sending Liquor* is a refined hand-written edition of the South Mansion of the Qing imperial court: it has a yellow-paper cover, and a red bookmark on the left top, on which written the inscription "Jiangzhou Governor Sending Liquor at the Double Ninth Festival"; it is a half-page, with seven rows and each row has 20 Chinese characters, except for the top row which has 22 Chinese characters; two rows of the small characters and each row has the same number of Chinese characters; there is no frame or row lines. *Golden Lotus Emerging from the Ground*, the refined hand-written edition of the South Mansion of the Qing Dynasty: it has a yellow-paper cover and a red bookmark on the cover, with the inscription "Full Edition of the Golden Lotus Emerging from the Ground", Kun tune, a program to be played on the birthday of the emperor. It is a half-page, eight rows and each row has 20 Chinese characters, except for the top row which has 22 Chinese characters. The edition was written with ink in regular scripts with red period and comma.

The imperial patterns are patterns with strong characteristics of the imperial family, including the designs for apparel and accessories, porcelain patterns and architectural drawings. Those patterns were the refined editions of color painting of the imperial household department. Many of the patterns have the yellow notes. Made under the leadership of the imperial household department of the Qing Dynasty, the designs for apparel and accessories were the only existing color copies and very valuable. The designs included apparel for the emperors and empresses and imperial concubines, including court dress, robe, short gown for the emperor, cappa and mandarin jacket, for example, the Court Dress with Cappa for the Summer, Court Dress with Dragon-Pattern Hem and Ermine Muff, Emperor's Robe with 12 Emblems, Design for the Short Gown with the Chinese Flowering Crab-Apple with Chinese Silk Tapestry, Design for the Short Gown with the Golden Svastika Background, Golden Xi (Happiness) Pattern and Color Butterflies and Chinese Silk Tapestry. Most of the architectural drawings were made by the Ministry of Works of the Qing Dynasty in color or ink painting, for example the Plans for the Dimensions of Halls of the Old Summer Palace, the Rough Figure for Dimensions of Linxujinggui of Changchun Fairy Pavilion.

This series are select collections from the only existing copies of the Imperial Court of the Qing Dynasty, with details of the book name, number of volumes, authors, edition, number of books, and dimensions, and pictures as well to entertain readers.

List of Plates